감각통합 이론과 적용

Building Bridges
Through Sensory Integration

Third Edition

Therapy for Children with Autism and
Other Pervasive Developmental Disorders

Ellen Yack, BSc, MEd, OT & Paula Aquilla, BSc, OT
& Shirley Sutton, BSc, OT 공저

유은영 · 김경미 · 김은영 · 김진경 · 박경영
박윤이 · 이지연 · 최정실 공역

계축문화사

BUILDING BRIDGES THROUGH SENSORY INTEGRATION, 3RD EDITION
by Ellen Yack, BSc, MEd, OT & Paula Aquilla, BSc, OT & Shirley Sutton, BSc, OT

헌정의 글(DEDICATION)

이 책은 우리와 함께 해온 소중한 아동과 가족들에게 바칩니다. 그들은 우리에게 지속적인 영감과 가르침을 주었고, 도전을 하도록 하였습니다. 여러분의 끈기, 용기, 강인함은 무한합니다.

감사의 글(ACKNOWLEDGEMENTS)

이 책을 준비하는 동안 귀한 조언을 주신 아동들의 부모님과 끝없는 지원을 해주신 많은 가족들에게도 감사의 인사를 드립니다. 또한 이 프로젝트를 믿고 이 책의 출판을 돕기 위한 보조금을 제공한 토론토 감각통합 연구 그룹에게도 감사드립니다.

마지막으로 Jean Ayres 박사와 감각통합이론의 발전에 기여하신 많은 작업치료사들에게도 감사드립니다.

역자 서문

먼저 바쁘신 중에도 본 서적의 번역 제의에 흔쾌히 응해주시고, 열정으로 참여해주신 모든 교수님들께 진심으로 감사드립니다. 저는 이 책을 초판부터 작업치료 전공 학생들을 위한 강의교재와 임상적용을 위한 지침서로써 꾸준히 활용해 오고 있습니다. 이 책은 무엇보다 감각통합치료에 입문하고자 하는 작업치료사들에게 필요한 감각통합에 대한 전반적인 이론과 임상에서 적용 가능한 실질적인 내용을 담고 있습니다. 이러한 구성과 내용은 작업치료사뿐만 아니라 감각통합치료에 대한 이해를 얻고자 하는 가족 및 다양한 관련 전문가들에게도 도움이 될 것이라 생각합니다.

이 책의 원 저자 분들도 그들의 오랜 임상경험, 연구에 기반한 근거, 최신 학문적 경향 등을 반영하여 실질적인 감각통합전략에 대한 지침서를 제작하고, 이를 원하는 모든 분들과 공유하고자 했습니다. 저희들도 이 번역서가 그 목적에 맞게 사용되었으면 하는 바램입니다. 일부 내용 중에는 우리문화에 생소한 놀이명이 소개되기도 하는데, 이는 우리문화에 적절한 놀이명으로 번역 되었습니다. 앞으로도 이 책이 작업치료사는 물론 부모님, 교사, 관련분야의 전문가들에게 좋은 안내서가 되길 희망합니다.

이번 3판의 번역은 그 동안 이 책에 애정과 감각통합에 많은 임상경험이 있으신 많은 작업치료 교수님들께서 함께 해주셔서 보다 훌륭한 내용으로 번역될 수 있었습니다. 다시 한 번 역자를 대표하여 번역에 참여하신 모든 분들께 감사드리고, 이 책의 출판을 담당해주신 계축문화사 대표님께도 감사의 인사를 전합니다.

2017년 12월

역자대표 유 은 영

저자 서문 (FOREWORD)

저는 자기-조절이 어려운 아동을 위한 지침과 작업치료의 정의, 그리고 교실에서 사용가능한 전략을 참고하기 위해 이 책을 펼칠 때 마다 초고를 작성한 Paula, Ellen, Shirley에게 감사합니다. 이 책은 Ayres 박사가 평소 주장한 감각적 문제가 있는 아동을 돕는 부모, 교사, 전문가가 알아야 할 "매우 적절한(just right)" 내용을 담고 있습니다. 이 개정판은 최신자료의 업데이트와 재구성으로 보다 훌륭한 자료가 되었습니다.

이번 개정판의 주요초점은 모든 독자들을 위해 사용가능한 감각전략과 이들에 대한 설명을 보완한 것입니다. 이 책은 작업치료사뿐만 아니라 감각적 어려움을 동반한 이들을 돕는 열정이 있는 모든 분들을 위한 것입니다. 또한 이 책은 감각문제를 동반한 아동이외에 모든 연령에게 적용이 가능합니다. 감각통합전략은 자폐스펙트럼장애 뿐만 아니라 도움이 필요한 유아, 노인, 모든 이들에게 사용할 수 있으며, 가정, 학교, 임상 등의 다양한 환경에서도 적용 가능합니다. 그리고 감각통합치료에 사용되는 다양한 도구들은 아동과 성인의 전정처리 기술과 자기-조절 향상을 도울 수 있습니다.

이 책의 1편에서는 자폐스펙트럼장애(ASD), 작업치료, 감각통합, 감각시스템에 대한 내용을 담고 있습니다. 이 책의 중요한 주제들에 대한 논의가 어떻게 발전해 왔는지 알아보려면 이 책의 소개부분을 읽어보십시오.

이 책의 자폐스펙트럼장애(ASD)에 대한 부분은 DSM-V에서 변화된 부분을 반영하였습니다. 예를 들면 전에는 전반적 발달장애(PDD)와 아스퍼거 장애(Asperger's syndrome)로 언급되었던 내용은 자폐스펙트럼장애(ASD)라는 용어로 수정되었습니다. 또한 DSM-IV 판에서는 다루지 않았던 특이한 감각처리에 대한 내용은 DSM-V에서 ASD의 특성으로서 포함됨에 따라 이러한 내용도 반영되었습니다. 이외도 많은 부분의 수정을 통하여 감각통합치료의 장점과 신체-뇌-행동의 관계를 명료하게 기술하였습니다.

작업치료에 대한 3인 저자의 토론은 자랑스러운 작업치료 전문직에 관해 최신 정보들을 제공하고 있습니다. 최근 연구에 의하면 작업치료의 가치는 ASD 아동이 자신들의 삶에 보다 적극적으로 참여하는 "할 수 있는(can do)" 아이들이 될 수 있도록 돕는 것입니다.

또한 1편에서는 감각통합(감각처리)과 감각시스템에 대하여 다루고 있습니다. 즉 감각처리가 비효율적인 아동의 예, 상상할 수 있는 시나리오, 아름다운 시(poetry) 등도 포함하고 있어 이들 논의 내용을 흥미롭고 가치 있게 만들어 주었습니다.

2편은 감각 어려움을 확인하는 내용으로 시작됩니다. 또한 포함된 질문 목록은 작업치료사 및 기타 전문가가 사용할 수 있는 다양한 평가 도구에 대한 정보를 독자에게 알려줍니다. 이 책의 감각적 선별(building bridge sensory screening)에 관한 부분은 부모님, 선생님과 같이 작업치료사가 아닌 분들을 위해서 아동의 어려움을 이해하는데 큰 도움이 될 것입니다. 그리고 감각문제로 선별된 모든 행동이 중요하다는 것을 기억해야 합니다. 우리들이 관찰하는 행동들은 혼란스럽고, 불편하고, 무기력해 보일 수 있는데 이것은 아동, 청소년, 성인 등이 말로는 쉽게 설명할 수 없는 것들에 대한 정보를 제공합니다.

여러분은 이 책에서 감각식이 및 기타 기법과 감각적 어려움을 겪는 사람들을 돕는 훌륭한 자조-기술에 대한 아이디어, 그리고 가정, 학교, 어린이집에서 편의를 제공하기 위한 다양한 제언 등을 포함한 문제해결 전략을 확인할 수 있습니다.

제가 이 책의 내용 중 가장 좋아하는 부분인 추천활동(Activity Suggestions)으로 손과 신체의 사용 그리고 3차원적으로 시도할 수 있는 기발하고, 재미있는 아이디어들이 제시되어 있습니다. 저렴한 비용과 쉽게 따라 할 수 있는 방법, 그리고 기발한 그림과 재미있고 기능적인 활동은 아동과 어른 모두를 즐겁게 하고 많은 도움을 줄 것입니다.

예를 들어 촉각에 예민한 아동을 위해서는 플레이도우 놀이 같은 적절한 정도의 촉각을 경험할 수 있는 많은 활동을 찾아 볼 수 있습니다. 이러한 활동은 아동이 촉각활동에 흥미를 느끼게 해 줄 것이고, 아동이 많은 경험을 할수록 더 원하게 되고, 더 잘하게 될 것입니다.

다시 한번 꼭 필요하면서 근사한 이 책을 함께 저술한 Paula, Ellen, Shirley에게 감사하며, 이 개정판에 최선을 다했다고 자부합니다.

Carl Stock Kranowitz, The Out-of-Syn Child의 저자

Bethesda, Maryland-2015년 봄

독자에게 보내는 편지

환영합니다.

1997년 여름, 우리 3인의 작업치료사는 자폐스펙트럼장애 아동을 도울 수 있는 감각통합이론의 지식과 적용에 관한 책을 집필하기로 결심하였습니다. 이 책에 대한 아이디어는 임상현장에서 아동을 위한 적절한 전략과 간단한 추천활동들을 제공하기 위한 출처를 찾게 되면서 시작되었습니다. 우리에게 도움이 될 만한 자료들이 매우 적었기 때문에 우리 스스로 개발하기로 하였습니다. 우리들의 다양한 임상현장에서 수년간 아동과 어른들과의 경험은 광범위한 아이디어의 효율성을 평가하고 발전시키는데 좋은 자원이 되었습니다. 우리는 부모, 교사, 작업치료사, 관련된 전문가들에게 실용적인 자원들을 제공할 수 있는 책을 원했습니다. 우리는 모두 20년 이상 아동과 함께한 경험이 있었기에 성공적이었던 전략들을 함께 공유하길 원했고, 이러한 이유로 우리는 책 집필이라는 어려운 과제를 시작하였습니다.

우리는 1998년 11월, "Building Bridge through Sensory Integration: Occupational Therapy for Children with Autism and other Pervasive Developmental Disorder"를 출간하였습니다. "전반적 발달장애(Pervasive Developmental Disorder)"는 DSM-IV에 자폐성장애를 기술할 때 사용된 용어입니다. 그러나 현재는 "자폐스펙트럼장애(ASD)"라는 용어로 대중에게 알려져 있기 때문에 이 책에서는 ASD라는 용어를 사용하였습니다.

우리는 "Building Bridge"라는 용어를 Thomas McKean의 책인 Soon Will Come the Light (1994)에 수록되어 있는 "Build Me a Bridge"라는 시의 제목에서부터 인용하였습니다. 이 시에서 McKean은 자폐인으로서 자신의 생각을 공유하고 독자에게 자신의 세계와 다른 사람들 사이의 다리가 되어 줄 것을 청하고 있습니다. 그는 비자폐인이 자폐스펙트럼장애의 세계를 경험함으로써 보다 많은 이해가 가능할 것이라고 믿었습니다. 그는 이러한 이해는 자신과 많은 사람들이 함께 지역사회에 참여를 돕는 "다리(bridge)"가 되어 줄 것이라고 믿었습니다. 우리는 감각통합이론이 이러한 다리의 기능을 해 줄 것이라고 확신합니다. 감각통합은 ASD를 지닌 많은 사람들이 경험하는 감각과 운동의 차이점과 이것이 이들의 행동과 기능수행에 어떻게 영향을 주는지에 대한 이해를 제공해 줄 수 있습니다. 우리는 감각통합 원리가 이들의 자신의 잠재력을 최대한 발휘할 수 있도록 돕는 다리를 만들어 줄 것이라고 믿습니다.

이 책은 부모, 교사, 작업치료사, 관련 전문가들에게 실용적인 정보를 제공하고 있습니다. 우리는 ASD 진단을 받는 아동과 특이한 감각처리와 운동계획이 손상된 이들에게 초점을 맞추어 이 책을 기술하였습니다. 이 책은 주로 아동과 그들의 부모님들에 대해 직접적으로 언급하고 있지만 성인에게도 적용할 수 있는 많은 내용을 담고 있습니다. 이 책은 ASD 진단을 받은 사람뿐 아니라 감각적 어려움을 지닌 모든 사람에게 유용합니다. 우리는 아동, 부모님, 서비스를 제공하는 분들에게 많은 정보를 주고 싶습니다. 이 책은 여러분에게 특이한 행동에 대한 새로운 인식과 이러한 문제를 해결하기 위한 성공적인 전략들을 알려 줄 것입니다.

우리는 이 책에 대한 긍정적인 반응에 놀랍고 감사합니다. 이 책은 한국어, 중국어, 폴란드어, 핀란드어 등 다양한 언어로 번역되었습니다. 또한 이 책은 자폐 교육과 부모님을 위한 웹사이트에 추천 목록으로도 알려져 있습니다. 그리고 대학의 교과과정에도 사용되고 있으며, 많은 다른 출판물에도 인용되고 있습니다. 이러한 결과로 이 책은 2008년 미국 교실에 사용되는 최고의 서적으로 "15th Annual Teacher's Choice Award"을 수상하게 되었고, 이것이 매우 자랑스럽습니다. 그러나 우리를 가장 만족스럽게 하는 것은 부모님, 전문가로부터 이 책이 매우 유용하고, 부모님에게 적절하다는 긍정적인 피드백을 지속적으로 받는 것입니다. 우리는 지속적으로 3판 개정판에 대한 요구를 받아왔습니다. 최근에 저희는 자신의 수업에 이 책을 사용하고 있다는 한 대학의 교수로부터 편지를 받았습니다. 3판 개정에 대한 그의 부탁과 그 외 많은 요인들이 동기가 되어 최신 정보를 원하는 독자들에게 추가적인 전략을 제공하고자 하였습니다. 우리는 이 분야에 모두 30년 이상의 임상경험이 있고, 지금도 우리의 클라이언트와 가족들로부터 지속적으로 배우고 있습니다. 우리는 이번 3판의 완성이 매우 자랑스럽고, 초판 완성의 기초가 되었던 8명의 아동에 대해서도 감사합니다.

책의 구성

1편에는 ASD 아동과 함께 일하는 작업치료사의 역할을 설명하였고, 감각통합이론에 대한 자세한 설명을 담았습니다. 저희가 추천하는 것에 대한 더 많은 이해를 원하신다면 이 부분을 꼭 읽으시길 권합니다. 저희의 목적은 감각통합이론에 대한 이해를 돕고, 지식이 충분하다면 각 아동의 필요에 맞게 수정하고자 할 때 쉽게 답을 찾을 수 있도록 하는 것입니다.

2편에는 독자에게 감각처리의 어려움을 찾아내고, 사용가능한 활동과 전략을 제공하고 있습니다. 전반적인 원칙 및 문제행동에 따른 특정 전략과 과제를 완성하기 위한 적용방법을 제시하고 있습니다. 표의 제목과 색인은 여러분이 이런 부분을 찾는데 도움이 될 것입니다.

우리는 여러분이 이 책에 있는 방법들을 사용하기 전에 반드시 작업치료사와 먼저 상담을 받으시길 강력하게 권합니다.

목 차

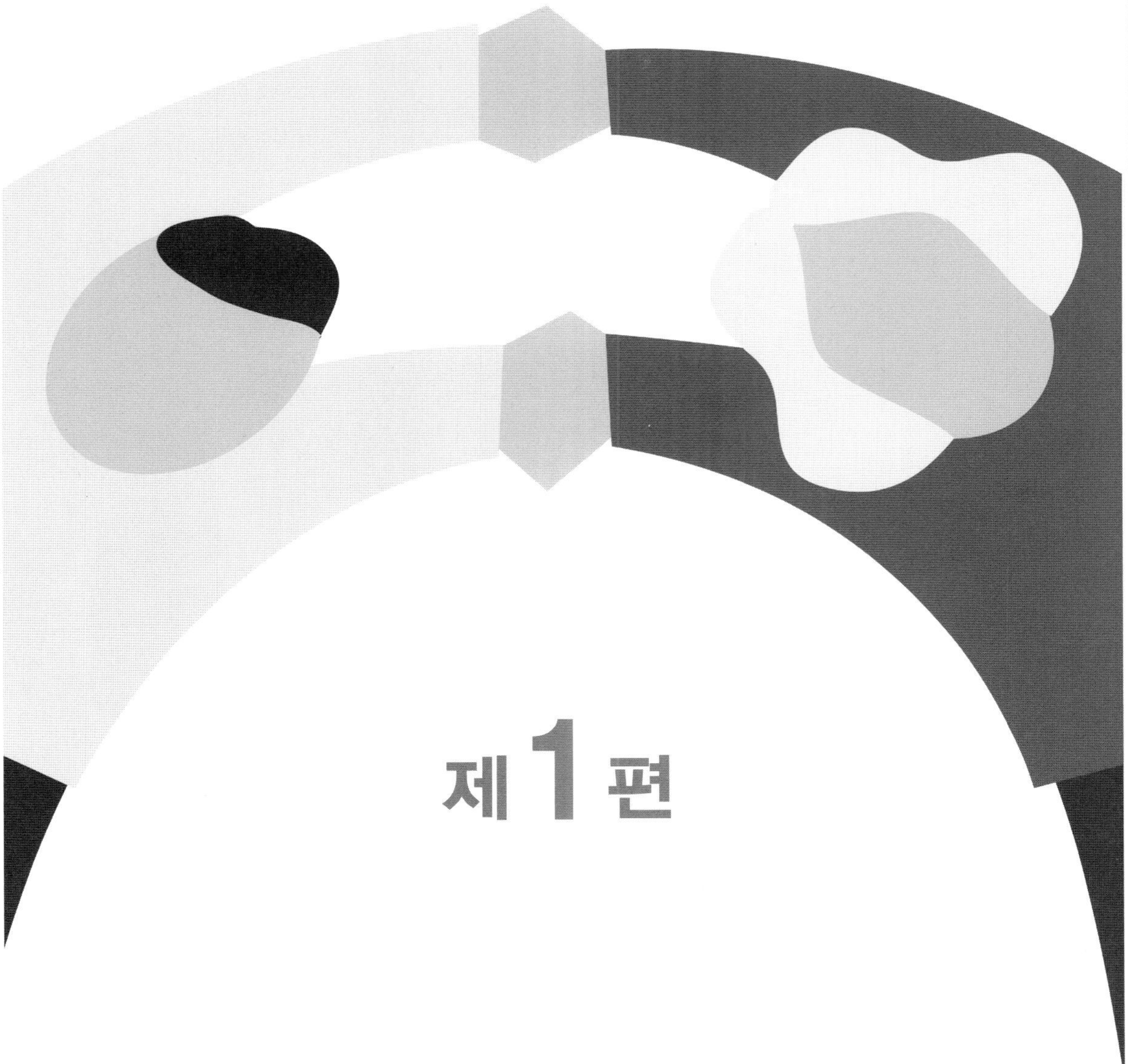

제1편

Building Bridges Through Sensory Integration

제 1 장

자폐스펙트럼장애와 작업치료

자폐스펙트럼장애와 작업치료를 정의한다.

1. 자폐스펙트럼장애의 분류

자폐스펙트럼장애(Autism Spectrum Disorders; ASD)는 DSM-V(Diagnostic and Statistical Manual V)에서 사회적 의사소통, 사회적 상호작용, 그리고 행동, 흥미 또는 활동의 제한적이고, 반복적인 패턴을 지속적으로 보이는 특성을 가진 발달장애로 정의한다(APA, 2013).

증상은 아동기 초기에 나타나고 지속되지만 개인의 생애를 통해 변화되고 일상적 기능을 손상시킬 수 있다(APA, 2013). 이전의 진단분류에는 자폐증, 아스퍼거장애 및 전반적 발달장애를 포함하였으나 이제는 ASD라는 용어에 포함되었다.

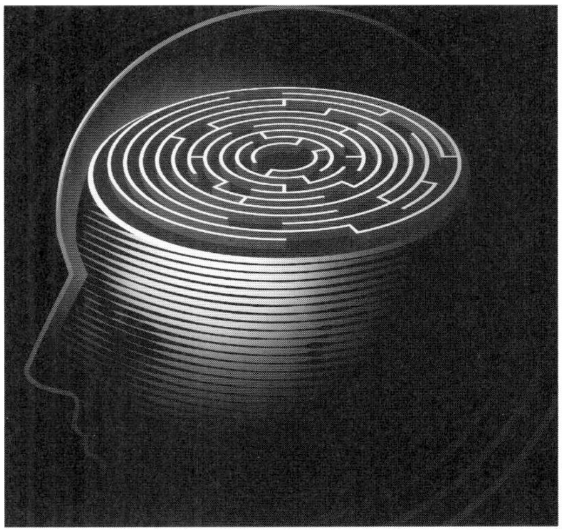

심각도는 세 수준으로 다양한 도전 과제를 관리하는데 필요한 지지의 양을 기반으로 구분된다. DSM-V의 추가적인 변화로, 이 책과 매우 관련이 있는 것은 비전형적인 감각처리가 ASD의 가능한 특성 중 하나로 열거되어 있다는 것이다. 감각입력에 대한 과민과 과소 반응 그리고/또는 환경의 감각적 측면에 대한 비정상적인 관심이 이제 구별 가능한 특성으로 나열되었다.

새로운 분류 체계는 분명히 논쟁과 혼란을 가져왔다. ASD를 가진 사람들과 그들을 지지하는 많은 사람들은 하위 범주(예 : 자폐증, 아스퍼거장애)를 가지는 것이 유리하며, 새로운 시스템이 서비스 제공에 부정적인 영향을 미칠 수 있다고 강하게 생각한다. 많은 임상의와 교육자들은 새로운 분류 체계가 존재함을 인식하지만 이전 용어 사용을 선호한다. 우리가 하위 범주 또는 심각도 수준을 구분하는 것의 중요성은 인식하고 있지만 여기에 제시된 정보가 모든 형태의 장애에 적용될 수 있으므로 이 책에서는 ASD라는 용어만을 사용할 것이다. 그러나 다른 서적이나 논문들을 검토하거나 참조할 때, 이러한 출판물 중 대부분이 "자폐증(autism)"이라는 용어만을 사용하고 있는 것을 인정한다.

2. 자폐스펙트럼장애와 감각통합의 역사

1940년대에 "자폐증"이라는 용어를 처음 만든 Leo Kanner는 "신체적이나 지적 장애와 같은 생물학적 손상"에 대해 이야기하였다(Kanner, 1943). 그는 또한 큰 소리와 움직이는 물체에 대한 과도반응을 설명하고 언급한 아이들에게 지각의 어려움이 있음을 설명하였다. 불행하게도, 50년대와 60년대에는 생물학적 장애로 자폐증이 인식되는 것이 중요한 것처럼 보이지 않았다. 이 기간 동안 자폐증은 차가운 "냉장고 어머니(refrigerator mother)"의 양육 결과로 인한 정서적 장애로 간주되었다.

1970년대에 자폐증을 신경학적 장애로 보는 움직임을 보였다. 책과 기사는 특정 문제 영역의 특성에 초점을 맞추기 시작하였다. 다양한 문헌들은 장애와 관련하여 사회적, 의사소통, 행동 및 인지 문제에 중점을 두었다. 또한 PDD를 가진 사람들의 지각과 감각처리 문제를 바라보는 시각이 증가하였다. Eric Schopler (1965)는 관찰한 많은 자폐아동들이 시각, 전정 또는 움직임 그리고 청각 자극에 비정상적 반응을 보였다고 하였다. Ornitz (1971)는 유아기 자폐증을 감각운동 통합의 장애로 보았고, 후에 감각입력에 대한 조절과 운동 출력에 관한 문제임을 확인하였다(Ornitz, 1973).

Carl Delacoto (1974)는 그의 책 "궁극의 이방인"에서 자폐증은 지각장애를 야기시키는 뇌손상의 결과라는 가설을 제시하였다. 그는 자폐증을 가진 사람들이 보여주는 많은 행동들이 신경계를 정상화하려는 시도라고 제안하였다. 그는 감각계의 작동 방식을 향상시킬 수 있다면, 비정상적인 행동을 줄이고 과제에 집중하고 마무리하는 능력을 향상시킬 수 있다고 믿었다.

1970년대에 작업치료사인 A. Jean Ayres는 Sensory Integration and Learning Disorders (1972)와 Sensory Integration and Child (1979)라는 두 권의 책을 출간하였다. Ayres (1979)는 감각통합을 "사용을 위한 감각의 조직화"로 정의하였고, 이 과정이 손상될 때 행동과 발달에 미칠 수 있는 영향을 설명하였다. Sensory Integration and Child에서 Ayres는 이론에 대한 독자 리뷰를 제공하고 또한 자폐아동과 관련된 문제를 다루었다. Ayres가 제시한 정보는 Delacoto와 Ornitz가 제안한 가설을 뒷받침하였다. Ayres는 부적절한 감각통합과 관련된 행동 문제를 설명하였고, 이러한 행동의 대부분은 Delacoto와 Orntiz의 관찰과 일치하였다.

작업치료사인 Knickerbocker (1980)는 자폐아동에게서 볼 수 있는 많은 행동들이 감각입력에 대한 과민 또는 저반응과 관련이 있다는 가설을 세웠다. 특정 활동을 통해 제공된 계획된 감각입력은 감각입력에 대한 반응을 정상화하고 행동을 개선하는 데 도움이 될 수 있다고 하였다.

Ornitz (1985, 1993)는 그의 가설을 확인하기 시작했고, 그는 논문에서 자폐증을 가진 사람들이 감각자극을 등록, 조절 및 통합하는 데 어려움을 가진다고 하였다. 그는 이러한 감각처리의 차이가 자기-자극 행동과 불규칙한 각성수준에 기여할 수 있다고 하였다.

이제는 이러한 가설들을 뒷받침 해 줄 수 있는 부검 연구들이 있다. 발달적 이상은 자폐아동의 뇌의 소뇌와 변연계에서 발견되었다(Bauman & Kemper, 1994). 이 영역은 감각입력의 조절을 포함하는 감각통합 과정에서 중요한 역할을 한다.

ASD 아동들은 감각자극에 대하여 비정상적인 반응을 보인다고 제시한 많은 책과 문헌들이 있다(Ayres & Tickle, 1980, Baranek & Bergson, 1994, Cesaroni & Garber, 1991, Richard, 1997, Greenspan & Wieder, 1998). 최근 자폐증을 가진 성인들은 자신의 경험에 대한 이야기를 쓰고 특정 자극에 대한 혐오반응과 민감성을 보고하였다(Grandin, 1986; Williams, 1992; Grandin & Scariano, 1992; McKean, 1994; Williams, 1994; Grandin, 1995; Williams 1996). 이러한 직접적인 보고들은 감각통합이론의 다양한 측면을 검증한다.

Temple Grandin은 자폐증을 가진 여성으로 1985년과 1986년에 빛, 접촉과 소리의 예민함을 표현한 두 권의 책을 출간하였다. 그녀는 다른 사람들에게 무해한 어떤 감각이 그녀의 행동과 감정에 어떻게 영향을 미치는지 설명한다. 예를 들어, 어떤 옷의 질감은 그녀를 극도로 불안하게 만들고, 산만하게 하며, 안절부절 못하게 만든다. 어떤 소리는 그녀를 소리치게 하겨 귀를 막게 한다.

Grandin은 아동과 청소년 시기에 어떻게 깊은 촉각압박과 움직임을 갈망했는지 설명한다. 그녀는 또한 깊은 촉각압박이 그녀의 신경계를 진정시키고 조직화하고 접촉에 대한 과민반응을 감소시키는지를 알려준다. 십대 때 Grandin은 농장을 방문하여 "소 활송장치(cattle chute)"를 발견하였다. 이 장비는 신체 양쪽에 압박을 가하여 소를 담는데 사용된다. 그녀는 항상 갈망했던 압박감을 그녀에게 줄 것이라고 믿고 활송장치에 들어가게 해달라고 요청했다. 그녀는 활송장치에서 어떻게 편안하게 되었는지, 그리고 생각이 얼마나 잘 조직화 되었는지 설명한다. Grandin은 자신의 "짜기(squeeze)" 또는 "포옹기계(hug machine)"를 만들었다. Emmy 상을 수상한 HBO 영화인 Temple Grandin은 그녀의 인생을 재검토하고, 그녀의 많은 감각적 도전들을 묘사하고, 그리고 "짜는 기계"가 제공한 깊은 압박에 의해 어떻게 도움을 받았는지 보여준다.

Grandin의 경험은 감각처리와 행동 사이의 관계에 대한 Ayres와 Ornitz의 가설과 일치한다. Grandin이 보고한 압박 또는 포옹기계의 이점은 작업치료사가 제안하는 깊은 촉각압박을 통한 안정화 및 조직화 전략과 같은 긍정적인 반응이다. 이 전략은 자폐증을 가진 Donna Williams도 제안했는데, 그녀는 Nobody Nowhere과 Somebody Somewhere (1992 & 1994)라는 두 권의 책에서 감각처리의 어려움을 설명한다. 그녀의 책 Autism: Inside-Out Approach (1996)에서 Williams는 PDD를 가진 사람들을 돕는 많은 전략을 제안하였고, 안정화시키는 방법으로 깊은 촉각압박의 사용을 제안하였다.

ASD를 가진 사람들은 자서전을 통해 도전과 선물에 대한 통찰력을 계속 제공한다. 다음은 최근의 발행물에서 인용한 글이다.

> "높은 주파수와 놋쇠, 깡통 소리가 내 신경을 할큅니다. 휘파람, 파티에서 소음, 플룻과 트럼펫 소리, 그리고 그 소리의 긴밀한 관계는 내 평온을 무장해제 시켰고 나를 소외되게 했습니다."
>
> — Pretending to be Normal, Willey, 1999

> "당신은 나와 같이 느끼는 것이 무엇인지 모릅니다. 당신의 다리가 불타고 있는 것처럼 느껴지거나, 또는 100 마리의 개미가 당신의 팔을 기어 다니고 있는 것처럼 느껴지기 때문에 가만히 앉아 있을 수 없을 때... 나는 불을 꺼야 합니다."
>
> — Carly's Voice: Breaking Through Autism, Fleishman & Fleishman, 2012

> "내가 뛰고 있을 때, 내 몸의 부분들(뛰는 다리와 손뼉 치는 손) 역시 잘하고 있다고 느낄 수 있다, 그러면 기분이 좋아진다."
>
> — The Reason I Jump, Naoki Higashida, 2013

자서전적 보고는 감각 차이가 어떻게 질적인 삶과 행동에 영향을 미칠 수 있는지에 대한 직접적인 설명을 제공하고 통찰력을 공유하기 위해 계속된다. 우리는 또한 ASD를 가진 개인의 감각적 문제에 대한 발병률이 더 높다는 것을 뒷받침하는 경험적 증거를 가지고 있다(Kientz & Dunn, 1997, Watling, Baranek et al., 2007), 그리고 비정상적인 감각처리는 DSM-V에서 ASD의 공통적인 특징으로 제시되었다(APA, 2013).

3. 작업치료

이 장에서는 ASD 아동과 함께 일하는 모든 팀에서 작업치료사와 일하는 것이 중요함을 제시한다.

작업치료는 사람들이 각자의 역할에서 어떻게 기능하고 어떻게 활동을 수행하는지와 관련된 보건 전문분야이다.

작업치료는 능력과 장애를 가진 광범위한 사람들의 촉진, 회복 및 생산성 유지에 집중한다.

작업치료사라는 용어는 종종 혼란을 준다. 작업치료의 초점이 직업 상담과 직업 훈련에 있다고 오해한다. 웹스터 사전에 작업은 "사람이 참여하는 활동"으로 정의한다. 작업치료사는 모든 일상활동에서 기술 발달과 독립성을 촉진하는데 관여한다.

성인의 경우, 신변 관리, 가사, 여가 및 일의 영역을 보는 것을 의미할 수 있다. 아동의 "작업"에는 친구와 공원에서 놀기, 막대사탕 핥기, 손씻기, 화장실 가기, 가위로 종이 자르기, 학교에서 글쓰기, 달리기, 점프, 서클 타임에 앉아있기와 수영 수업에 참여하기 등이 있다.

작업치료사는 대학을 졸업하고 학사 또는 석사 학위를 취득한다. 작업치료사는 행동과 신경과학을 공부하며, 의미있는 활동을 사용하여 기술을 발달시키고 독립성을 촉진하는 방법을 배운다. 작업치료사(OT)는 평가와 치료를 통해 클라이언트에게 직접적인 서비스를 제공한다. 또한 컨설팅, 중재자 교육, 교육, 프로그램 개발, 사례 관리와 지지를 통해 개별 클라이언트와 조직에 간접적인 서비스를 제공한다. 작업치료는 개별 가정, 보육원, 학교, 병원, 지역 사회 및 사설 기관과 클리닉 또는 산업체 또는 요양시설에서 서비스를 제공할 수 있다.

작업치료사는 개인이 활동을 수행하는데 필요한 내부 및 외부 요인을 분석할 수 있다. 출력하는 것을 배우는 1학년 학생을 생각해보자. 이 과제를 배우려면 학생은 좋은 손 기술, 좋은 자세 및 균형, 적절한 관절의 안정성과 근력, 좋은 신체인식과 운동계획, 성숙한 시지각과 시각운동 기술, 좋은 집중능력과 적절한 감각통합능력을 가져야 한다.

감각통합에 문제가 있으면, 학생은 종이가 팔에 닿는 것이 불편할 수 있고, 교실의 다른 활동에 의해 산만해져서 과제에 집중하는 것이 어려울 수 있기 때문에 출력하는 것이 어려울 수 있다. 학생이 운동계획능력이 부족하면, 요구된 글자를 적절하게 쓰기 위해 연필을 움직임을 수 없을 것이다. 학생이 앉기 균형이 부족하다면, 책상과 의자의 높이를 분석하여 최대한의 안정성을 제공할 수 있도록 변경해야 한다.

작업치료사는 다음을 고려한다 :

(1) 능력

- 균형과 자세반응
- 근긴장도와 근력
- 신체인식
- 소 운동 능력(집기와 잡기, 조작기술, 연필과 가위 사용, 손 글씨쓰기)
- 대 운동 능력(뛰기, 점핑, 기어오르기)
- 운동계획(운동을 계획, 시작과 실행하는 능력)
- 시지각(도형 인식, 시각 기억)
- 시운동 통합(모양 보고 그리기, 블럭디자인 보고 만들기)
- 감각통합(감각자극에 대한 반응, 감각입력에 대한 구별)
- 행동(각성수준, 집중, 문제해결 기술)

(2) 기술 :

- 자아-관리기술(먹기, 옷입기, 화장실 활동, 목욕하기)
- 지역사회 생활 기술(대중교통 이용, 돈에 대한 지식, 쇼핑하기)
- 학습 전 기술
- 놀이 기술(장난감 사용, 놀이 형태)
- 사회적 기술
- 직업 전 기술과 직업기술

(3) 환경적 요소 :

- 물리적 환경
- 가족 상황
- 지역사회 지지

작업치료사는 다음 영역에 대하여 컨설팅한다 :

- 조기중재 프로그램
- 가정, 학교, 직업 환경
- 환경과 도구의 적응

- 신체적 도구와 보조도구
- 행동적 전략

4. 작업치료와 ASD 아동(Occupational Therapy and Children with ASD)

1940년대에서 1970년대 초 사이의 작업치료 문헌에는 ASD와 관련된 전문가적 참고문헌이 거의 없다. 참고문헌은 자기 관리와 놀이기술 발달에 중점을 두고 수공예, 음악 치료와 행동수정을 포함한 치료를 설명한다(Bloomer and Rose, 1989).

A. Jean Ayres가 1972년과 1979년에 감각통합이론에 대한 두 권의 책을 발표했을 때, 그것은 작업치료 임상에 의미있는 영향을 미쳤다(Fisher et al., 1991). 그것은 개인의 활동 참여 능력을 방해할 수 있는 요인을 이해하는 새로운 틀을 제공하였다. 감각통합이론은 또한 새로운 평가 절차와 치료전략 개발에 영감을 주었다.

작업치료사는 클라이언트가 다른 유형의 감각에 어떻게 반응하는지 그리고 감각정보를 효과적으로 조직화하고 사용하는 것을 보기 시작하였다. 감각통합이론은 감각 자극에 비정상적인 반응을 가지고 있는 ASD 아동과 일하는 작업치료사에게 유용한 틀(framework)이 되었다.

감각통합이론의 틀을 사용하는 작업치료 임상과 연구는 계속 발전하였다. 1970년대, 80년대와 90년대에, 많은 작업치료 관련문헌에서 감각통합이 어떻게 손상되었는가를 다루기 시작한 것은 ASD 아동에서 많은 행동들을 보는 것에 기여하였다(Ayres & Heskett, 1972; Ayres & Tickle 1980, Ayers & Mailloux, 1983, Becker, 1980, Chu 1991, Clarke, 1983, Dunn & Fisher, 1983, Inamura et al., 1990; Williamson & Anzalone, 1996). ASD 아동에게 적용하여 감각통합 문제를 확인하는 방법과 중재전략을 제공하는 특정 서적과 논문들이 출판되었다(Kientz & Dunn, 1996; King 1991; Oetter, Richter & Frick 1995; Reisman, 1993; Reisman & Gross 1992, Reisman & Hanschu, 1992, Royeen, 1986, Slavik et al., 1984, Wilbarger, 1984, Wilbarger & Wilbarger 1991, Wilbarger, 1995, Zisserman, 1992).

ASD 아동에 대한 작업치료의 역할은 1990년대에 인식의 증가를 가지기 시작했다. 많은 작업치료 논문과 서적은 감각통합이론과 ASD 아동에게 감각통합의 의미를 탐구하였다. 작업치료사는 곧 ASD와 관련된 워크샵, 컨퍼런스와 단체 회의에서 자주 연설자가 되었다. 많은 인터넷 사이트가 개발되어 작업치료 관련 정보가 부모와 전문가들에 의해 공유되기 시작하였다. 1998년에 이 책을 출판한 것 외에도, 감각처리와 ASD에 대한 통찰력을 제공하고 임상적인 지원을 제공하는 여러 책들이 수년에 걸쳐 접할 수 있게 되었다

(Anderson, 1998; Murray-Slutsky & Paris, 2000; Smith Myles et al., 2000, Bogdanisha, 2003, Miller & Kuhanek, 2004, Delaney, 2009).

Miller-Kuhanek와 Watling(2010)이 ASD 아동과 함께 일하는 작업치료사를 대상으로 한 연구에 따르면 감각통합이론이 중재를 위한 이론의 틀로 사용된다고 밝혔다. 또한, 중재의 주요 초점은 감각처리, 주의력, 행동 그리고 놀이라고 하였다. 감각통합이론의 틀을 사용한 중재는 보호자의 요구가 증가하는 서비스이다. 연구에 의하면 이러한 중재는 ASD 아동의 부모가 요청한 상위 3가지 서비스 중 하나라고 보고하고 있다(Goin-Kochel, Mackintosh & Myers, 2007 : Green et al., 2006). 작업치료사는 아동에게 치료를 제공할 뿐만 아니라 가족 역동성과 일과에서 비정상적인 감각처리의 영향에 대한 교육을 통해 가족을 지원하는데 중요한 역할을 한다(Bagby, Dickie & Baranek, 2012).

작업치료사는 이 분야에서 중추적인 역할을 하는 것으로 점점 더 인식되고 있으며 자폐증 연구와 임상에서 리더십 직책을 맡고 있다(Schaaf, Imperatore Blanche, 2012). 작업치료사는 ASD 아동을 위한 서비스 제공 모델에서 현재 중요한 팀 구성원으로 참여하고 있다. 여기에는 Denver 자폐 영아를 위한 집중치료 모델(Denver Model of Intensive Therapy for Young Children with Autism, Rogers & Dawson, 2010), SCERTS 모델(Prizant & Wetherby, 2006), Ziggaurat 모델(Aspy & Grossman, 2007) 및 DIR® Floor Time 접근(Greenspan & Weider, 1998, 2006) 등이 포함된다. 이러한 서비스 전달 모델은 비정상적 감각처리와 ASD 아동이 경험하는 많은 도전과 관련된 지식을 가지고 이 분야에 기여하고 있는 작업치료사 역할의 중요성을 인식한다. 감각처리, 실행 또는 운동계획과 자기 조절을 다루는 작업치료사의 역할은 이러한 중재 모델에서 강조된다.

최근 ASD 아동을 대상으로 감각통합이론의 틀을 적용한 작업치료의 효과에 대한 연구는 긍정적 결과를 보고하였다(Pfeiffer et al., 2011; Schaaf & Blanche, 2011; Schaaf et al., 2013). 앞으로는 다양한 중재와 조정의 효과를 위해 더 많은 연구가 필요하다.

DSM-V에서 제시하는 것과 같이 ASD에서 나타나는 비정상적인 감각처리 증상에 대한 인식은 감각적 도전을 관리하기 위한 치료와 조정, 교육을 제공하는 작업치료의 역할이 계속 확장될 것이다. 이러한 역할의 확대와 함께 작업치료사, 교육자 및 타 전문가들은 이 분야에서 지속적으로 그들의 전문성을 개발하고 협력하는 것이 중요하다.

제 2 장

감각통합이란 무엇인가?

이 장에서는, 독자들을 위해 감각통합의 정의에 대해 이야기하고자 합니다.

별장에 있는 자신의 모습을 그려보아라. 당신은 선착장에 서있고, 카누에 오르려고 한다. 당신이 카누 안으로 발을 내려 딛고, 안으로 걸어 들어가자 카누가 흔들리기 시작한다. 자동적으로 당신은 스스로 균형을 잡으며 자신의 몸을 조정하고 천천히 자리에 앉으며, 의자의 가운데 부분에 잘 자리잡는다. 이것이 감각통합이다.

우리의 신체와 환경은 우리의 감각을 통하여 들어오는 정보를 우리의 뇌로 보낸다. 이 정보는 처리되고 조직화되기 때문에 우리는 편안함과 안전함을 느끼고, 특별한 상황과 환경적 요구들에 적절하게 반응할 수 있게 된다.

감각통합은 우리 모두에게 일어나는 신경학적 과정이다. 우리는 우리의 신체와 우리 주변 세계로부터 감각정보를 모두 받아들인다. 우리의 뇌는 이러한 감각정보를 조직화하거나 "통합"하여 우리에게 의미있는 정보를 제공하도록 프로그래밍 되어 있다. 이러한 통합은 우리에게 들어오는 특별한

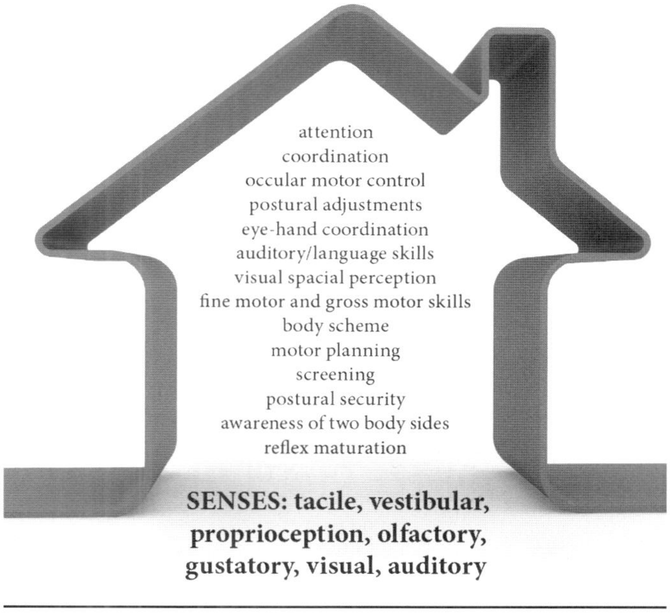

[그림 2-1] 학습기초로서의 감각통합
(A. Jean Ayres PhD. OTR)

감각입력에 대한 반응을 자동적으로, 효과적으로 그리고 편안하게 반응하도록 만들어 준다.

[그림 2-1]은 감각통합이 어떻게 발달에 기여하는지를 보여준다.

카누로 걸어 들어갈 때, 당신은 다양한 감각채널로부터 정보를 받는다. 당신의 촉각계는 당신의 발이 카누의 바닥 위에 있다고 당신에게 이야기한다. 당신의 고유감각계는 당신의 근육들과 관절들의 위치를 말한다. 당신의 전정감각계는 당신의 중력중심이 꺼지고, 당신이 움직이는 표면 위에 있다는 것을 말할 것이다. 당신의 시각계는 카누가 선착장보다 아래에 있다는 것을 결정한다.

당신이 만약 감각통합이 잘 이뤄진다면 감각정보를 효과적으로 전달받고 잘 조직화한다. 당신은 자동적으로 당신의 몸을 조정하여 카누에 성공적으로 이동할 수 있도록 한다. 당신이 자신의 균형을 잘 유지할 수 있다고 확신하기 때문에 보트가 움직여도 당신은 크게 두려워하지 않는다. 무의식적으로, 당신은 중력에 대한 중심을 곧바로 회복하고, 잘 조정한다. 당신은 선착장에서부터 카누까지의 거리와 의자의 크기를 판단하기 때문에 의자에 앉을 수 있다. 또한 의자의 어디에 앉아야 할지, 의자 가운데로 앉기 위해 얼마나 많이 움직여야 하는지에 대한 충분한 감각을 가지고 있다.

적절한 감각통합을 갖지 못한 아동은 카누에 올라타는 것이 하나의 재앙이 될 수 있다. 어떤 아동은 움직임에 대한 과민한 감각이나 불편함을 느끼기 때문에 보트에 올라타는 것에 대해 큰 두려움을 느낄 수도 있다. 그들은 움직이는 것에 대해 두려워하고 균형을 유지하는 것에 자신감을 가지고 있지 않다. 또다른 아동은 움직이는 사물 위에서 균형을 유지하려고 할 때 일어날 일에 대해 적절치 못하거나 지나친 자신감을 보일 수도 있다. 그런 아동은 카누에 빠르게 올라타서 배가 기울거나 뒤집어질 수도 있는데 이것은 그들이 신체감각에 문제를 가지고 있어서 카누의 한쪽 면에 자신의 체중을 모두 싣기 때문이다.

최근 몇 년 동안 "감각통합"과 "감각처리"라는 용어는 때때로 서로 구분 없이 사용되어져 왔다. Miller와 Lane (2000)은 감각통합이론은 평가와 중재 임상현장과는 구별하는 것이 중요하다고 주장한다. 그들은 "감각통합"은 이론적 원리를 설명할 때 사용되고 감각통합 내에 포함되는 처리의 장애는 "감각처리장애" 즉, SPD (sensory processing disorder)로 부를 것을 제안하였다.

우리는 감각정보를 받아들이고 조직화할 때 신경계에서 어떤 일이 일어나는지를 반영하는 데에 "감각통합" 용어를 사용하기로 하였다.

1. 감각통합이론은 어떻게 발전해왔는가?

작업치료사인 A.Jean Ayers 박사는 최초로 감각통합이론을 제시하였다(1972, 1979). 그녀는 50년대 후반과 60년대 초반 동안 아동센터에서 임상가로 일하고 있었고, 그녀는 두뇌가 어떻게 활동하는지에 대해 열정적인 관심을 가지고 있었다. 대학으로 돌아와서, 에이얼스 박사는 박사학위를 취득하고, 박사후 과정을 수행하였다. 연구하는 동안 그녀는, 신경과학분야에서 확립된 이론과 지식을 기반으로 하여 감각통합 이론을 공식화하였다(Fisher, Murray & Budndy, 1991). 그녀는 두 권의 책과 함께, 감각통합문제를 확인하는 것을 돕는 두 개의 검사 바테리를 만들었다(Ayers, 1979, 1985).

그 이론은 정상적인 감각통합 능력을 설명하고 감각통합기술을 사용하는 중재프로그램과 감각통합장애를 정의하였다(Fisher et al., 1991). 이 이론은 계속적으로 발전하고(Bundy, Lane & fisher, 2002) 다양한 특별한 요구를 가진 성인과 아동들을 중재하기 위한 이톤의 체계를 제공한다(Smith Roley, Imperatore Blanche & Schaaf, 2001). 작업치료사들은 감각통합이론이 자폐스펙트럼장애(ASD)를 가진 아동을 치료할 때 가장 기초적인 이론의 틀이었다고 보고한다(Case-Smith & Miller, 1999, Watling et al., 1999, Miller-Kuhanek & Watling, 2010). ASD 아동의 부모들은 다양한 연구에서 감각통합치료를 이용하는 중재가 그들의 우선순위 중 하나였다고 보고하였다(Greer et al., 2006, Goin-Kochel, Mack-intosh & Myers 2007). 감각통합이론은 작업치료전문분야에서 하나의 중요한 이론의 틀일 뿐 아니라, 초기에는 다른 전문분야에 가치있는 관점을 제공했다(Windeck & Laurel, 1989; Mora & Kasman, 1997).

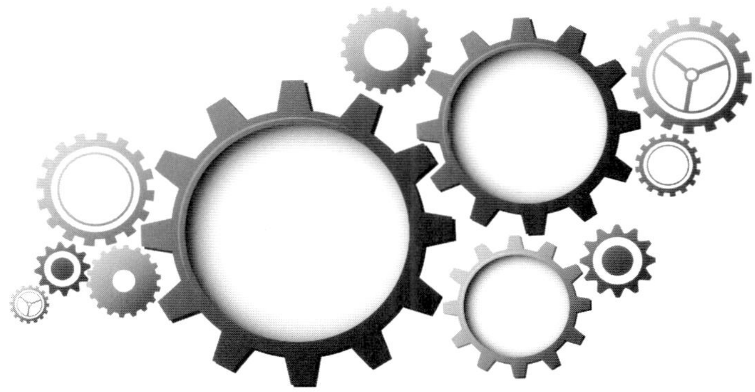

2. 감각통합은 어떻게 일어나는가?

Williamson과 Anzalone (1996)은 감각통합이 어떻게 일어나는 지를 이해하는데 도움이 되는 다섯 가지의 상호연관된 구성요소를 확인하였다.

1. 감각등록
2. 지남력(orientation)
3. 해석

4. 반응의 조직화
5. 반응의 실행

1) 감각등록

감각등록은 우리가 감각사건을 처음으로 인식할 때 일어난다. "무언가가 나를 건드리고 있다"거나 "무언가 들린다". 우리는 그런 것들이 확실하게 역치나 강도에 도달할 때까지는 입력된 감각의 종류를 분명하게 인식할 수 없을 것이다. 우리의 감각역치는 하루동안 내내 달라지는데, 이는 당신이 이전에 경험했던 감각과 정서적 경험들에 의존하고, 얼마나 당신이 스트레스를 받는지, 긴장하는지 그리고 무엇을 기대하는지에 따라 달라진다.

당신은 창문근처에서 윙윙거리는 모기소리는 인식하지 못할 수 있지만 당신의 머리 주변으로 날아다닌다면, 당신은 분명하게 뭔가가 들린다는 것을 인식한다. 당신이 전에 경험했었던 소리이고, 모기가 내려앉아 물면 며칠 동안 가려울 것을 예상한다.

당신이 매우 각성되어있거나 긴장 또는 불안할 때에는, 당신의 감각역치는 더 낮아지고, 다른 때에는 무시하였던 감각입력이 더 과하게 입력될 수도 있다. 만약 당신이 밤에 큰소리 때문에 깨게 된다면, 당신은 매우 각성되고 과하게 경계상태가 될 것이다. 당신은 하루종일 전혀 주의를 기울이지 않았던 계단의 삐걱거리는 소리와 기계의 윙윙거리는 소리를 알아채거나 "등록"하게 될 것이다.

(1) ASD와의 연관성

이 책의 초반부에 설명하였듯이, ASD를 가진 많은 아동들과 성인들은 감각자극에 대해 과등록을 하거나 과민 반응을 보인다. 어떤 이들은 몇마일 떨어진 곳에 있는 기차소리나 다른 방에서 들리는 휘파람 소리를 보고하기도 한다. 다른 이들은 옷의 촉감을 마치 샌드페이퍼처럼 느낀다고 보고한다.

Kientz와 Dunn(1997)은 감각프로파일 질문지를 사용하여 ASD 아동과 그렇지 않은 아동의 수행도를 비교하였다. 그들은 85%의 항목들에서 자폐아동과 그렇지 않은 아동들이 차이를 보인다는 것을 발견하였다.

촉자극과 청자극에 대한 과반응(over-responsivity)은 가장 공통적으로 언급되는 항목들이었다. 소리와 촉각에 대한 과반응은 자폐 성인들에서도 가장 공통적으로 언급된다(Grandin, 1986, 1995, Mckean, 1994, Williams, 1992, Willey, 1999, Fleishman & Fleishman, 2012).

ASD 아동들과 성인들은 또한 감각정보가 저등록(under-register)되기도 한다. 그들은 타인이 그들을 부르는 것을 알아채지 못하기도 하고, 그들의 얼굴 위의 음식을 느끼지 못하기도 하며, 공간에서 그들의 팔다리의 위치를 인식하지 못하기도, 감각자극이 매우 강하고 과도하게 주어졌을 때에 비로소 반응하기도 한다.

Greenspan과 Weider (1998)는 200명의 ASD 진단을 받은 아동들을 대상으로 감각처리패턴을 검토하였다. 그들은 94%의 아동들이 일반적이지 않은 감각처리패턴을 가지고 있음을 발견하였다(저반응 39%, 과민반응 19%, 36%의 아동들은 과반응과 저반응 혼합패턴을 가짐).

감각입력에 대한 반응은 매우 일관성이 없고 매일 달라질 수 있다는 것을 유념하는 것이 중요하다. 또한, 몇몇 아동들에서 보이는 감각입력에 대한 저반응성이 사실은 감각자극에 매우 예민한 것일 수도 있다. 그들의 신경계가 입력되는 감각자극으로부터 그들을 보호하고자 '감각차단(shut-down)'을 하였기 때문에 저반응으로 나타날 수도 있다는 것이다.

① 과반응(over-responsivity)의 예

- 특정 소리에 대한 괴로움
- 빛에 대한 예민함
- 특정 촉감에 대한 불편함
- 특정 냄새와 맛에 대한 혐오감
- 높은 곳과 움직임에 대한 비합리적인 두려움
- 자주 깜짝 놀라는 반응

② 저반응(under-responsivity)의 예

- 갑작스럽거나 큰 소리에 대한 인식부족
- 부딪히거나 타박상, 베인 것에 대한 통증을 인식하지 못함
- 얼굴에 묻은 음식물을 인식하지 못함
- 환경과 사람, 그리고 사물에 대한 주의집중 부족
- 과도하게 빙빙돌아도 어지럽지 않음
- 반응이 느림

2) 오리엔테이션(감각지남력)

감각지남력은 새로운 감각정보를 받아들일때 당신으로 하여금 주의를 기울이게 한다.; "뭔가가 내 팔을 만지고 있다" 또는 "뭔가 내 머리주위에서 윙윙거리는 소리가 들린다." 우리는 감각정보에 대해 주의를 기울여야 할 지, 무시해도 되는 정보인지를 결정할 수 있다. 이러한 것은 감각조절과 억제와 촉진의 기능들을 통해 일어난다.

우리의 뇌는 들어오는 감각정보를 조절하거나 균형을 맞추어 효율적으로 기능하도록 프로그램되어 있다. 우리는 환경 내의 모든 감각들에 주의를 기울이는 것이 가능하지 않다. 만약 모든 감각입력이 동등하게 중요하다면, 우리는 특정 상황에 대한 적절한 자극을 선택할 수가 없다.

전화를 통해 말할 때, 당신의 뇌는 상대방의 목소리가 중요하다는 것과 당신의 주의집중이 필요하다고 결정한다. 이것은 또한 텔레비전 소리, 당신의 옷의 촉감, 보석, 그리고 당신의 손의 위치는 중요하지 않다는 것을 결정한다.

감각조절은 뇌의 활동 수준에 따라 우리의 활동 수준을 조절하는데 필요하다. Ayers (1979)은 감각조절을 볼륨을 조절하는 것과 비교한다. 만약 받아들이는 감각정보가 너무 크고, 너무 강하거나 매우 의미없는 것이라면, 우리의 뇌는 정보의 흐름을 억제하거나 낮출 수 있다. 이러한 억제의 신경학적인 과정은 우리로 하여금 의미없는 감각에 주의를 기울이는 것을 막는다. 억제의 과정은 전화 통화에 집중하도록 하고 텔레비전 소리는 무시하도록 한다.

우리가 "볼륨"을 높이는 것이 필요할 때, 우리는 촉진을 필요로 한다. 때때로 우리는 의미있는 감각들에 반응하는데에 도움이 필요할 때가 있고, 이것은 촉진의 신경학적 과정이 활성화될 때이다. 앉아서 강의를 듣는데 각성 수준이 낮을 때, 우리는 교수의 목소리에 적절하게 집중할 수 없다. 촉진의 과정은 우리가 강연자를 향하게 하고 그 목소리에 주의를 기울이도록 우리를 돕는다. 감각조절은 무의식적으로 일어나고 억제와 촉진 사이의 균형을 유지하는 것이다.

(1) ASD와의 연관성

ASD를 가진 많은 아동들은 감각조절에 문제가 있다. 비전형적인 감각등록과 오리엔테이션은 촉진과 억제 과정을 방해할 수 있다. 어떤 아동은 다른 사람과 상호작용을 하거나 언어적 지시를 따르는 것을 할 수 없을 수도 있는데 이것은 그들이 외부적 자극에 주의를 기울이거나 공기 속의 먼지 입자나 그들의 얼굴로 불어오는 바람과 같은 부적절한 감각에 주의를 기울이기 때문이다. 또 다른 아이는 두려움과 불안감을 보이면서 특정한 감정에 압도당하고 불편함을 느낄 수도 있다.

Lucy Blackman (1999)은 '루시의 이야기: 자폐와 다른 모험들'이라는 그녀의 자서전에서 다음과 같은 인용문에서 감각조절에 대한 그녀의 어려움을 묘사하고 있다: "오늘날에도, 끊임없는 소음은 나의 환경이나 사람을 해석하는 것을 불가능하게 만든다"(Blackman, 1999).

3) 해 석

우리 뇌는 감각정보를 해석할 수 있고 감각정보의 특성을 설명할 수 있다. "내 팔에 실크 천이 살짝 닿은 것을 느꼈다." "나는 큰소리로 저녁식사를 할 시간이라고 말하는 여자의 목소리를 들었다." 감각정보를 해석하는 능력은 우리가 무엇에 반응해야 할지와 그것이 위협적인 것인지를 결정하도록 한다. 우리는 새로운 감각경험들을 이전의 것과 비교한다. 우리의 언어, 기억과 정서 중추들은 해석과정과 관련되어 있다. : "나는 어떤 냄새를 맡는다. 그것은 빵을 굽는 냄새 같았다. 그 냄새를 나는 좋아한다. 그것은 나에게 행복감을 느끼게 한다. 그 냄새는 나의 어린 시절을 떠올리게 한다. 냄새가 어디서 나는 것인지 찾는 것이 나는 좋다."

당신의 신경계는 또한 위험한 것으로부터 당신을 보호하기 위해 감각입력에 대한 반응을 하도록 프로그램되어 있다. 당신이 집에 혼자 책을 읽고 있는 것을 그려보자. 당신의 남편은 사업차 출장을 가서 내일까지 집에 돌아오지 않는다. 갑자기 누군가 당신의 어깨를 가볍게 쳤다. 당신은 의자에서 펄쩍 뛰어오르고, 심장은 즉각적으로 빠르게 뛰고, 호흡은 가빠지며, 갑작스럽게 땀이 난다. 당신의 몸은 달려 도망가거나, 당신을 건드린 사람을 한 대 칠 준비가 되어 있다. 그 사람이 당신의 남편임을 깨닫게 되면, 당신의 신체는 이완되고, 호흡과 심박동수는 다시 정상으로 돌아온다.

이것은 신경계의 "놀람, 도망감 또는 싸움" 반응이고 이것은 잠재된 위험으로부터 당신의 몸을 보호하고자 돕는 반응이다. 이 반응은 즉각적으로 심박동수와 호흡이 증가되고, 소화기관으로부터 혈류를 근육으로 바꾸어 보낸다. 때때로 이 반응은 적절하게 일어난다. 만약 당신의 어깨를 친 사람이 남편이 아니라 강도였다면, 당신은 당신의 신체가 즉시 반응하기를 원할 것이다. 만약, 심장 박동과 호흡이 증가하고 근육에 혈액이 더 많이 흐르게 되면 강도에게서 도망칠 준비가 잘 된 것이다.

(1) ASD와의 연관성

ASD에게서 보이는 비전형적인 언어, 기억과 정서 발달은 감각정보를 해석하는 능력을 방해하게 된다. 감각경험들은 적절하게 분류되거나 기억되지 않을 수 있다. 친숙하고 즐거운 감각경험들은 긍정적인 정서와 연결되지 않을 수 있다. ASD를 가진 이들은 또한 감각등록과 오리엔테이션 단계에 문제가 생겨서 이후의 해석과정을 방해할 수 있다. 만약 감각입력이 왜곡되거나, 일관성이 없거나, 너무 강하거나 너무 약하게 된다면 감각정보를 해석하기 어렵게 된다.

감각은 끊임없이 새롭거나 익숙하지 않은 것으로 해석될 수 있다. 친숙함이 없는 세상은 혼란스러운 곳으로 보일 수 있다. ASD를 가진 아동과 성인들이 전이가 어렵고 순서와 일과(routines)를 정하는데 강박적으로 얽매이는 한 가지 이유는 이해하기 어려운 다른 감각들이 그들을 둘러싼 세상에서 예측가능성을 위해 고군분투하고 있기 때문이다. 이 전에 언급했듯이, ASD는 감각입력에 더 자주 과민반응을 보이는 것으로 보고된다.

감각방어라는 용어는 일반적으로 해롭지 않은 감각에 대해 경고반응(alarm)이나 부정적으로 반응하는 경향을 설명하는 것이다(Wilbarger & Wilbarger, 1991). 아동들은 모든 종류의 감각입력이나 한 가지 특별한 감각에 방어적일 수 있다. 방어 반응들은 매우 다양하고 일관성이 없기도 하다. Wilbarger와 Wilbarger

(1991)는 일반적으로 인구의 15% 정도가 경하고, 중등도이거나 심한 감각방어를 보이는 것으로 추정하였다. 감각방어를 가진 ASD의 비율은 알려지지 않았으나 그 수는 의미가 있을 것으로 보이고, 행동에 미치는 영향은 쉽게 관찰할 수 있다.

감각방어 행동의 예:

- **촉각방어** – 다른 사람들과의 접촉을 피한다; 지저분한 놀이를 싫어한다; 특정한 옷감 재질과 상표에 불편함을 느낀다.
- **중력 불안** – 몸의 자세변화와 움직임을 두려워하거나 싫어한다; 머리의 위치 변화를 불편해한다; 발이 땅에서 떨어지는 것을 두려워한다.
- **청각방어** – 시끄러운 소리, 예상치 않은 소리나 특정 소리에 매우 예민하다; 진공청소기나 헤어드라이어 소리를 두려워한다.
- **시각방어** – 강한 불빛이나 다른 형태의 불빛에 과민하다; 햇빛을 피하거나 눈을 가늘게 뜬다; 눈맞춤을 피한다; 텔레비전이나 컴퓨터의 눈부심을 싫어한다.
- **구강방어** – 촉각, 냄새와 맛에 대한 과민함의 결합; 특정한 음식의 질감과 형태를 싫어하는 것을 포함한다; 양치질과 세수하기를 어려워한다.
- **그 외** – 냄새와 맛에 과하게 예민함; 사람과 사물의 냄새의 인식; 어떤 아동들은 특정 냄새에 구역질을 하기도 함; 맛으로 특정 음식 브랜드를 알아맞힐 수 있다.

감각방어를 가진 아동들은 그들이 싫어하는 감각들이 퍼부어질 때 높은 수준의 불안감을 느끼게 되고, 이것은 "놀람, 도망 또는 싸움" 반응을 유발하게 한다. 그들이 종종 과–각성 상태로 있기 때문에 과–경계(hyper–vigilant) 상태가 되고 감각역치가 더 낮아지므로 그들은 감각입력에 더 반응적이 된다. 이러한 아동은 감각입력에 더 반응적으로 되기만 하는 것은 아니며, 그들은 감각입력에 의해 위협이나 공격을 받는 것으로 생각하고 공격으로부터 자신들을 보호할 필요를 느낀다. John Elder Robinson이라는 아스퍼거증후군을 가진 이는, 자신의 책, Be different (Robinson, 2011)의 한 챕터에서 "이빨을 가진 속옷(underwear with teeth)"이라는 표현을 하였다. 이 챕터에서 그는 촉각입력, 특히 옷에 대한, 촉각입력에 과–반응을 묘사한 것이다. 다음의 인용문은 어떤 사람들은 감각입력에 의해 공격을 받는 것처럼 느낄 수 있다는 것을 표현한 것이다: "나는 아직도 옷에 붙어있는 상표와 솔기로부터의 폭행을 견디어야 한다."(Robinson, 2011).

감각방어를 가진 아동들은 부정적 반응을 예방하기 위해 감각들을 회피하기도 하지만 하나의 적응전략으로 특정 감각을 찾는 반응을 보이기도 한다. 심부압박(deep–touch pressure)과 같은 특정한 감각입력은 감각입력에 대한 과민반응을 줄이는데 도움을 줄 수 있다. 물체들에 부딪치기, 뛰어오르기(bouncing),

베개와 가구사이에 끼어있기(squezzing)는 아동이 성공적으로 발견한 안정전략이거나 조직화전략일 것이다. 어떤 아동들은 불편한 감각을 차단하기 위해 특정한 유형의 감각-추구-행동들을 하기도 한다. 예를 들어, 어떤 아동들은 자극적이거나 예기치 않은 소음을 차단하기 위해 허밍소리나 수다를 통해 과도한 양의 소음을 만들어낸다. Blackman (1999)은 스트레스였던 소리를 관리하기 위해 만들었던 다음과 같은 전략을 설명하였다; "... 그래서 나는 허밍하거나, 원 안에서 뛰거나, 흔드는 것과 같은 활동에 의지하였는데 이것은 소리 환경에 끊임없이 노출되는 것으로부터 나를 보호하는 것이었다(Blackman, 1999).

4) 반응의 조직화

우리 뇌는 감각 메시지에 대한 반응이 필요한지를 결정하고 반응을 선택한다. 메시지들은 신체적, 정서적이거나 인지적인 것일 수 있다. 당신의 몸에 앉은 모기에 대한 예를 기억하는가? 당신은 감각 사건에 대해 여러 가지 방식으로 반응을 선택할 수 있다.

① **신체적 반응** - 나는 모기를 때려 잡을 것이다.

② **정서적 반응** - 나는 불안하다. 모기가 나를 무는 것을 원치 않는다.

③ **인지적 반응** - 나는 모기를 무시하기로 선택했다.

(1) ASD와의 연관성

등록의 어려움, 오리엔테이션 그리고/또는 해석의 어려움은 감각입력에 반응하는 것을 조직화하는 능력에 영향을 미친다. 감각입력에 대한 적절한 반응들은 감각입력의 특성과 의미가 분명치 않다면 조직화할 수 없다. 입력이 해로운 것으로 해석되면 반응은 과장될 수 있다. "놀람, 도망 또는 싸움" 반응이 활성화될 수도 있다. 또 다르게, 입력이 등록되지 않는다면 반응은 없을 수도 있다.

ASD 아동에게서 보이는 비전형적인 인지와 정서적 발달은 그들의 반응을 조직화하는 능력을 방해한다. 그들의 정서적 반응들은 과도하거나 미약하기도 하고, 그들은 주의집중 유지하기, 선택을 형성하고, 선택을 비교하고, 실행계획을 시작하는데에 문제를 경험할 것이다.

5) 반응의 실행

감각 메시지에 대한 운동성, 인지, 또는 정서적 반응의 실행은 감각통합 과정의 마지막 단계이다. 그러나 만약 이것이 운동반응(예, 모기를 치기)이라면 뇌가 신체의 움직임과 촉각에 대한 정보를 받아들이고 다시 과정이 시작됨에 따라 행동(action)은 새로운 감각경험을 생성하게 된다.

적절한 반응을 실행하는 능력은 이전의 요소들과 적절한 운동계획능력에 의존한다. 운동계획은 목적있는 활동들을 수행하는 능력이고 이것은 이 챕터에서 앞으로 논의할 것이다.

(1) ASD와의 연관성

운동계획능력의 손상은 ASD의 특징으로 점차 인식되고 있다. Greenspan과 Wieder (1998)는 ASD로 진단받은 200명 사례의 리뷰에서 이들 아동 100%가 일종의 운동계획 문제를 경험한다고 보고하였다. 운동계획능력의 손상은 운동반응을 계획하고 실행하는 능력을 현저히 저해한다.

Hill과 Leary (1993) 그리고 Leary와 Donnellan (2012)은 ASD를 가진 이들에게서 관찰되는 많은 행동에 대한 가치있는 통찰력을 제공한다. 특정한 행동과 특정 유형의 운동 또는 움직임 문제 사이에 강력한 연관성을 제시하였다. 그들은 파킨슨 증후군, 뚜레 증후군과 긴장병(catatonia)을 포함하는 다른 신경학적 증상에서 유사한 움직임 장애를 확인하였다. 그들은 움직임 문제가 운동계획능력의 손상과 관련되며 운동 동작의 시작, 실행, 멈춤, 결합하기와 전환에 어려움을 보인다고 하였다. 그러므로, 운동 관련된 지시가 주어졌을 때 순응하지 않는 것으로 보이는 아동이거나 보속증을 보이거나 자기자극행동을 하는 아동은 운동 동작을 시작하거나, 전화하기, 또는 멈춤이 어려울 수 있다.

신체와 환경으로부터 감각정보를 적절히 처리하는 것은 운동 활동을 효과적으로 실행하고, 조절하고, 전환하는 것에 필수적이기 때문에, 감각통합의 손상은 운동계획능력의 어려움을 야기하거나 기여할 수 있다.

3. 감각경험에서의 추가적 차이점들

우리들의 원 책(original book)과 이번 개정판에서, 우리는 감각조절의 어려움에 특별히 초점을 맞추어 ASD 아동들이 경험하는 감각처리 또는 감각통합의 차이점들을 다룬다. 그러나, 우리는 이 그룹이 경험한 다른 감각관련 차이점들이 있음을 인정하고자 한다. Bogdanisha (2003)는 다음과 같은 몇가지 감각과 지각의 차이점을 기술하였다.

- 단일감각 처리(monosensory processing) – 동시에 한 가지 이상의 감각계로부터 입력되는 감각정보를 처리하는 것이 어려움
- 공감각(synaesthesia) – 한 감각계의 자극은 다른 감각계에 의한 자극의 지각을 촉진할 수 있다(예, 색깔과 같은 소리의 경험)
- 처리 지연(delayed processing)

- **왜곡된 지각** – (예, 크기와 모양 지각의 왜곡)
- **단편적 지각** – 한번에 감각환경의 작은 단위만 처리할 수 있는 능력

Mukhopadhyay (2008)는 감각적 차이의 복잡성을 보여줄 뿐만 아니라 이러한 차이가 어떻게 독특한 시각(perspectives)을 제공하는지를 설명한다. 그는 자신의 챕터, "나의 비명소리의 색"에서 공감각을 언급한다. 그는 또한 지연된 처리과정과 단편적 지각도 묘사하였다. Mukhopadhyay의 저서는 그의 독특한 감각경험과 지각들을 반영하는 상징적인 산문과 시로 가득 차 있다.

어머니의 목소리가 들립니다.
소리가 떨어지며 흘러갑니다.
약간의 생각이 가득한 어둠이 떠다니는 깊이가 있습니다.
꿈의 목소리가 빛납니다.
내가 그들을 보았을 때 모두들
내 비명소리의 색과 함께 하는.
(Mukhopadhyay, 2008)

4. 감각적 재능 VS 감각적 도전(Sensory Gifts vs. Sensory Challenges)

"자폐는 감각지각의 다른 발달을 보이고 이것은 인지 메카니즘의 다른 발달을 가져온다. 지각에서의 다른 점 모두가 기능장애인 것은 아니고 감각적 차이가 반드시 문제나 어려움을 야기하는 것은 아니다. (Bogdanisha, 2006).

우리는 ASD를 가진 성인이나 아동들이 경험하는 많은 감각적 차이점이 반드시 도전이나 장애로 이어지는 것이 아니라 실제로는 삶의 질을 향상시킬 수 있다는 것을 우리의 세 번째 개정판에서 알리는 기회를 갖고자 한다. 소리나 이미지의 등록을 높이는 것은 많은 ASD 인들이 음악가, 예술가, 사진 작가로 성공하는데 기여한다. 탬플 그란딘의 강한 시각 기억과 시각적 입력의 등록을 높이는 것은 동물 도살 설비를 디자인하는 그녀의 경력에서 그녀의 능력을 뒷받침하였다. "내가 지금까지 해결해낸 모든 디자인 문제들은 세상을 그림이나 영상으로 시각화하고 보는 능력에서 시작되었다"(Grandin, 1996).

부모, 교사 그리고 치료사로서, 우리는 종종 차이점에 의해 일어나는 도전에 집중한다. 우리는 감각적 도전을 지원하는 전략들을 제공하고자 이 책을 썼다. 그러나 우리는 또한 특정 감각적 차이가 환영받고 격려받을 뿐 아니라 또한 축하할 일이라는 것을 독자가 인식하도록 격려하기 위해서 이 책을 썼다.

5. 감각통합의 결과는 무엇인가?

감각통합은 자기-조절, 환경 속에서의 편안함, 운동계획, 운동 기술, 주의집중, 학습을 위한 준비에 기여한다. 우리는 친숙하지 않은 두 개의 영역인 자기 조절과 운동계획에 대해 좀 더 자세히 살펴 볼 것이다.

1) 자기 조절

우리의 첫 번째 책이 출판된 이래로 교육과 발달에 관한 문헌에서 자기 조절에 관한 책과 논문들이 폭발적으로 저술되어 왔다. Shanker (2013)는 생리학적, 정서적, 인지, 사회적 그리고 도덕적 영역을 확인하는 자기 조절 모델을 제안하였다. 작업치료사들은, 자기 조절을 다룰 때, 주로 각성 수준을 스스로 조절하는 생물학적 또는 생리학적 능력에 초점을 맞춘다. 우리는 논의의 목적을 위해 각성 수준의 달성, 유지 그리고 변화를 위한 신경계의 능력을 자기 조절의 정의로 사용한다(Williams & Shellenberger, 1994). 이러한 수준은 특정 상황 및 활동의 필요에 따라 달라진다.

각성은 우리의 깨어있음(alertness)의 수준이다. 적절한 각성상태를 유지하는 능력은 환경으로부터 들어오는 감각입력을 균형잡는(조절하는: modulate, regulate) 우리의 능력에 따른다. 정상적인 각성상태는 실행 기능의 발달에 필수적이며, 이것은 다음의 능력들을 포함한다.

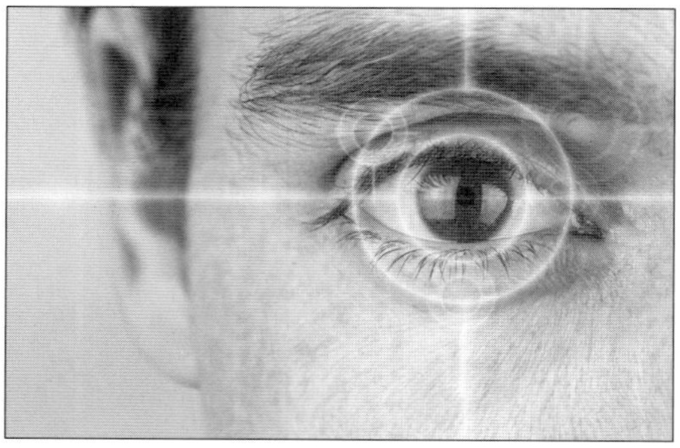

- 계획과 조직화
- 억제와 충동 조절
- 주의집중 행동들(집중 전이와 집중)
- 작업기억
- 과제 시작(개시)
- 자기-점검(monitoring)
- 정서적 조절

우리의 각성상태는 하루에도 계속 변한다. 우리는 우리의 각성 수준을 조절하기 위해 모든 다양한 전략들을 사용한다. 우리 대부분은, 잠에서 깨어나고 아침 일과를 시작할 때 각성상태가 상당히 낮다. 어떤 이들은, 즉시 샤워를 하면 각성상태가 증가한다; 어떤 이들은 각성을 올리기 위해 먼저 한 잔의 커피를 마시는 것이 필요하다; 어떤 이들은 이른 아침에 조깅을 한 후에 좀 더 깨어나는 기분을 느낀다.

당신은 일하러 가고 있다. 만약 당신이 지하철을 타고 있다면 지하철이 천천히 흔들리는 것으로 인해 가

라앉게 되면 각성 수준이 낮아지게 된다. 당신이 밖으로 나오게 되고 차들의 날카로운 브레이크 소리와 요란스런 경적소리들에 둘러싸이게 되면 다시 각성 수준은 올라간다. 몇 시간 동안 책상에서 일하고 난 후, 당신은 집중력에 문제를 느끼고, 몸을 스트레칭하고 정수기로 빠르게 걸어가는 것이 당신의 각성상태를 증가시키고 일에 집중할 수 있는 능력을 증가시킨다는 것을 본능적으로 안다.

오후 2시 30분, 당신은 미팅(회의)에 참석하고 있다. 말하는 사람은 생기가 거의 없는 낮은 목소리로 말하고 있다. 그는 한 시간 동안 계속 웅얼거리고 있다. 당신의 상사가 참석하고 있고 당신은 잠에 빠져들기 시작하였다. 당신은 깨어있고자 익숙한 전략들을 사용하기 시작했다. – 의자에서 조금씩 자리 이동하며 움직이기, 입에 민트를 넣거나, 머리카락 만지작 거리기.

자기-조절을 증진시키기 위한 전략들은 신경계 상에 다른 감각들이 나타내는 효과를 고려해야 한다. 특정 감각 유형은 신경계를 흥분시킬 수 있고, 다른 감각 유형은 신경계를 이완시킬 수 있다.

감각통합장애를 가진 아동들은 종종 각성의 정상 수준을 유지하거나 성취하는데 어려움을 보인다. 정상적인 각성 수준은 적절한 감각조절에 달려있다. 사람이 감각정보에 적절하게 반응하지 못할 때 각성 수준을 변화시키는 전략을 개발하기 어렵다. 각성 수준은 감각입력에 반응하는 것에 따라 직접적으로 영향을 받을 수 있다. 과-반응(hyper-reactivity)은 각성을 높일 수 있고, 저-반응은 불충분한 각성 수준을 만들 수 있다.

Joey는 5살 남자아이로 아스퍼거 장애를 가지고 있다. 그의 유치반은 운동장에서 안으로 막 들어와 지금 서클 타임이다. Joey는 바깥에서 높은 수준의 활동을 하여 매우 각성되었으나 지금 그는 앉아서 이야기에 집중해야 한다. 다른 아이들은 처음에는 약간 산만하였으나 곧 자리를 잡고 이야기를 듣는다. 어떤 아이들은 선생님의 무릎에 앉아 자기 엄지손가락을 빨거나, 머리카락을 빙빙 꼬면서 스스로 안정을 찾는다. Joey는 잘 앉아있을 수가 없다. 그는 여전히 흥분이 가시지 않았다. 그는 교실에 보이는 모든 장난감으로 인해 산만해졌다. 그는 교실 뒤에서 보조교사가 스낵을 준비하는 소리를 듣는다. 그는 이 좋은 냄새가 무엇일까 궁금하고, 어떤 간식인지 보고 싶어한다. Joey는 이야기를 듣기를 원하지만 자주 서클에서 일어나고, 옆에 앉아있는 친구들과 부딪친다. 그는 끊임없이 자세를 조정하고 자꾸 큰소리로 말한다.

Joey는 감각조절에 문제를 가지고 있다. 그는 들어오는 감각정보의 균형을 맞출 수 없다. 그는 어떤 감각정보가 중요하고 무엇에 주의집중을 해야 할지 결정할 수 없다. 이야기를 듣고 서클 안에 앉아있는 능력을 증진시키는데 사용해야 할 전략이 무엇인지를 결정할 수 없다. Joey가 자기-조절을 하도록 돕기 위해 심부압박을 제공하는 특별한 전략을 그의 일과에 적용할 수 있다. 예를 들어, Joey가 들어올 때 줄다리기 놀이를 하면 그 효과를 볼 것이고, 서클 타임동안 그의 무릎에 무거운 패드(weighted pad)를 얹고 있으면 집중을 더 잘 할 것이다. Williams과 Shellenberg는 – 그들의 저서, 당신의 엔진은 어떻게 달리나? 자기-조절을 위한 각성프로그램 가이드 – 자기 조절 전략을 가르치는 방법을 개발하여 훌륭한 프로그램을 설명하였다. 이 프로그램은 아동과 성인이 자신들의 다양한 각성 수준을 인식하는 방법을 가르치고 그들의 각성 수준이 학습, 행동과 주의집중에 어떤 영향을 미치는 지를 가르친다. Williams과 Shellenberg는 각성 수준을 올리고 낮추는 것을 아동들에게 쉽게 가르칠 수 있는 다양한 범위의 전략들을 제공한다. 이 주제에 대한 부가적인 정보를 제공하자면, 인지행동치료에 감각전략들을 통합한 다른 책이 있는데, 조절의 영역: 자기 조절과 정서적 통제를 촉진하기 위해 고안한 커리큘럼(Kuypers, 2011)이 그 책이다.

2) ASD와의 연관성

ASD를 가진 많은 아동과 성인들은 자기 조절에 어려움을 보인다(Siegel, 1996). 자기 조절의 문제는 ASD에게서 관찰되는 많은 행동들의 원인이 되기도 한다. 이러한 행동들은 감각자극에 대해 과도하게 반응하거나 또는 무시하는 것, 과제들에 집중하는 것에 일관성 없는 능력, 주의산만, 충동조절의 어려움, 좌절 인내의 한계를 보이는 것, 변덕스런 감정적 반응들을 포함한다. ASD인 많은 아동과 성인들은 또한 높은 각성 수준으로 인해 높은 불안수준을 가지고 활동하게 된다. 각성이 증가함에 따라 감각역치는 더 낮아져서 과도한 양의 감각입력이 등록된다. 관찰 가능한 행동이 감각방어 또는 선재 불안(이미 존재하고 있는 불안)과 관련이 있는지 확인하고 결정하는 것이 중요하다. 그러나 유사한 안정전략들은 감각방어들을 제어하고 불안을 줄이는데 유용할 것이다.

자기 조절에 문제가 있는 아동은 매일의 활동과 일과에 참여하고 최적의 학습을 위해 필요한 각성상태와 안정을 유지하는 것이 어렵다. ASD 아동들은 종종 교실 수업뿐 아니라 말하기와 언어 병리학자, 작업치료사, ABA 중재자와 floor - time 치료 또는 사회기술그룹 등에 참여하느라 꽉 차있는 하루를 보낸다. 이러한 세팅 모두에서 자기 조절을 지원하는 것을 포함한 노력을 기울이는 것이 중요하다. 자기 조절을 장려하기 위한 전략들을 제공하는 수많은 새로운 자원들이 있다(Moyes, 2010, Shankar, 2012, Hyche & Maetrz, 2014, Garlard, 2014).

ASD 아동들은, 언어적이든 비언어적이든, 자기 조절을 지원하는 다양한 전략들을 배울 수 있다. 이러한 전략들은 이 책의 PART II를 통해 제시될 것이다.

6. 운동계획

운동계획 또는 "실행"은 당신의 신체가 무엇을 할 것인지를 결정하고 나서 그것을 하는 과정이다. 실행이란 단어는 동작(action)이란 뜻의 그리스 단어에서 유래되었다. 운동계획과 실행은 구상, 계획, 순서, 동작 실행을 포함하는 동일한 과정을 의미한다. 운동계획은 감각입력에 대한 반응을 조직화하고 실행하는 감각통합 과정을 지원한다. 운동계획은 언어와 기억, 인지 또는 사고 기술 뿐만 아니라 신체와 환경으로부터의 감각 피드백에 의존한다. 이것은 두뇌의 많은 부분과 기능들을 포함하는 매우 복잡한 과정이다.

운동계획의 단계는 다음과 같다.

- 아이디어 또는 생각(관념) 만들기
- 신체의 시작 자세를 결정하기 위해 감각 피드백 사용하기
- 행동 개시
- 행동에서 요구되는 단계들을 순서화하기
- 그에 따라 행동을 조정하기
- 행동 멈추기

Robbie는 선반 위에 앉아 있는 그의 토끼인형을 본다. 그는 마차에 바니를 태워야겠다고 결정한다. 그는 발끝으로 서서 팔을 있는대로 뻗어야만 바니를 잡을 수 있다. 바니를 데리고 와 마차에 바니를 태우는 동안 Robbie는 짧은 거리를 걸어야만 한다. 마차는 세 살 된 남자아이가 끌기에는 제법 무겁다. 그래서 Robbie는 마차를 밀며 방안을 돌기 위해서는 그의 온 힘을 다해야만 한다. 그는 빠르게 움직였으나 방의 코너를 돌 때에는 마차가 벽을 긁지 않게 하기 위해 속도를 낮추어 천천히 매우 조심스럽게 움직인다. 곧, 그는 피곤해지기 시작하고 이 놀이가 지루해지기 시작한다. Robbie는 근육의 힘을 빼고, 마차를 미는 것을 멈추고 미키마우스를 보러 갔다.

Robbie의 행동들은 단순해보이지만, 이러한 형태의 활동에 참여하게 되는 과정들은 매우 복잡하다. 그는 먼저 마차에 바니를 넣으려는 아이디어를 생각해냈다. 그는 바니와 마차가 장난감들이란 것을 알았고, 그는 바니와 놀았던 즐거웠던 경험을 기억해냈다. 그는 선반에서 바니를 내려올 수 있다는 것을 알고 있고, 마차의 기능을 이해하고 있다. 이 과정은 관념화라고 불리고 언어, 인지, 기억, 정서적 요소들을 포함한다.

운동계획 또한, 감각통합 과정에 의존한다. 감각통합은 우리의 움직임을 계획, 실행, 모니터링 및 조정하는 데 필요한 신체 및 환경의 정보를 제공한다.

모방은 운동계획의 초기 형태이다. 제스추어와 얼굴 표정를 보고 따라하는 거울(mirror)반응을 보이는 영아의 능력은 아동발달에 중요한 이정표(milestone)이다. 이것은 또한 의사소통과 아기와 부모사이의 유대감 뿐 아니라 운동발달에도 중요하다(Trott et al., 1993).

영아와 유아는 움직이면서 그들의 세계를 탐험하고, 그들은 감각들에 둘러싸여진다. 그들은 그들의 몸이 사물, 사람 그리고 지구의 중력과 어떻게 연관되는지를 배운다. 이러한 감각들을 통하여, 그들은 신체지도 또는 신체도식을 발달시킨다. 움직임의 경험은 유사한 움직임 패턴을 반복할 필요가 있을 때를 대비하여 미래에 필요할 수 있는 기억들을 만들어낸다. 이것은 우리가 기술들을 일반화하도록 하여 다른 상황에서 비슷한 행동을 수행할 수 있게 한다. 우리는 이미 존재하는 운동계획을 빌려 새롭거나 또는 확장된

행동들을 구축할 수도 있다.

유아들은 계단과 연관된 자신의 몸의 자세를 배우기 위해 계단을 수백번 오르내린다. 그들은 자신의 다리를 얼마나 높게 들어야 할지, 얼마나 내려야 할지를 배운다. 그들은 그들의 발을 계단에 내딛을 때 어떤 느낌이 드는지 그리고 계단에서 어떤 소리가 들리는 지를 배운다. 초기에, 그들은 천천히 나아가고 자신들의 다리가 적절하게 움직이는지에 대한 확인을 하기 위해 항상 자신들의 발을 내려다본다. 곧 그들은 계단을 빨리 오를 수 있고, 데이케어 센터나 놀이터, 할머니 댁의 계단을 오를 수 있다.

아동들은 또한 구성능력이 발달하는데, 이것은 운동계획의 다른 형태이다. 이것은 탑을 만들기 위해 블록을 쌓고, 구슬을 실에 꿰고, 요새를 만들기 위해 가구들을 재배치하는 것을 포함한다. 이러한 과제를 성공적으로 완수하려면 다른 사물들의 특성을 인지하고 식별할 수 있는 능력과 사물과 관련된 우리 몸의 피드백이 필요하다. 운동계획의 피드포워드와 피드백 구성요소들은 우리가 움직일 때 무슨 일이 일어났었는지와 무슨 일이 일어날 것인지를 결정하는 것을 돕는다. 피드포워드를 사용하면 운동 행동을 완수하는데 요구되는 필수단계, 힘과 속도를 예견할 수 있다. 이 과정은 우리가 무거운 여행가방이나 시장바구니를 들어 올릴 준비를 하는데 도움이 된다. 피드백은 우리가 운동활동을 수행하는 동안 받는 정보인데 이것을 통해 필요에 따라 움직임을 조정하고 모니터하게 된다.

당신이 뜨개질, 테니스, 운전하기 또는 스키타기와 같은 새로운 기술을 배울 때, 초기에는 필요한 움직임을 수행하기 위해 좋은 수준의 에너지와 집중력을 발휘해야만 한다. 당신은 쉽게 피곤해지고, 좌절에 대한 인내는 제한적이고 당신의 모든 주의집중을 그 과제에 쏟아부어야 할 필요가 있기 때문에 대화에 참여할 수가 없다. 만약 좋은 운동계획능력을 가지고 있다면, 여러분은 이 학습 단계를 빠르게 통과할 수 있다. 당신은 항상 의식적으로 생각하고 모든 움직임을 계획하지 않아도 된다. 진지한 대화를 하는 동안 오랜시간 활동에 참여할 수 있다. 비우세손으로 글씨를 쓰는 것은 익숙하지 않은 과제를 완성할 때 당신이 얼마나 더 힘들게 집중해야만 하는 지를 보여준다.

좋은 운동계획은 시간과 에너지 면에서 매우 효율적이다. 익숙하고 친숙한 과제를 완성할 때 우리는 각 단계를 생각하지 않고 수행할 수 있다. 우리들 대부분은 저녁에 할 활동들을 계획하면서 직장에서 집까지 운전할 수 있고 집에 도착하면서 도로에서 교통체증을 어떻게 피해왔는지를 기억하지 않는다. 우리는 다른 사고 과정에 에너지를 쏟는 동안 "자동적 조종사"가 될 수 있다.

7. 실행장애 또는 손상된 운동계획

실행장애라는 용어는 운동계획의 어려움을 의미한다. 운동계획은 매우 복잡한 과정이고 그 과정이 중단

될 수 있는 영역이 많이 있다.

감각통합이론이 다룰 수 있는 운동계획 문제의 종류는 촉각, 전정감각, 고유감각계로부터의 정보를 비효율적으로 처리하는 것을 포함한다. 이러한 종류의 운동계획 문제를 가지는 아동들은 새로운 운동과제를 배우는 것은 어렵지만, 반복해서 수행하면 그들의 능력을 개선할 수 있다. 그러나 그들의 능력은 종종 그들이 연습했던 특정 과제로 제한되며 유사한 활동들로 일반화되지 않는다(Fisher et al., 1991). 과도한 양의 에너지와 집중력이 운동과제들을 수행하는데 쓰여져야만 하는데 이는 움직임 경험에 대한 부적절한 기억들과 제한된 신체도식 때문이다.

운동계획의 어려움은 매우 좌절스럽고 혼란스러울 수 있다. 종종 아이들은 그 또는 그녀가 하고 싶은 것이 무엇인지를 알고 요구를 이해하지만, 과제를 완수하는데 필요한 운동계획을 이용하지 못한다.

> 카렌의 유치원 체육관에서의 첫 번째 날이었다. 강사는 아동들에게 준비운동을 보여주기 시작하였다. 카렌은 강사의 움직임을 모방하는데 문제를 보였다. 그리고 나서 강사는 아동들을 체육관 주위를 뛰게(skip) 하였고, 카렌은 그 그룹에 함께 하기 어려웠다. 카렌은 뛰고자(skip) 노력하였으나 다리를 교대로 들어올리는 것을 할 수 없었다. 이후 그룹은 카렌이 수행할 수 있는 재주넘기를 하였다. 이것은 그녀가 집에서 반복해서 연습한 좋아하는 활동들 중 하나였다. 수업 마지막에, 아동들은 원 안에 앉았고 강사는 몇 가지 율동을 선보였다. 카렌은 'Itsy Bitsy Spider' 또는 'the Wheels on the Bus'와 같은 율동을 따라할 수 없었고, 그녀는 머리와 어깨를 움직일 때 다른 아동들보다 더 느렸다. 카렌은 좌절하고 불행한 마음으로 집에 갔다.

운동계획 문제를 가진 아동의 운동수행은 종종 매우 일관성이 없다. 그들은 어떤 복잡한 행동(재주넘기와 같은)은 쉽게 수행하기도 하고, 더 간단해보이는(머리와 어깨를 움직이는 놀이) 행동들은 어려워했다. 그들의 운동 능력들은 그들이 집중하는 능력과 피로의 수준, 연습에 의해 상당히 영향을 받는다. 운동수행은 그날그날마다 또는 순간마다 달라질 수 있다. 아동이 요청받은 과제를 완수하지 못하는 아동의 무능력은 종종 아동이 잘 협조하지 않아서라는 오인을 받는다.

부모와 교사들은 종종 운동계획 문제를 가진 아동들이 보이는 운동수행의 비일관성 때문에 혼돈에 빠진다. 어떤 아동들은 복잡한 레고빌딩은 만들 수 있으면서 간단한 블록 디자인을 모방하는 것은 할 수 없다. 다른 아동들은 매우 정교한 그림은 그릴 수 있으나 프린트하는 방법을 배우는 것은 매우 어려워한다. 이런 것들은 운동계획의 구성적 요소들의 문제의 예들이다. 때때로 자기 주도적일 때 그림을 그리거나 빌딩을 쌓는 것은 더 쉽다. 이것은 운동계획의 다른 측면이다. 대부분, 우리가 스텝을 만들고 조절하고 우리가 리드할 때 춤추기가 더 쉽다.

운동계획 문제는 순서, 시간 그리고 운동활동을 등급화하는 능력에 영향을 미친다. 감각통합문제가 있을 때 운동계획의 피드포워드와 피드백 과정은 상당히 손상받는다. 문제있는 신체인식은 한번 실행한 움직임을 조정하거나 운동 요구도를 예상하는데 필요한 정보를 제공하지 못한다.

운동계획 문제는 자기-관리 기술 수행을 방해하는데, 아동이 옷입기와 같은 과제를 독립적으로 완수하는데 필요한 행동의 순서화와 수행능력을 어렵게 한다. 언어 산출은 소리와 단어를 형성하고 배열하는데 필요한 입술, 혀와 턱의 움직임을 방해하는 열악한 운동계획에 의해 영향을 받을 수 있다. 운동계획 문제는 조직화의 어려움에서 나타난 것처럼 심지어 학업에 차질을 빚을 수 있다.

운동계획 문제를 가진 아동들은 다양한 행동반응을 나타낼 수 있다. 많은 아동들은 운동활동들을 거부하거나 쉽게 좌절할 수 있다. 다른 아동들은 활동을 하면서 참을 것이고, 과제를 완성하기 위해 보상전략들을 발전시킬 것이다. 예를 들어, 어떤 아동들은 과제를 하면서 스스로 말을 할 것이고, 다른 아이들은 시각적 단서를 사용할 것이다. 어떤 아동들은 매우 충동적이고 가능한 빨리 과제를 완성하고자 노력한다. 다른 아이들은 자신의 행동을 감독하고 다른 이들의 행동을 통제하려고 하기 때문에 융통성이 없는 것으로 보일 수 있다.

운동계획 문제를 가진 아동들은 당혹감을 느낄 수 있다. 그들은 그들의 움직임을 제한하는 신체장애를 가진 것은 아니지만 그들이 뭔가 다르다는 것은 안다. 그들은 이전에 성공적으로 완수한 과제일지라도, 과제를 완수할 수 있을지 확신이 없다.

1) ASD와의 연관성

ASD 아동의 상당한 %에서 어떤 형태로든 운동계획 문제를 가지는 것으로 보인다(Greenspan & Weider). Kanner (1943)는 자폐에 대한 그의 첫 번째 기술에서 운동문제가 존재한다는 것을 보고하였다. Hill과 Leary (1993), Attwood (1993)와 Leary와 Donnellan (2012)은 파킨슨 질환을 가진 사람이 경험하는 어려움과 ASD를 가진 이들이 경험하는 움직임 문제의 일부가 유사하다고 보고한다. 이러한 문제들은 운동행동의 지연된 개시(initiation), 움직임의 변화나 멈춤의 문제를 포함하고, 운동 동작들을 결합하는 것의 어려움과 일반적으로 움직임의 실행의 어려움을 포함한다. 그들의 자서전에서, Mukhopadyhayy (2011)와 Blackman (1999)은 손상된 운동계획능력이 어떻게 그들의 삶에 영향을 주었는지에 대한 많은 예들을 제시하였다.

ASD를 가진 아동의 운동계획 문제의 원인은 매우 다양하여 정의를 내리기 어렵다. 원인에 기여하는 요소들은 인지, 언어 그리고 기억기능의 손상을 포함한다. 감각자극에 대한 비정상적인 반응과 함께 손상된 운동계획을 보이는 아동의 경우, 원인 중 하나는 잘못된 감각통합일 수 있다. 그들은 운동계획을 위해 필요한 움직임 경험에 대한 적절한 신체인식과 기억이 발달되지 않을 수 있다.

운동계획의 문제는 ASD를 가진 아동들에게 존재하는 일부 비정상적인 행동들의 하나의 요소가 될 수 있다. 새로운 행동은 학습하는데 많은 에너지와 집중력을 요구하고, 아동들은 과거의 운동계획에 "갇혀"있을 수 있다. 어떤 아동들은 다른 행동을 시작하기 위해 하나의 행동을 멈추는 것이 어려울 수도 있다. 이것은 ASD 아동들에게서 관찰되는 보속증적인 행동들을 설명하는 데에 도움이 될 것이다. 만약 아동이 단지 몇가지 운동계획만 수행할 수 있다면 활동에 대한 그들의 선택이 제한될 수 있다. 장난감의 사용과 흥미는 장난감을 효과적으로 조작할 수 없기 때문에 악화될 수 있다. 어떤 아동들은 때때로 상상놀이를 위해 필요한 장난감들로 놀이하는 행동을 순서화하지 못할 수도 있다. 아동들은 공과 막대기를 사용하는 것과 같은 특정하거나 순차적인 움직임을 필요로 하는 게임보다는 거칠게 뒹구는 놀이 같은 구조화되지 않은 대동작 활동들을 더 선호할 수 있다.

> 샘은 응용행동분석프로그램에 참여하여 색상과 모양을 매치하는 것에 상당한 도움을 받았으나 언어와 운동 모방에서는 제한된 향상을 보였다. 샘은 차를 가지고 노는 것을 좋아했지만 그가 한 모든 것은 바닥에 차를 세게 치는 것이었다. 그는 차를 경주로에 올려놓지 못하였고, 차 안에 사람인형을 넣지 못하였다. 그는 때때로 그의 배터리로 작동되는 자동차의 버튼을 누르고, 그것을 움직이게 할 수는 있었지만 이것을 일관되게 수행할 수는 없었다. 그는 때때로 그의 작동 버튼을 누르기 위해 검지 손가락을 분리할 수 없었고, 때로는 엔진을 작동시키기 위해 버튼에 충분한 압력을 가할 수 없었다.

ASD 아동들을 위한 어떠한 평가절차나 치료접근이든 이들이 운동계획 문제를 경험하고 있을 수 있다는 것을 고려해야만 한다. 경험이 많은 작업치료사는 운동계획장애가 감각처리장애와 관련이 있는지 판단하는 데 도움을 줄 수 있다. 그들은 필요한 치료를 제공할 수 있고 손상된 운동계획을 보상하거나 조정할 수 있는 전략들을 개발할 수 있다.

8. 감각통합장애 또는 감각처리장애(SPD)란 무엇인가?

Ayres (1972)는 원래 손상된 감각처리과정을 "감각통합장애"로 분류하였다. 감각통합이론이 발전하고 이 이론적 개념에 기반한 작업치료 임상(practice)이 확대됨에 따라 새 용어와 분류체계를 개발하려는 노력이 이루어졌다. Miller와 Lane (2000)은 감각통합이론을 장애뿐 아니라 평가와 치료 과정으로부터 차별화하는 것이 중요하다고 제안하였다. Miller와 Lane (20C0)은 "감각통합장애"라는 이전의 명칭대신 "감각처리장애"라는 용어를 사용하기 시작했다.

Miller (2006)와 Dunn (1997)은 여러 유형의 감각처리장애를 구별하는 분류체계를 제안했다. 전문 용어에 대해서는 아직 합의가 없지만 이러한 분류체계는 작업치료 출판물에 그 빈도가 증가하여 나타나고 있다.

Dunn 모델은 감각사건을 등록하는데에 신경계의 역치와 개인이 감각입력에 대한 자신의 반응을 관리하기 위해 사용하는 자기조절 전략에 중점을 둔다. 이러한 전략은 능동적 또는 수동적으로 인식된다.

Dunn Model	
저-반응/ 높은 역치	과-반응/낮은 역치
• 낮은 등록	• 감각 예민
• 감각 추구	• 감각 회피

높은 역치를 가진 개인은 발생한 사건을 등록하기 위해 더 강한 자극입력을 요구하므로, 대부분의 다른 사람들이 즉시 등록하는 입력에 그들은 저-반응을 보인다. "감각 추구"를 하는 사람들은 능동적인 전략으로 반응하고 추가적인 감각입력을 찾으려 한다. 수동적인 반응을 하는 사람들은 추가적인 감각입력을 요구하지 않으며 "낮은 등록"으로 특징지어진다.

낮은 역치를 가지는 개인은 아주 작은 감각 사건에도 반응하고 감각입력에 과민반응을 나타낸다. "감각 예민"은 입력을 적극적으로 시도하거나 피하지 않는 개인을 설명할 때 사용된다. 특정 유형의 감각입력을 물리적으로 회피하고 특정한 감각을 피하기 위한 의식(ritual)이나 일과(routines)를 만드는 개인은 "감각 회피"전략을 사용한다.

Miller 분류학은 감각 도전(문제)들을 별개의 범주로 분류하려고 시도하며 범주간의 어느 정도의 중복이 있을 수 있음을 인정한다. 이 분류학은 연구와 임상현장에서 감각통합에 대한 우리의 이해를 계속하여 개선하고 밝혀 나감에 따라 시간이 지나면서 진화할 것이다.

① 감각조절 장애들
- 과민/과소 반응(over/under responsivity)
- 감각 추구

② 감각구별 장애

③ 감각-기반 운동장애
- 자세 장애
- 실행 장애

감각처리장애의 분류체계는 작업치료 문헌 외에도 존재한다. SPD는 영아와 유아기의 정신건강과 발달장애 진단 분류(Zero-Three, 2005) 및 영아 및 초기 아동기 진단 매뉴얼(ICDL, 2005)에서 인정되었다. 불행하게도 정신건강장애의 진단 통계편람 5판(DSM-V/APA, 2013)에 SPD가 포함되게 하기 위해 훌륭하고도 잘 조정된 노력에도 불구하고 시도는 성공하지 못했다. 이 책임을 맡은 전문가 그룹은 Lucy Miller와 SPD 재단이 이끌었다. 그들의 지속적인 노력과 다른 사람들의 노력을 통해 SPD가 결국 DSM-VI에 포함되기를 기대한다.

이 책의 목적에 따라 우리는 "감각처리장애" 또는 SPD라는 용어를 사용할 것이다. 이것은 감각입력의 통합과 처리과정이 손상된 사람들이 경험하는 문제들의 결합을 기술하는데 현재로서 가장 많이 알려진 용어이다.

사용된 용어나 분류체계에 상관 없이, SPD의 주요 구성 요소에 대한 합의가 있다.

9. SPD의 일반화된 징후(sign)들

- 감각자극에 부적절하고 일관되지 않은 반응
- 감각으로부터 정보를 구성하고 분석하는 것이 어려움
- 감각으로부터 정보를 연결하거나 "통합"하는 능력이 감소됨
- 의미 있고 적절한 방식으로 감각정보에 반응하는 능력이 제한됨
- 행동을 계획하고 실행하기 위해 감각정보를 사용하는 것이 어려움

감각통합문제를 확인하기 위한 체크리스트는 4장에서 제공된다.

SPD의 관찰 가능한 징후 중 일부를 간단히 살펴보자.

- 과(over)-반응 또는 저(under)-반응 또는 감각자극에 대한 혼합 반응
- 감각입력의 회피
- 감각입력의 추구
- 신체 위치의 불확실성
- 운동계획 문제(poor motor planning)
- 협응 문제(poor coordination), 일관성 없는 운동수행, 새로운 운동 과제 학습의 어려움
- 쉬운 주의 산만, 제한적인 참여 기술
- 과-각성, 높은 활동 수준, 높은-각성(경계)

• 저-각성, 낮은 활동 수준, 자기 몰입 방식, 수동성

10. SPD의 발병률과 원인

일반 인구를 고려할 때, 감각통합 과정의 효율성은 하나의 연속체로 볼 수 있다. 우리 중 몇몇은 타고난 운동 선수이고, 뛰어난 신체인식을 가지고 있으며, 우리의 환경에 편안함을 느끼고, 변화에 쉽게 적응하고 새로운 기술을 빨리 배울 수 있다. 다른 이들은 에어로빅 수업을 계속할 수 없고, 사람과 사물에 부딪치기도 하고, 옷에 있는 라벨의 느낌을 싫어하고, 변화에 잘 적응하지 못하고, 새로운 과제를 배우는데 어려움을 가진다. 어떤 사람들은 다른 이들보다 더러운 기저귀 냄새를 더 잘 맡고, 다른 이들은 기분 나쁜 냄새를 잊는다. 우리 모두는 싫어하는 특정 유형의 감각들을 가지고 있고 우리가 갈망하는 특정 감각을 가지고 있어 이것이 우리 모두를 독특하게 만든다.

Ayers (1979)는 "정상적인" 아동들의 5~10%가 중재가 필요한 감각통합문제를 경험한다고 추정했다. 감각통합문제로 인해 아동이 어린 시절의 활동을 적절히 수행하고 참여하는 것을 방해할 때 중재가 필요하다. 최근 연구들은 일반 인구에서 SPD 발병률에 관한 정보를 제공했다. Ayn, Miller, Milberger와 McIntosh (2004)는 702명의 유치원 아동을 조사하여 이들 중 5.3%가 감각처리장애의 기준에 부합함을 확인했다. Ben-Sasson, Carter와 Briggs-Gowan (2009)은 7세에서 11세 사이의 925명 아동의 부모를 대상으로 설문 조사를 실시한 결과, 16%가 촉각 및 청각 입력에 대해 감각 과-반응(과민반응)을 보였다고 보고했다. 감각처리문제의 발병률은 ASD 인구에서 훨씬 높다. Tomchek와 Dunn (2007)의 연구에서, 281명의 샘플에서 자폐증을 가진 아동의 95%가 어느 정도의 감각처리장애를 보였다.

감각처리장애의 원인은 분명하지 않지만, 신경과학 연구는 원인 요소가 될 수 있는 가능한 신경해부학적인 차이를 확인하기 시작했다. Koziol, Budding와 Chidekel (2011)은 바닥핵 그리고/또는 소뇌 내부에서 비정상적 구조 그리고/또는 비정상적 신경화학을 확인했으며 Owen과 그 동료(2013)들은 백질미세구조(후 대뇌 신경로: posterior cerebral tracts)의 감소를 확인했다.

11. 감각통합이론은 ASD를 가진 아이들에게 무엇을 제공하는가?

1) 감각통합은 이해를 증진시킨다.

감각통합이론은 ASD의 다양한 형태를 가진 아동들에게 존재하는 많은 행동들을 이해하는 데 유용한 틀을 제공한다. 문제들은 높은 수준의 불안, 사람의 회피, 환경에 대한 관심부족, 전이의 어려움과 다른 많은 행동들에 기여한다. 예를 들어, 만약 아동이 터치와 소리에 대해 과-반응을 한다면, 그들은 불편한 감각자극을 받는 것으로부터 그들 자신을 보호하기 위한 한 방법으로 사람과 장난감을 회피할 수 있다.

감각통합이론은 ASD를 가진 많은 아동들에게 존재하는 자기자극행동 또는 상동행동의 일부 형태를 이해하는데 틀을 제공할 수 있다. 이 틀은 어떤 자기-자극행동은 감각 필요에 대한 표현이라고 가정한다(King, 1991). 예를 들어, 흔들기, 돌기, 두드리기, 점핑하기, 긁기 또는 입에 넣기와 같은 행동들은 전정(움직임), 고유감각(심부압박) 또는 촉각계의 자극에 대한 개인적 필요 또는 요구를 반영한 것일 수 있다.

우리 모두는 다양한 종류의 감각자극행동들을 사용하는데 이는 우리의 신경계의 휴식과 주의집중을 유지하기 위해서다(예 : 머리카락 빙빙돌리며 꼬기, 연필을 자근자근 씹기, 발로 바닥 두드리기, 의자 흔들기, 종이 클립 구부리기). ASD를 가진 아동의 경우, 이러한 행동들은 대부분 더 극심하게 나타나고 기능을 방해할 수 있다. 자기자극행동의 분석은 어떤 감각을 찾으려는 것인지와 어떤 환경 아래서 일어나는 것인지를 밝힐 수 있다.

종종 더 적절하고, 기능을 방해하지 않고 동일한 감각입력을 제공하는 대리 행동들이 대체될 수 있다. 감각 기회들은 구조화된 가정과 학교 프로그램에서 하루 내내 제공될 수 있고 비공식적으로 정상적인 일상생활의 활동을 하는 동안 제공되는 감각자극을 통하여 제공된다. 감각식이요법(sensory diet)을 제공함으로써 이러한 행동들이 감소할 것이라고 가정한다.

2) 감각통합은 중재 가이드를 돕는다.

감각통합이론을 기초로 하는 중재전략들은 다음과 같이 개인을 도울 수 있다:

- 각성 수준 조절
- 주의집중 능력 증가와 산만함 감소
- 불안 감소
- 환경의 편안함 증가
- 상동행동과 자기자극행동 감소

- 내적 동기 부여
- 친구 및 성인과의 긍정적인 상호작용 촉진
- 의사소통 촉진
- 다양한 기술의 수행 능력 향상 및 독립성 증진

감각통합중재의 주요 목적은 아동들이 안정적인 각성상태에 도달하도록 돕는 것이다. 일단 각성 수준이 조절되면, 의사소통, 사회화와 기술발달에 초점을 둔 중재들은 성공하기 더 좋은 기회를 가지게 된다. ASD를 가진 많은 아동들은 감각자극에 과–반응을 하여 불안과 각성 수준이 높아지기 때문에 새로운 기술을 배우고 과제에 집중하는 것이 어렵다. 다른 아동들은 감각에 저반응이거나 자극에 지나치게 선택적이기 때문에 반응하지 않는다.

감각기반활동 제도(감각 식이; 5장을 보라)는 각성 수준을 조절하는데 효과적일 수 있다. 면밀한 관찰과 감각력 면담을 통하여, 개별화된 감각활동 일정을 일상생활에 적용할 수 있고 감각자극에 대한 반응을 개선하는 것을 돕는다.

ASD를 가진 아동들을 위한 효과적인 안정전략들은 심부촉각압박과 리듬있는 전정(움직임)자극이다. 흔들의자, 그네, 무게감 있는 조끼와 카라(collars), 라이크라 보디 슈트, 스트레스 방지 스퀴즈 볼, 패드를 댄 의자를 사용하는 기술들은 가정과 교실에 도입될 수 있다.

작업치료사와의 정규 치료세션은 감각자극에 대해 보다 정상화된 반응을 촉진하고 감각정보의 조직화를 향상시키는데 도움을 주기 위해 또한 권장될 수 있다. 치료의 목적은 감각입력을 제공하고 조절하여 아동이 그러한 감각들의 통합을 요구하는 것에 반응을 자발적으로 적절하게 형성할 수 있도록 하는 것이다(Ayres, 1979).

치료에서 강조하는 것은 특별한 기술 발달이 아니라 감각통합기능을 증진시키는 것이다. 감각–기반 활동들은, 치료세션을 통해 제공되든, 가정과 학교 프로그램을 통해 제공되든, 항상 목적이 있으며 아동의 능동적 참여가 필요하다.

치료의 또 다른 목적은 운동기술의 발달을 돕는 것이다. ASD의 많은 아동들은 그들이 어떻게 움직여야 하는지, 공간에서 그들이 어디에 있는 것인지에 관한 신체의 부적절한 지식과 운동계획의 어려움을 가진다. 소동작과 대동작 기술의 발달도 지연될 수 있는데 이것은 손상된 운동계획, 제한된 주의집중 기술, 과제 완성을 위한 동기 감소, 환경 탐색 동안 느끼는 두려움과 불편함과 과도한 상동적 행동에 기인한다.

3) 감각통합은 부모와 전문가들을 돕는다.

감각통합이론은 다음을 제공한다 :

- 행동 이해를 위한 다른 관점
- 행동 개선을 위한 해결책
- 주의집중, 동기, 의사소통 및 상호작용을 증가시키는 전략
- 물리적 및 환경적 적응
- 프로그래밍 전략

감각통합이론은 ASD 아동들이 매일의 일상적 활동들을 수행하는 것을 돕는 중요한 통찰력과 도구들을 제공한다. 부모와 함께 작업치료사는 아동을 위한 자기-관리 일과(routines)의 수정과 다양한 활동 제안을 개발할 수 있고, 이것은 아동들의 편안함, 순응성, 독립성을 향상시킬 수 있다.

예를 들어, 식사 도구의 수정은 터치에 대해 과-반응을 보이는 아동에게 유용할 것이고, 의자와 테이블의 적당한 높이는 아동의 발이 땅에 떨어졌을때 불안해하는 아동을 위해 중요하며, 심부압박의 사용은 잠자리에 들기 전에 안정전략으로 적용할 수 있고, 바디 필로우와 함께 침낭(sleeping bag)에서 자는 것은 아동이 잠자는 것을 준비하고 밤 동안 잘 자는 것을 장려하는데 도움이 될 수 있다.

감각통합이론은 ASD를 가진 개인들과 함께 하는 다른 전문가들을 도울 수 있다. 말-언어 병리학자들과 행동 심리학자들은 의뢰인의 불안 수준을 낮추고 주의집중을 최적화하는 전략들을 통해 중재의 결과를 극대화할 수 있다. 예를 들어, 플랫폼(platform) 그네를 타면, 종종 불안을 줄이고, 눈맞춤이 증가하고, 과제에 대한 주의집중을 향상시킬 수 있다. 그네에 의해 제공되는 전정 또는 움직임 자극은 신경계에 조직 효과를 줄 수 있으며 의사소통을 촉진할 수 있다.

플랫폼 그네를 타는 동안 의사소통 프로그램을 진행하는 것은 전통적인 언어 치료세션에서 성공하지 못한 아동에게 유용한 전략이 될 수 있다. 감각통합과 의사소통 전략의 결합은 발전하고 있는 주제이며, ASD 컨퍼런스나 문헌에서 눈에 띄게 성장하고 있는 주제이다(Cimorelli er al., 1996; Mora & Kashman, 1997).

"플로어 타임"이라는 접근방법은 Stanley Greenspan과 Serena Wieder (1998)에 의해 발전되었는데 이것은 평가와 중재 프로그래밍 단계에서 개인의 감각 및 운동 필요성에 대해 주의집중해야 할 중요성을 인식한다. 이 접근법은 새로운 정서적 및 지적 능력을 발전시키려는 목적으로 즐거운 상호작용을 장려하는 기법을 포함한다(Greenspan & Wieder, 1998).

응용행동분석(ABA)에 기반을 둔 프로그램에 참여하는 어떤 아동들은 구조화된 활동에 참여할 때 만약 그들의 감각

욕구들이 고려되어진다면 과제 집중이 증가하고, 긴 시간 동안 순응할 수 있을 것이다. 특정한 감각자극에 초점을 두는 운동 휴식과 무게감 있는 조끼, 패드를 댄 의자나 라이크라 바디 슈트를 사용하면 불안을 줄이고, 주의집중을 높이는데 도움이 되므로 이를 통하여 불연속 개별시도 훈련(DTT: discrete trial training)에서의 아동의 참여를 극대화할 수 있다.

교사와의 상담은 학교에서의 학습 과정 참여를 극대화하는 데 도움이 될 수 있다. 감각활동들은 교실에서의 일상적 일과들과 통합될 수 있고 전환 시간 동안 특히 유용하다. 예를 들어, 아이들이 학교에 도착하거나 휴식이나 점심을 먹고 나면 안정감과 즐거움을 주는 활동을 제공하여 안정된 각성 수준을 성취하도록 할 수 있다.

12. 감각통합이론이 제공하지 않는 것은 무엇인가?

감각통합이론은 모든 정답을 제공하지 않고, 치료방법을 내놓지도 않는다. 감각통합이론은 몇몇의 행동을 설명하는 것을 도와주고, 그것의 중재를 위한 전략을 제공한다.

이 틀은 ASD 퍼즐의 한 조각을 위한 이해만을 제공한다는 것을 인식해야 한다. 초기에 감각과 관련되어 나타나는 행동은 다른 여러 요인으로 발생할 수 있다. 반복적인 움직임들은 불안을 완화하기 위한 감각추구 행동으로 나타날 수 있는데, 그것들은 또 무의식적인 틱이거나 강박적이고 충동적인 경향을 반영할 수도 있다. 몇몇 감각운동 행동들은 아동들이 의사소통, 저항, 회피/도피 또는 주의를 얻기 위해 사용할 수도 있다. Murray-Slutsky와 Paris의 책, Is It Sensory or Behavior?(2005)은 ASD를 가진 아이들에게서 볼 수 있는 많은 행동들의 기능을 밝히는데 도움을 주는 자료를 제공한 훌륭한 자원이다.

ASD를 가진 아동들은 발달의 모든 면에 영향을 미치는 다중-시스템 장애를 가지고 있다. ASD를 가진 아이들을 위한 프로그램을 고안할 때, 인지, 언어, 행동에 관한 지식과 정서발달의 지식은 동등하게 중요하다.

13. 무엇을 연구하는가?

ASD를 가진 아동들의 중재에 감각통합이론 원리를 적용시키는 것과 관련된 연구는 오늘날 점점 성장하고 있다.

초기 연구들은 몇몇의 유망한 결과들을 제시하였다. Wolkowicz et al. (1977)은 감각통합 접근법을 활용한 4개월간의 작업치료를 시행하여 자폐증으로 진단을 받은 4명의 아이들에게서 행동과 사회적 기술이 개선된 것을 보고했다. Ayres and Tickle (1980)은 감각입력에 과민-반응을 보이는 자폐증 아동 10명을 대상으로 감각통합 기술을 활용한 치료를 했을 때 더 좋은 반응을 한다는 것을 연구했다. 행동과 사회화 그리고 소통에서의 개선이 주목되었다. 그러나 이 연구에서의 표본 크기가 너무 작았고, 방법론은 개선의 여지가 있었다.

몇몇 개별 사례연구들은 감각통합전략의 효과성을 입증하였다(Ayres & Mailloux, 1983, Grandin, 1992, Larrington, 1987). 다른 연구들은 언어발달(Benaroya, Klein & Monroe 1977; Cimorelli et al., 1996)과 자기 자극 행동들의 감소(Bonadonna, 1981, Bright et al., 1981, Brocklehurst-Woods, 1990, Duker & Rasing, 1989, Iwasaki & Holm, 1989)에 대한 감각통합의 사용에 대해 보고하였다.

초기 연구들은 일관성 없는 결과를 낳았고 치료의 효과성을 평가하는 데 사용된 방법에 대해 매우 비판을 받았다. 1990년대 초에 발간된 두 연구는 OT-SI 치료의 효과를 연구하기 위해 개선된 방법론을 활용했다(Humphries et al., 1990, 1992; Polatajko et al., 1991). 이 연구들은 전통적인 지각 운동 훈련과 비교하여 OT-SI 치료의 효용성을 평가하는 무작위, 대조군 임상 실험이었다. 그들이 연구한 대상자는 학습장애를 가진 아이들이었다. 연구결과는 운동 결과에 있어 두 그룹에서 작은 차이가 있었고, 대조군 그룹에 비교하여 어느 그룹에서나 학문적, 인지 또는 언어 기술에 아무런 이득이 없음을 나타냈다. 이러한 연구는 OT-SI 치료가 어떠한 진단을 가진 아동이든 아동의 치료 접근으로 유용하지 않다는 것을 나타내기 위해 문헌에서 종종 언급한다. 그러나, 이러한 연구에 사용된 방법론을 좀 더 탐구하면, OT-SI 치료법이 임상적 세팅에서 전형적인 방법으로 수행되었는지를 그들이 정확하게 평가하지 않았음이 명백하다. 이 책의 두 저자는 연구 대상자들에게 치료를 제공하는 임상가로서 이 연구에 참여하였다. 치료 프로토콜은 연구자들에 의해 두 그룹에 다르게 개발되어졌다. 예를 들어, SI 그룹은 해먹 그네를 타는데 표적에 콩주머니를 던지는 동안에는 그네를 탈 수 없었다. 이것은 지각운동 프로토콜을 사용하는 활동이었다. 이 치료접근은 임상세팅에서 존재하는 것을 정확하게 반영하지 않았기에 OT-SI 치료법의 영향을 심각하게 감소시켰다. SI치료는 단지 감각자극만으로 특징지워지는 것이 아니라 아동이 목적있는 활동에 참여하는 동안 적응 반응을 향상시키기 위해 조절된 감각입력을 제공하는 것이 목적이다(예; 그네를 타는 동안 표적에 콩주머니를 던지기). 연구가 출판될 당시에는, 임상을 가이드하기 위해 필요한 치료법의 정확도를 측정할 도구가 없었다. 2007년에, Perham과 동료들은 OT-SI치료를 제공할 때 따라야 할 가이드라인을 만들었다. 1991년 연구들은 치료를 위한 기본적 표준도 없었을 뿐 아니라 임상가들의 슈퍼비젼과 훈련도 부족하였다. 따라서 이러한 연구결과의 의미는 이러한 한계를 염두에 두고 재고해야 할 필요가 있다.

최근 잘 설계된, 무작위 대조군 연구(Schaaf et al., 2013)는 감각통합 접근을 사용한 작업치료의 영향을 평가하였는데 매우 긍정적인 결과를 얻었다. 4세에서 8세 사이의 자폐진단을 받은 아동들은 총 30회기 치료 후 대조군과 비교하여 의미있는 향상을 보였다. 이득은 특정한 목표달성척도(Goal Attainment Scales)뿐 아니라 일상적 자기관리와 사회화의 수행과 관련되었다.

매일 우리는 이 책에 담겨있는 전략들의 가치와 효과성을 본다. 임상적 판단과 임상적 전문기술은 증거-기반 실행(practice)에서 실제 구성요소들이다. 우리는 앞으로의 연구가 이 접근법을 더 입증할 것을 희망한다. 그러나 과학적 근거는 획득해야 할 도전일 것이다. ASD를 가진 아동을 과학적으로 연구하는 것은 매우 어렵다. 이는 원인을 알 수 없고, 신경계의 차이가 아직 완전히 파악되지 않았으며 진단은 행동적 특성에 근거하기 때문이다.

ASD의 동일한 하위 범주 내에서도, 보여지는 행동들이 매우 다양하고, 우리는 이러한 행동들을 유발하기 위해 뇌에서 무슨 일이 일어나는지 정확하게 알 수 없다. 한 명의 아동을 위한 효과적인 중재들은 다른 아동에게는 효과적이지 않을 수 있다. 심지어 그들의 행동이 매우 유사하다고 해도 말이다.

부모들과 전문가들에게, 이 책에서 제시하는 정보를 받아들이길 바라고 당신이 함께 살거나 치료하는 아동 개인을 위해 센스를 가지고 보기를 바란다. 몇가지 전략을 시도하고 변화를 찾아보아라. 때로는 아무런 변화도 관찰되지 않을 것인데 그 이유는 이 접근법이 특정 아동의 요구와 맞지 않기 때문이다. 때로는 이 접근법이 아동의 요구들을 직접적으로 다루고 변화와 이해를 촉진하는 다리를 제공할 수 있다. 어떤 아동들의 경우에는 변화를 파악하기 어렵고, 또 다른 아동들은 아동과 가족의 삶의 질을 매우 극적이고 의미있게 향상시킬 수 있다.

제 3 장

감각계

감각통합이론은 모든 감각계를 다루지만 주로 전정, 촉각 및 고유감각계에 중점을 둔다.

감각계를 알아보고 아동의 감각통합 기능이 효율적일 때와 비효율적일 때 어떤 일이 일어나는지 간단히 살펴보고자 한다. ASD 진단을 받았거나 받지 않은 아동은 촉각, 전정 또는 고유감각계와 관련된 문제를 경험할 수 있고 유사한 반응과 행동을 보일 수 있다. 그러나 ASD 아동은 감각 문제를 일으킬 수 있는 다른 장애를 가진다.

1. 촉각계

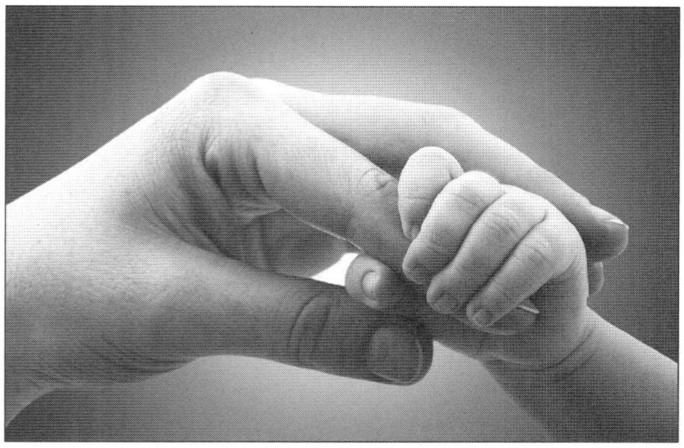

엄마는 태아가 배를 차는 것을 느낀다. 엄마는 빨리 아이들을 불러 태아가 발길질하는 것을 느끼게 한다. 아이들은 그들의 손에 대항하여 미는 작은 발길질을 통해 흥분과 놀람의 감각을 경험한다. 그들은 모두 접촉의 감각을 통해 삶의 기적을 경험한다. 아직 태어나지 않은 태아도 엄마의 소화계의 진동과 몸 주위를 휘두르는 양수의 감각을 경험한다.

촉각계는 우리에게 접촉의 감각을 제공한다. 그것은

자궁에서 작동하는 첫 번째 감각계이며(Fisher et al., 1991), 이 감각은 출생시부터 효율적으로 작용함으로 중요하다. 신생아는 촉각을 통해 자극받을 수 있는 생존에 필요한 반사들을 가지고 있다. 촉각은 분유 젖꼭지 쪽으로 얼굴을 돌리고, 부모와의 유착을 시작하며, 잠이들 때 따뜻하고 부드러운 담요로 진정된다. 촉각은 생존뿐만 아니라 성장과 발달에도 중요하다. 정기적으로 마사지를 받은 미숙아는 보다 명료하고, 활동적이며 침착하며, 체중 증가와 보다 나은 정향 반응의 향상을 가진다(Ackerman, 1991).

> Katie는 생후 2주 되었고 배고플 때마다 울었다. Katie 엄마는 Katie를 들어 올려 가슴 가까이 안았다. Katie는 젖꼭지가 그녀의 뺨에 닿은 것을 느꼈다. 이 접촉은 자동적으로 음식을 찾아 Katie의 머리를 돌린 뿌리반사(rooting reflex)를 자극하였다. Katie의 입술에 젖꼭지가 닿자마자 그녀는 젖꼭지를 물고 빨기 시작했다. 처음에 Katie는 머리를 어느 방향으로 돌릴 것인지를 알기 위해 Katie의 뺨에 젖꼭지를 느낄 필요가 있었고, 빨기 시작하기 위해 젖꼭지를 입안에서 느낄 필요가 있었다.

촉각계는 피부의 수용체로부터 접촉에 관한 정보를 받는다. 이 수용체는 가벼운 접촉, 압력, 진동, 온도와 통증에 관한 정보를 제공하는 우리 몸 전체에 있다. 촉각계의 피드백은 신체인식과 운동계획능력의 발달에 기여한다. 옷입기, 머리빗기, 칫솔질, 식사, 화장실 가기, 가사일, 학교 활동 및 일 과제를 포함하는 모든 일상생활활동은 촉각계의 기능에 의존적이다. 모든 감각계와 마찬가지로, 촉각계는 삶 전체에서 상호보완하는 보호와 구별 능력을 가지고 있다.

보호계는 더 원시적이다. 우리가 위험한 것과 접촉할 때 우리에게 경고하고 가능한 위험에 대한 반응으로 우리 몸을 작동시킨다. Carol Kranowitz는 자신의 책인 "Out-of-Sync Child: Recognizing and Coping with Sensory Integration Dysfunction(2006)"에서 보호계를 "어-오(Uh-oh)!"시스템으로 명명하였다. 이러한 명칭은 보호계를 일반화 할 수 있는 반응을 보여준다. 신경계는 때로는 가볍게 경고하고, 다른 경우에는 "공포, 회피 또는 싸움" 반응으로 활성화된다.

> 당신은 모닥불 주위에 앉아있다. 모기가 다리에 앉는다. 가벼운 접촉은 가능한 위험을 알려주고, 모기가 무는 것을 막기 위해 당신은 다리를 친다.

구별계는 우리가 만지는 물건의 질을 알 수 있게 한다. 부모의 부드러운 접촉, 복숭아 껍질의 솜털, 딸기의 울퉁불퉁한 표면과 손가락 아래의 피아노 건반을 느낄 수 있는 능력은 모두 구별계에 의존한다. Kranowitz (1998)는 구별계를 "아하(Aha)!"시스템이라고 부르며, 이는 촉각에 관한 세부적인 정보를 제공하기 때문이다.

Lia는 열쇠를 꺼내기 위해 핸드백에 손을 넣었다. 늦은 시간이라 Lia는 불을 켜서 가족을 방해하고 싶지 않았다. Lia의 손가락은 플라스틱 열쇠고리에 꽂힌 한 세트의 열쇠를 발견했다. Lia는 차 열쇠라는 것을 알자 곧 놓았다. 그리고 손가락은 집 열쇠의 단단한 금속 표면을 만졌고, 즉시 백에서 그것들을 꺼내어 가족을 방해하지 않고 문을 열었다.

처음에는 우리의 보호계가 지배적이지만 신경계가 성숙되면서 구별계에 점점 더 의존하기 시작한다. 신생아는 가벼운 접촉에 쉽게 짜증을 낼 수 있으며, 환경 탐색을 위한 촉각 사용 능력은 제한되어 있다. 유아가 성숙함에 따라 이 능력은 향상되고 학습과 뇌 발달에 필요하게 된다. 구별계는 중요한 정보 매개체가 되며, 보호계는 잠재적인 위협에 반응할 준비를 한다.

촉각계의 성공적인 기능은 보호계와 구별계 사이의 균형에 의존한다. 등록, 처리, 해석 및 감각 조절의 감각통합 과정이 정상적이면, 어떤 접촉이 두려운지, 어떤 접촉이 즐거운지, 어떤 접촉을 무시할 수 있는지, 그리고 어떤 접촉이 탐색되어야 하는지를 자동적으로 안다.

2. 촉각기능장애

촉각계에 기능장애가 있는 아동은 촉각에 과소반응 또는 과민반응을 보일 수 있거나 촉각구별에 문제가 있을 수 있다.

어떤 아동은 촉각 입력에 대하여 과도하게 등록하고 반응할 수 있다. 그들은 감각 조절의 문제를 가질 수 있으며, 촉각을 억제하거나 판별해 낼 수 없다. 결과적으로, 그들은 항상 피부에 닿아 있는 옷의 느낌, 그들의 목에 닿은 머리카락과 그들의 코에 놓여있는 안경을 인식한다. 그들은 촉각에 대한 메시지에 압도되어 있기 때문에 사람들의 목소리와 같은 다른 감각으로 주의를 돌리는 것이 어려울 수 있다.

어떤 아동은 잠재적인 위험이 존재하는 것과 같이 해롭지 않은 가벼운 접촉을 해석하고 반응한다. 그들은 종종 보호계가 과활동하는 촉각방어로 설명한다. 많은 촉각은 위협적이고 피해야 할 것으로 간주된다. 그들은 물건이나 사람을 만지는 것에 어려움이 없지만 자기 지시가 아닌 촉각을 수용하는 것은 참을 수 없다. 행동적으로, 이러한 아동은 불안감, 통제력, 공격적인, 가정과 학교 활동에의 참여를 꺼려하고 환경으로부터 받은 촉각 입력을 조절하기 위해 유연성이 없어 보일 수 있다. 경계심 또는 방어를 갖고 싸우거나 회피하거나 공포감의 느낌이 지속되어 많은 에너지를 소비한다. 결과적으로 학습과 상호작용에 필요한 에너지와 집중이 줄어든다.

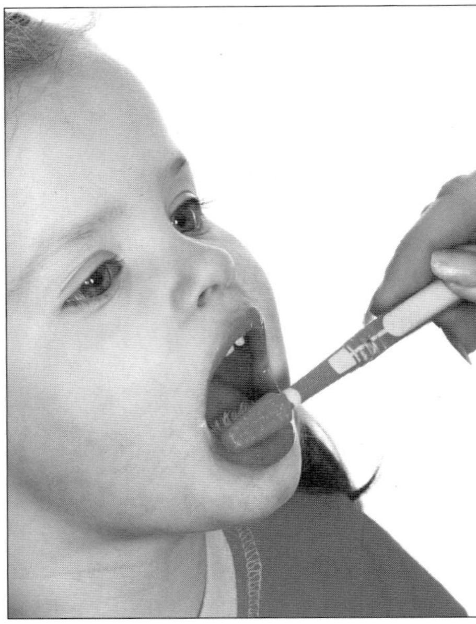

> 엄마가 Sarah의 이를 닦아 줄 때마다 Sarah는 속상해하며 소리 질렀다. Sarah의 엄마는 무릎에 Sarah를 앉혀 제지하고, 입으로 칫솔을 넣을 때까지 Sarah의 턱을 잡고 있었다. 칫솔질은 신속하게 해야 했고 압력을 많이 받으면 Sarah는 칫솔을 깨물고 달아나려 했다. Sarah는 손톱 깎기와 머리 빗기와 세수하는 것에도 비슷한 반응을 보였다. Sarah는 이러한 활동을 독립적으로 수행하려 하지 않았다. Sarah의 엄마는 왜 이 활동들을 그렇게 많이 힘들어하는지 이해할 수 없었다.

다른 아동들은 촉각에 저반응을 가진다. 그들은 낮은 각성 수준을 가지고 있고, 매우 강하지 않으면 촉각을 등록하거나 반응할 수 없다. 이러한 아동들은 어디를 만졌는지에 관한 적절한 피드백을 얻지 못하며, 신체인식과 운동계획의 발달을 현저하게 방해받는다. 예를 들어, 먹는 것과 언어 문제는 촉각계의 저반응과 관련될 수 있다. 입의 부분에 대한 인식이 부족할 경우 소리를 내는 또는 음식을 이동시키는 혀가 어려움을 가진다. 입이 치과에서 마취 후 몇 시간 동안 어떤 느낌인지 생각해보아라. 식사를 할 때 입안에서 음식이 흐르고 단어를 어눌하게 발음하는 경우가 있다.

어떤 아동은 촉각구별의 어려움을 경험할 수 있다. 그들은 촉각을 등록하지만 만지고 있는 것의 특징을 결정할 수 없는 것 같다. 그들은 재질을 구별하기가 어려우며 서랍이나 지갑 안에 있는 물건을 찾기 위해 촉각을 사용하는 것에 문제가 있으며, 촉각 경험에 대한 기억이 발달되지 않는다. 사물을 어떻게 느끼는지에 대한 지식은 사물을 조작하는 능력에 기여한다. 촉각구별의 문제는 신체인식과 운동계획에 문제를 가질 수 있다. 두꺼운 모직 장갑을 착용했을 때 사물을 조작하는 것이 얼마나 어려운지 생각해 보라.

> Max의 미세운동 능력은 천천히 발달하고 있었다. Max는 단추와 지퍼를 다루는 것에 어려움을 가졌다. Max는 신발 끈이 손에서 계속 떨어져 신발 끈 묶는 법을 배울 수 없었다. 그는 물체가 어디에 있는지 확인하기 위해 시각을 사용하여 많은 에너지를 소비 했으므로 미세운동 활동에 대해 주의를 기울이는 것은 제한적이었다.

촉각에 저반응을 가진 아동들은 촉각에 대한 반응에도 지연될 수 있다. 예를 들어, 상처나 화상의 통증은 사건이 발생한 시간이 아닌 몇 시간 후에 느낄 수 있다. 이것은 실제 안전의 문제이다. 대부분의 경우, 어떤 행동으로 인해 우리가 해를 입으면 즉시 고통을 느끼고 그 행동을 중단한다. 아동이 즉시 불편함이나 통증을 느끼지 못하면 활동이 계속되어 부상을 더 입을 수 있다.

> Michael과 그의 학급은 (산림)보전 지역으로 여행을 갔다. 그들은 시원하게 맨발로 개울를 걷기로 결정했다. 개울에 들어서자마자, 빠르게 바닥에서 구르는 Michael의 급우들로부터 소리치는 것을 들을 수 있었다. 개울에 아동의 발을 베이게 한 날카로운 돌들이 있었다. Michael은 발 주위에 있는 물의 움직임을 즐거워하며 계속 개울을 걸어갔다. 선생님이 물에서 나와 발을 점검해 보라고 했을 때, Michael은 상처를 보고 놀랐다. 나중에 집에서 Michael은 상처 때문에 엄마가 발을 씻지 못하게 했다.

어떤 아동은 과도한 양의 촉각 감각을 찾는 것처럼 보인다. 그들의 각성 수준은 낮게 설정될 수 있으며, 신경계에 필요한 입력을 제공하기 위해 촉각을 갈망한다. 이 아동들은 반복적으로 엄마의 머리카락을 쓰다듬거나, 선생님의 스타킹을 문지르거나, 할머니의 선반에 놓인 멋진 장식을 만지거나하는 등 모든 것을 만질 수 있다. 안전은 또한 이 아동들에게 문제일 수 있다. 종종 촉각에 대한 욕구는 촉각을 추구하는 데 있어서 충동적일 수 있으며, "해로운가?" 또는 "허락을 받아야 할까?"라고 자문할 시간이 없다.

아동의 삶에서 촉각의 중요성은 과장될 수 없다. 촉각에 적절하게 반응하지 못하면 많은 능력의 기술발달에서 심각하게 방해받을 수 있다. 촉각기능장애 아동의 경우 사회적 및 정서적 발달에 어려움을 가진다.

3. 전정계

새벽 3시에 아기의 울음소리가 그의 부모를 깨웠고, 아버지는 아들의 방으로 가서 부드럽게 아기를 안아 올렸다. 즉시, 아기의 울음은 비명에서 흐느껴 우는 것으로 바뀌었다. 아버지는 아들을 안고 흔들의자에 앉아서 울음이 그칠 때까지 천천히 흔들었다. 아기는 곧 다시 잠 들었다. 그날 오후 아버지는 은행에서 긴 줄을 서있는 동안 5분 안에 일자리로 돌아가야 한다는 것을 알았다. 그는 할 일은 많고 시간이 거의 없을 때 우리 모두가 느끼는 불안을 느꼈다. 아버지는 줄을 서서 몸을 앞뒤로 흔들기 시작했다. 그는 새벽에 아들의 신경계를 진정시킨 것과 같은 방법으로 자신의 신경계를 진정시키고 있음을 인식하고 미소 지었다.

전정계는 움직임, 중력과 머리위치 변경에 관한 정보를 제공한다. 그것은 움직임의 방향과 속도만큼 우리가 움직이고 있거나 가만히 있는지를 우리에게 잘 말해준다. 우리가 움직일 때 눈을 안정시키는데 도움을 주며, 우리 주변의 물체가 움직이거나 가만히 있는지를 알려준다. 우리는 전정계를 통해 지구와의 관계를 안다. 눈이 없더라도 우리가 수직 또는 수평인지를 판단할 수 있다.

전정계는 우리의 모든 행동의 기초이다. Ayres (1979)는 전정계는 다른 모든 감각계의 조절에 결정적인

역할을 한다고 하였다. 그녀는 전정계가 억제 및 촉진 과정을 돕는다고 언급했다(2장 참조). 기억해야 할 것은 "볼륨 조절"이라고 설명되는 이 과정은 특정 필요와 상황에 따라 감각정보를 올리거나 내린다. 들어오는 감각의 균형을 유지하는 이 능력은 자아조절을 돕고 적절한 각성 수준을 유지할 수 있게 한다.

우리는 시각을 올바르게 사용하고, 자세를 준비하고, 균형을 유지하고, 행동을 계획하고, 움직이고, 자신을 진정시키고, 그리고 행동을 조절하기 위해 전정 정보를 정확하게 처리해야 한다. 전정계는 우리가 태어나기 전에 발달되며, 전정계로부터의 피드백은 계속해서 우리의 삶을 통해 사용되고 정교하게 된다. 전정계의 수용체는 귀의 구조(반고리관, 타원주머니와 둥근주머니) 내에 있다. 유체가 귀내에서 움직임에 따라, 이러한 구조물 안에 전략적으로 배치된 모세포가 중력과 다양한 형태의 움직임의 변화를 감지할 수 있다.

전정계는 청각계와 매우 밀접한 관계가 있다. 두 체계는 모두 진동에 반응한다. 원시동물에서 이 두 체계는 해부학적으로 그리고 기능적으로 연결되어 있었다. 청각 또는 청각 수용체는 중력 수용체로부터 진화되었으며, 오늘날에는 신경 연결이 일부 남아 있다(Ayres, 1979). 부모와 작업치료사는 아동이 움직이는 활동에 참여할 때 종종 발성 및 표현 언어가 증가하는 것을 관찰한다. 아기는 종종 그네를 탈 때 더 옹알이를 하며, 언어지연 아동은 종종 뛰거나 달리거나 또는 덤블링을 할 때 더 많은 단어들을 소리 낼 수 있다. Ayres (1979)는 이것이 청각계와 전정계 간의 연결 때문에 발생한다고 하였다.

시각계와 전정계 또한 밀접한 관계가 있다. 전정계는 추적하기와 집중하기를 포함하는 눈의 움직임 발달에 중요한 영향을 미친다. 전정계와 시각계는 함께 신체가 직립자세를 유지하도록 돕는다.

전정계의 정보는 작업을 수행하기 위한 근 긴장도 또는 근육을 준비하는데 필요하다. 근 긴장도는 자세와 움직임에 필수적이며, 근 긴장도를 만들어내는 능력은 더 많은 힘을 필요로 하는 활동을 수행하는데 필수적이다.

전정계는 보호기능과 구별기능을 모두 가지고 있다. 신생아의 움직임은 넘어지는 것을 예방하기 위한 반사들을 자극할 수 있다. 뇌가 발달함에 따라 위험으로부터 신체를 보호하기 위한 더 많은 성숙된 반응들이 있다. 걸음을 배우면서 자주 걸려 넘어지는 유아는 중력과 넘어질 때의 감각을 등록할 수 있다. 넘어질 때 머리와 몸을 보호하기 위해 자동적으로 팔을 편다. 카누에 서있는 성인은 보트가 불안정하다는 것을 등록하고 자동적으로 중력의 중심을 낮추기 위해 발을 벌리고 팔을 올려 안정성을 얻는다.

전정계는 가속, 감속 및 회전 움직임을 구별할 수 있다. 느리거나 빠르거나 리듬감 있는 움직임을 감지할 수 있다. 천천히 흔드는 것(rocking)과 같은 전정감각은 진정시킬 수 있다. 빠른 움직임과 같은 전정감각은 신경계를 흥분시킬 수 있다.

4. 전정기능장애

일부 아동은 전정계에서 정보를 처리하는 데 어려움을 경험한다. 이 아동들은 전정감각에 저반응, 과민반응을 보일 수 있거나 또는 예민함이 혼재되어 있다.

전정감각에 과 반응을 가진 아동은 중력과 자세 변화에 두려워한다. 그들은 이러한 변화를 잠재적으로 유해한 것으로 해석하고 대부분 중력 불안이라 한다. 그들은 높은 곳 또는 발이 바닥에서 떨어질 때, 그리고 무게 중심이 옮겨지는 것을 좋아하지 않는다. 이러한 상황은 감각방어 반응을 유발하고 공포, 맞섬 또는 회피 반응을 활성화시킨다. 어떤 아동들은 중력 변화의 요구에 매우 예민하여 기어서 출입구를 통과하거나, 바닥면의 변화를 주시하거나 계단오르기를 회피하려 할 것이다. 그들이 경험하는 공포는 매우 현실적이다. 아동들은 계단, 자전거 그리고 놀이도구를 피한다. 아동들은 특히 머리가 뒤로 젖혀지는, 머리위치의 변화를 받아들일 수 없다.

Saied는 조용히 욕조에 앉아 물위에서 소리를 내는 고무오리 장난감을 보았다. 할아버지는 Saied의 머리를 감기기 위해 머리를 뒤로 기울이기 시작했다. Saied는 공포스럽게 비명을 질렀다! 할아버지의 눈이 커졌다! 손주를 힘들게 한 것이 무엇인가? 그는 Saied를 안심시키며 더 천천히 다시 시도하였다. Saied는 다시 소리를 질렀다. 할아버지는 Saied가 앉아있는 동안 눈 위에 수건을 가리고 머리 위로 물을 부어 Saied의 머리를 감기기로 결정하였다. Saied는 그것도 좋아하지 않았지만, 머리를 뒤로 기울이는 것 보다 선호하였다.

어떤 아동들은 특정 유형의 움직임에 불편함을 느끼지만 위협을 느끼지는 않는다. 아동들은 움직임으로 어지럽거나 구토반응을 보일 수 있다. 그들은 자동차, 엘리베이터, 그네 또는 회전목마 등의 움직임에 이상하거나 불편할 수 있다.

움직임과 중력변화에 과민 반응은 발달에 부정적인 영향을 미친다. 나무에 기어오르기, 체육 기술, 미드웨이(시뮬레이션) 타기, 보트 타기와 롤러 블레이드 타기를 포함하는 일반적인 유년기의 활동은 많은 불안을 유발하고 피하는 경향이 있다. 움직임을 회피하려는 욕구는 환경의 물리적 탐색에 부정적인 영향을 미친다. 아동이 환경을 탐색하지 않을 경우, 대운동과 소운동 기술은 연습되지 않으며 지연될 수 있다. 행동이 연습되지 않으면 기억에 전념할 수 없으므로 운동계획의 발달에 부정적인 영향을 미친다. 중력 불안을 가진 아동은 안정된 자세, 움직임이 필요 없는 자세에서 활동을 수행하기 때문에 소운동 활동을 선호하고 더 좋은 기술을 가진다.

움직임을 무섭거나 또는 불편한 것으로 해석하면, 아동은 움직임을 보호하려고 한다. 아동은 불안해지고 불안정해진다. 유연하지 못한 행동을 조절하는 것은 종종 예측할 수 없는 움직임을 예방하는데 사용되는 전략이다. 아동은 가정과 학교에서 많은 활동 참여에 저항할 수 있다. 놀이터와 운동장에서의 상호작용과 사회기술 기회는 신체적 활동을 피하여 스스로 고립을 가지는 것처럼 제한된다. 기능적 신경계를 가진 아동을 진정시키고 조직화시키는 흔들기 또는 리드미컬한 움직임과 같은 전정감각은 움직임에 과민한 아동에게 두려운 일이며 혼란스러울 수 있다.

스펙트럼의 반대쪽 끝에 움직임을 갈망하는 아동이 있다. 이 아동은 항상 왔다 갔다 하고 가만히 앉아 있을 수 없다. 등산, 부딪치기, 뛰기, 뛰어내리기와 덤블링은 아동이 참여하는 일반적인 활동이다. 아동은 움직임을 적절하게 등록하지 않을 수도 있고, 또는 신경계가 기민성과 조직화를 유지하기 위해 과도한 움직임을 요구할 수도 있다. 아동은 일정 시간 동안 주의력을 유지하기가 어렵기 때문에 움직일 수 있다. 아동은 저녁 식탁에 앉아 있는 것이 어렵고, 이야기를 듣기 위해 서클에 앉아 있거나, 책상에서 과제를 마무리하기 어렵다. 움직임에 대한 욕구는 새로운 기술을 배우고 집중하는 능력을 저하시킨다.

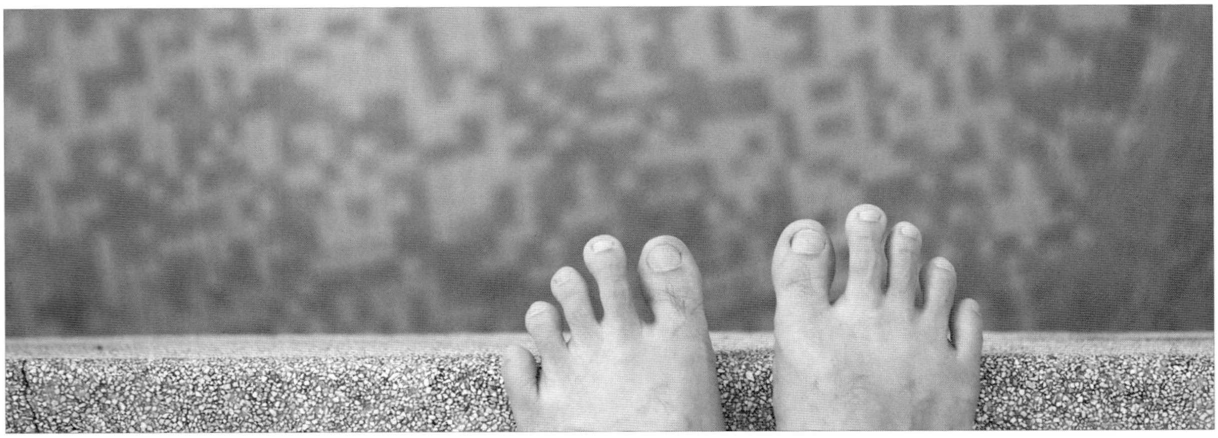

Ella는 아침 서클에서 뛰어 블록 코너로 달렸다. Ella는 미끄럼틀을 기어 올라가 뛰어 내렸다. 보조 선생님은 Ella를 따라다니며 잡아서 서클로 데려왔다. Ella는 행복하게 돌아 왔지만 잠시 앉아있었고, 그녀는 다시 벗어났다. Ella는 간식시간에 거의 앉아있지 않았다. 그녀는 빵을 조금 뜯어서 테이블을 돌아다니며 먹고 빵을 뜯기 위해 돌아 왔다. Ella는 서클시간과 간식시간 동안 흔들의자에 앉게 하였고, 앉아 있는 능력이 유의하게 향상되었다.

아동은 다른 감각계로부터의 불편한 감각을 차단하기 위해 특정 유형의 움직임을 찾을 수 있다. 천천히 흔들기, 선형 움직임과 반복적이며 리듬이 있는 움직임은 신경계를 진정시키는 효과가 있으며 감각입력에 대한 과잉 반응을 감소시킬 수 있다.

전정입력에 저반응을 보이는 아동은 중력을 인식하지 못하거나 움직임의 질을 적절히 등록하지 못할 수 있다. 이 아동은 등산이나 점프시 위험을 인식하지 못하기 때문에 놀이를 할 때 감독이 필요하다. 필요한 균형 반응, 운동계획 및 움직임의 정도에 대한 인식과 준비가 항상 되는 것은 아니다. 움직임이 잘 계획되거나 제어되지 않을 수 있으며 움직임을 수정하기에 충분한 피드백을 받지 못한다.

Shawna는 Catherine 정원의 돌담을 따라 걷는 것을 좋아한다. Shawna는 돌담에서 화단으로 떨어질 것 같이 매우 빨리 움직였다. Catherine은 Shawna가 천천히 움직이도록 주의를 주었다. Shawna는 지속적으로 돌담을 따라 걸었고 화단으로 떨어졌다. Catherine은 Shawna가 왜 계속해서 같은 실수를 반복하는지 궁금해 했다.

Shawna는 중력의 변화를 적절하게 등록하고 정위하지 못할 수 있다. Shawna는 자신의 무게 중심이 바뀌었음을 알지 못하고, 그래서 자신의 몸을 움직이지 않으면, Shawna는 화단으로 떨어질 것이다. Shawna는 자신의 환경에 대한 요구를 익히기 위해 몸으로부터의 피드백을 적절하게 등록, 정위 또는 해석하지 못할 것이다. 그녀는 운동계획을 세우는 것에 어려움을 가질 수 있으며 행동을 바로 잡거나 조정할 수 없었다.

전정계는 모든 감각계의 조절 역할을 하므로 전정기능장애는 자기 조절 문제를 가질 수 있다. 감각입력, 정서적 불안정, 부적절한 각성 수준 및 주의력 유지와 변화에 대한 일관성 없는 반응은 전정기능장애의 행동 양상일 수 있다.

중력 요구에 숙달된 능력은 인간 발달에서 중요한 성과다. 아동은 강한 안정감 발달을 위해 이 이정표에 도달해야 한다. 발달에서 매우 중요한 아동기에 편안한 움직임에 대한 즐거운 경험이 필요하다.

5. 고유감각계

타이핑할 글자를 보면서 키패드 위에서 손가락을 움직이는 타이피스트, 앞쪽의 목표지점을 향해 방향을 바꾸기 위해 스키 위에서 몸무게를 이동하는 스키어와 보행자와 차들을 주의하면서 자전거로 도로를 조종해 나가는 사이클리스트 모두는 고유감각계를 사용한다.

고유감각계는 위에서 제시한 뛰어난 재주를 성취하도록 돕는다. 고유감각은 몸의 위치에 대한 무의식적인 인식이다. 고유감각은 신체 부분의 위치, 신체간의 상호관계와 다른 사람과 물체와의 관계에 관해 알려준다. 근육이 힘을 어느 정도 사용해야 하는지를 알려주고 움직임의 정도를 허용한다. 고유감각계의 수용기는 근육, 힘줄(뼈에 근육이 붙는 곳), 인대, 관절낭(각 관절의 보호 내벽) 및 결합 조직에 있다. 스트레칭 및 견인에 반응하는 피부에는 "기계수용기"가 있다. 고유감각계의 수용기는 움직임과 중력에 반응한다. Fisher 등(1991)은 전정 및 고유감각계의 기능이 중복되기 때문에 분리할 수 없다고 제안한다.

우리는 촉각과 운동 경험을 이해하도록 돕는 고유감각계에 의존한다. 손에 사각형 블록을 잡고 있을 때, 블록 주위의 근육과 관절의 위치와 피부는 모양에 대한 정보를 제공한다. 놀이공원에서 회전컵에 앉아 있을 때, 전정계는 고유감각계와 결합하여 몸이 회전하는 찻잔 안에 아직도 앉아 있다는 것을 알려준다.

효율적인 고유감각계는 우리 몸의 무의식적인 인식을 우리에게 제공한다. 이러한 인식은 신체도식 또는 신체지도를 만드는 것을 돕는다. 신체지도를 참조하여 활동 중 우리 몸의 시작과 끝 위치를 결정할 수 있다. 이 위치는 기억에 위탁할 수 있어 미래에 다시 접근할 수 있다. 유용한 신체지도와 움직임 기억은 운동계획능력 발달에 기여한다. 운동계획능력은 운동 행동을 생성, 조직, 순서 및 실행하는 능력이다.

고유감각은 뇌가 각성 상태를 조절하는 것을 도울 수 있다(Wilbarger, 1991; Williams & Shellenberger, 1994). 이러한 고유감각은 스트레칭과 힘든 일에 요구되는 근육 활동을 통해 제공된다. 이러한 활동에는 레슬링 게임, 줄다리기 놀이, 펀치 백 치기, 무거운 수레 끌기 및 바삭 바삭한 음식 씹기 등이 포함된다. 고유감각은 신경계를 거의 과부하 하지 않으며, 일부 감각은 개인의 신경계에 따라 편안하게 하고 경계하는 모두를 가질 수 있다(Williams & Shellenberger, 1994). 예를 들어, 책상에서 오랫동안 일할 때 졸리기 시작하면, 깨기 위해 일어서서 몸을 쭉 뻗는 것을 결정할 수 있다. 또 다른 때에 책상에서 앉아 일하며, 마감 시간을 맞출 수 있는지 확신할 수 없기 때문에 불안할 수 있다. 일어서서 스트레칭하는 것은 불안감을 감소시키고 이완을 돕는다.

고유감각 입력은 다른 감각에 대한 과민 반응을 감소시키는 것을 돕는다. 많은 사람들은 불쾌감을 느끼지 못하도록 고유감각 입력을 무의식적으로 사용한다. 치과에서 의자에 앉아 마취를 위해 주사바늘이 잇몸을 찌를 때 통증을 차단하기 위해 의자의 팔을 잡고 힘을 준다. 교수가 칠판에 글을 쓰고 있을 때 분필이 부러지며 긁는 소리를 낼 때, 어깨와 팔, 손을 긴장시키고 소리를 차단시키기 위해 이빨을 문다.

6. 고유감각 기능장애

일부 아동은 근육, 관절, 힘줄, 인대 또는 결합조직으로부터 정보를 적절히 받아들이고 처리하지 못한다. 이로 인해 움직임과 신체 위치에 대한 피드백이 충분하지 않다. 신체인식이 낮고 움직임의 등급이 낮아지는 것을 보완하기 위해 시력을 사용한다. 운동계획능력이 손상될 수 있으며, 미세운동과 대운동 능력이 지연될 수 있다. 고유감각 기능장애는 대개 촉각 또는 전정계의 문제를 수반한다(Fisher et al., 1991 & Kranowitz, 1998).

> Liam은 언제나 사물에 충돌하였다. 그는 문 앞에 줄 서 있는 친구들과 충돌하였다. 교사가 문을 열어 놓으라고 할 때 Liam은 문을 너무 세게 밀어 벽에 부딪혔다. 색칠할 때 그는 항상 종이를 너무 세게 눌러 찢기 때문에 색칠하기를 힘들어 하였다.

어떤 아동은 자전거를 타거나 에스컬레이터를 타기 위해 정확하게 몸으로 자세를 잡을 수 없다. 활동에 참여한 일부 아동들은 활동 요구에 따라 몸의 위치를 바꾸기가 어려울 수 있다. 공을 가지고 놀 때, 어떤 아동은 다른 곳으로부터 오는 공을 잡기 위해 오른쪽 또는 왼쪽 또는 위쪽으로 움직이는 것이 어려울 수 있다. 어떤 아동은 장난감 부분을 적절히 움직이거나 조절하기 위해 몸을 조절하는 방법을 모르기 때문에 장난감을 가지고 노는 것이 어려울 수 있다. 고유감각 문제를 가진 아동은 종종 서투른 것처럼 보인다. 그들은 신체의 위치를 결정하기 위해 열심히 그리고 집중해야 하기 때문에 쉽게 피로해 하며 집중하지 않는 것처럼 보인다.

고유감각 입력 처리의 어려움을 나타내는 지표는 물건을 잡거나 움직이는데 필요한 힘의 양을 결정하는 능력이 없다는 것이다. 물체는 부주의로 자주 망가진다. 글씨쓰기는 알아볼 수 없을 정도다. 글씨쓰기는 너무 힘없이 써서 읽기 어렵거나 너무 힘을 주어 힘들 수 있다.

> Mira는 손안에 있는 어떤 도구도 관리하기 어렵다. Mira가 이를 닦으면서 손에서 칫솔을 자주 떨어뜨렸다. Mira는 헤어브러쉬를 조작하지 못하는 것처럼 보였고 종종 브러쉬 뒤쪽으로 머리를

빗었다. Mira는 연필을 너무 느슨하게 잡고 연필 끝 부분에 충분한 압력을 가하는 데 어려움을 가졌다. Mira의 글씨는 희미하고 알아보기 어려웠다. Mira는 손안의 물체를 조정하고 움직임의 방향을 알기 위해 시각을 사용하였다. 칠판이나 책을 보면서 글씨를 쓸 수 없었다.

고유감각 입력에 저반응을 가진 아동은 공간 내에서 자신의 신체에 대한 지식을 향상시키기 위해 추가적으로 고유감각을 찾는다. 이러한 추가적 입력은 신체인식과 안정감을 증가시킨다.

Kumiko는 지지할 수 있는 어떤 사람이나 사물에 기댄다. 서클 타임에, Kumiko는 항상 옆에 있는 친구에게 기대어 있고, 싫어하는 친구에겐 더 한다. 책상에서 Kumiko는 배가 책상 가장자리에 닿게 기대고 종종 손으로 머리를 지탱한다. 그녀는 복도 중앙으로 걸어 다닐 수 없었으나 벽에 손을 대고 쓸며 걷는다.

고유감각 입력을 지속적으로 찾는 어떤 아동은 고유감각 입력을 받아들이고 처리하는 것이 부적절하기 때문이거나 다른 감각에 대한 과민 반응을 감소시키기 위해 고유감각 자극을 사용하기 때문이다. 이 아동은 종종 의자나 소파에 앉아 등과 머리를 치고 흔든다. 그들은 침대와 소파에서 뛰고, 가구 사이에 끼어들거나 무거운 담요 아래에 숨는 것을 좋아한다. 이러한 유형의 행동은 ASD 아동의 부모와 교사에 의해 자주 보고된다.

Tom은 촉감과 청각에 과민반응을 보였으나 그는 꽉 껴안아 주는 것을 좋아했다. 그는 모든 것을 밀었다. 그는 거친 놀이를 좋아했으며 담요로 몸 주위를 단단히 잡아당겨 주었을 때만 잠을 잘 수 있었다. Tom이 좌절하거나 화나거나 혼란에 빠졌을 때, Tom은 부모의 팔, 등 또는 다리에 그의 턱을 밀어 힘을 주었다. Tom의 부모는 종종 그가 차분함을 유지할 수 있도록 등을 문질러 주었다. 그는 좁은 공간을 찾아 들어가고, 베개 아래에 묻히도록 들어갔다. Tom은 압력에 대한 탐색으로 그의 시간과 에너지의 대부분을 사용하였다.

고유감각 입력에 대한 Tom의 추구는 침착하고 조직화하기 위해 그의 신경계가 필요로 하는 감각을 제공하는 것을 돕는 그의 시도였다. 깊은 촉각압력은 또한 촉각과 청각에 대한 그의 과민 반응을 감소시키는 데 도움이 될 수 있다.

고유감각 입력에 적절하게 반응하는 능력은 운동발달에 중요하다. 많은 아동들은 본능적으로 신경계를 조절하기 위해 고유감각 입력을 사용한다. 이 유용한 전략은 아동들에게 쉽게 가르칠 수 있고 일상생활에서 사용될 수 있다. 이 책의 Part 2에서는 감각통합 문제를 보완하기 위해 디자인된 다른 전략에 더하여 이 전략을 검토할 것이다.

제2편

Building Bridges Through
Sensory Integration

제 4 장

감각통합 문제 확인하기

아동이 감각처리의 어려움을 가지고 있는지 아닌지를 어떻게 알까?

감각통합에 문제가 있는지 결정하기 위해서 우리는 각각의 감각계를 주의깊게 볼 필요가 있다. 이것은 혼란스러울 수 있는 복잡한 과정이며, 중요한 조사 작업을 필요로 한다. 아이들은 한 가지 감각계에 과반응할 수도 있고 다른 감각계에서는 저반응을 할 수도 있다. 때때로 아이들의 행동은 감각을 찾아 다니고 있음을 시사하는 것 같다. 감각을 찾는 행동들은 과반응 혹은 저반응의 신경계를 모두 반영할 수도 있다.

자신의 얼굴 앞에서 손가락을 움직이는 아이들을 생각해보자. 저반응의 아이는 자신의 눈앞에서 손가락을 흔들어 움직임으로써 생기는 부가적인 시각자극을 찾고 있는 것일 수도 있다. 또한, 이러한 행동은 과반응의 아이가 눈 조절(accommodation)을 하려는 것일 수도 있다. 얼굴 앞에 있는 움직이는 손가락에 초점을 맞추면 아이가 과도한 시각자극을 무시하거나 차단하는데 도움이 될 수도 있다. 물체에 대한 시각 고정은 산만함을 제공할 뿐 아니라 실제로 불편한 감각자극 등록을 감소시킬 수도 있다. 아이의 감각처리 능력을 평가하려고 할 때 실제로 작업치료사는 수사관이 될 필요가 있다. 당신의 작업치료가 도움이 될 수 있다.

기능을 위해 감각을 사용하는 것, 감각통합은 출산하기 이전부터 시작되서 전 생애에 걸쳐 지속되는 과

정이다. 감각통합은 우리의 자조 생활, 놀이, 일에 기본이 된다. 우리는 자동적으로 감각정보를 사용하고 조직화한다. 우리는 결코 그것에 대해 실제로 생각하지 않는다. 이러한 자동적인 과정은 우리가 다른 과제에 집중할 수 있도록 해준다.

자폐스펙트럼장애가 있는 아이들의 다양성은 부모와 전문가들이 각 아이들의 개성을 더 관찰하도록 만든다. 관찰은 여러 환경에서 수집·분석될 수 있다. 이를 통해 가능한 결론이 생겨나게 되고, 잠재적인 중재전략의 기초를 제공하게 된다. 감각통합의 문제가 있는지를 결정하기 위해 우리는 각 감각계를 살펴볼 필요가 있다.

1. 감각력과 프로파일(Sensory History and Profiles)

감각력과 프로파일을 작성하는 것은 감각통합을 평가하는 가장 중요한 방법이다. 감각과 관련된 행동들을 발견하고, 이런 행동이 일어나는 상황과 환경은 주의깊게 고려될 수 있다. 형식적인 평가는 자연스러운 상황에서 반응하는 방법에 대한 정보를 제공하지 않기 때문에 유용하지 않을 수도 있다. 형식적인 검사를 하는 동안 아이들은 불안할 수도 있고, 감각에 대한 반응이 아이의 평상시 반응을 나타내지 못할 수도 있다. 특히, 불안하거나 지시를 이해하지 못하거나 협조하려는 동기부여가 없을 수도 있는 자폐스펙트럼장애 아이들에게 이러한 상황은 사실이다.

부모는 감각통합에 대한 인식과 관찰을 서술할 수 있는 언어 없이도 매일 감각통합평가를 한다.

> “애니는 항상 잠이 부족했어요. 쉽게 아주 작은 소리에도 잠을 깨요. 방문앞 표지판에는 ‘전화벨 소리를 꺼주세요, 아이가 자고 있어요’라고 쓰여있어요.”

> “데이빗이 집에 있을 때 머리를 말리거나 진공청소기를 사용할 수가 없어요. 왜냐하면 아이가 귀를 막고, 소리를 지르면서 원을 그리며 빙빙 돌기 때문이예요.”

> “우리가 냉동식품 코너에 가기 전까지 아담은 식료품 코너에서는 괜찮은 듯 보여요. 아담이 냉동고의 소리를 듣거든요.”

이러한 상황은 자녀들이 청각에 대해 평범하지 않은 반응을 가지고 있다는 것을 확인한 부모로부터 듣게 된다. 이러한 관찰 기록으로 감각력과 프로파일을 작성하게 되며, 표준화되어 출판된 설문지나 비형식적인 체크리스트를 가지고 수집될 수도 있다.

2. 출판된 설문지

Reisman과 Hnschu의 논문인 "발달장애가 있는 사람들을 위한 감각통합 설문지-개정판"(1992)에서 전정감각, 촉각, 고유감각에 대한 반응들을 볼 수 있다. 부록으로 있는 지침서에는 설문지에서 보고된 관찰의 중요성에 대한 매우 훌륭한 정보를 제공하고 있다.

Morton과 Wolford 역시 "감각행동 설문지(sensory behavior inventory) 분석"이라는 훌륭한 설문지를 출판했다(1994). 이 설문지는 모든 감각체계에 대해 검토하고, 감각-추구와 감각-회피 행동으로 생각되는 관찰행동들을 나눈다. 이 설문지는 관찰을 조직화하는 방법과 관찰내용을 요약하는데 도움을 주는 워크시트지를 포함하고 있으며, 그 결과를 논의하고 권고사항을 제공한다.

Dunn (1994)은 정서적 행동과 사회적 행동 그리고 활동수준에 대한 관찰행동을 포함하고 있으며 모든 감각체계에 대해 조직화한 125문항으로 구성된 "감각 프로파일(Sensory Profile)"을 개발하였다. 이것은 자폐스펙트럼장애가 있는 아동과 없는 아동의 수행을 비교하는데 사용되며, 문항의 85%가 자폐스펙트럼장애가 없는 아이들과 있는 아이들간의 감각처리능력간에 차이를 구별하는 것으로 보고되었다(Kientz와 Dunn, 1997). "단축형 감각 프로파일(Short Sensory Profile)"은 38개 문항으로 구성되어 있으며, 원래 버전에 비해 비전형적인 감각처리능력을 구별해내는데 좀 더 정확한 것으로 알려져 있다(Dunn, 1999).

또 다른 유용한 도구는 "듀랜드 동기평가 척도(Durand Motivational Assessment Scale)"이다(1998). 이 척도는 일반적이지 않은 행동유형을 관찰하고 그 행동에 대한 동기가 무엇인지를 분석하는데 도움을 준다. 행동에 대한 질문들이 있고 그 답은 이 행동이 감각욕구와 집중하고자 하는 욕구, 회피하려는 욕구 또는 원하는 물건이나 행동에 대한 의사소통의 시도에 의해 유발되는 것인지를 결정하는데 도움을 준다. 감각처리는 여러 환경에 걸쳐 나타날 수 있기 때문에 "감각처리 척도(Sensory Processing Measure, SPM)"는 학교용과 가정용으로 나뉘어 있으며, 팀 구성원들은 서로 문제를 더 잘 해결하고 협력할 수 있다 (Home form, Parham & Ecker; Main classroom and School Environments Forms, Kuhaneck,

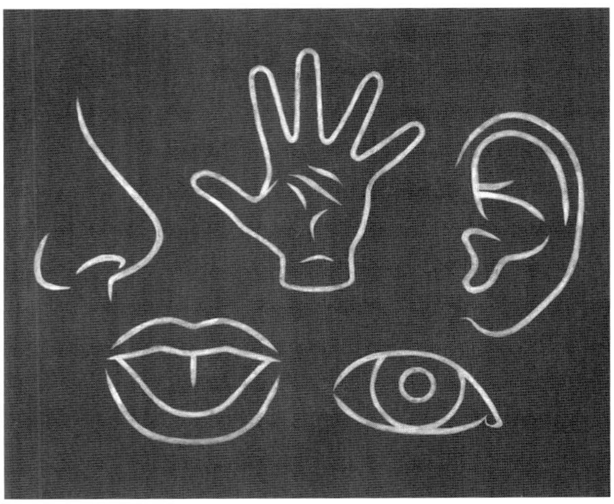

Henry, & Glennon, 2011). 이 척도는 5세에서 12세인 유치원에서 초등학교 6학년까지 아동을 대상으로 표준화되어 있다. 감각처리 척도-학령전기(Sensory Processing Measure - Preschool)(SPM-P)는 2세에서 5세까지 유아를 위한 것이고 다시 가정용과 보육기관용이 있다. 비형식적인 다양한 질문지와 선별검사를 온라인상에서 이용할 수 있으며 감각문제를 확인하는데 도움을 제공한다. 우리가 개발한 아래 질문지는 과반응(감각이 과도하거나 처리하는데 어려움이 있을 수 있음)과 저반응(아동이 감각에 대해 알아차리기 위해 많은 감각을 필요로 함) 범주로 조직화되어 있다. 감각처리의 문제를 나타낼 수 있는 행동패턴을 보고 이러한 행동이 일어나는 감각환경에 대해 염두해 둘 수 있다. 이러한 정보를 수집하는 것은 감각을 처리하는 아동의 능력을 지지하기 위한 전략을 세우는데 도움을 줄 수 있다.

감각 선별검사 연계 확인하기

전정감각

과–반응

- ❑ 놀이기구에 대해 두려움을 보인다.
- ❑ 자동차, 엘리베이터와 탈 것에 있는 경우 쉽게 아프다.
- ❑ 높은 곳/계단 오르는 것에 대해 두려움을 보인다.
- ❑ 균형을 유지하는 활동을 피한다.
- ❑ 운동/게임에 참여하는 것을 피한다.

저–반응

- ❑ 빠르게 움직이는 활동을 찾는다.
- ❑ 자주 빙빙 돌고, 점프하고, 뛰고 달린다.
- ❑ 지속적으로 머리를 움직인다.
- ❑ 한 곳에 머무는 것이 어렵다.

촉각

과–반응

- ❑ 피부 접촉이나 만지는 것을 피한다.
- ❑ 지저분해지는 놀이를 싫어하고 피한다.
- ❑ 옷감이나 음식재질에 의해 불쾌해지는 것처럼 보인다.
- ❑ 누군가 너무 가까이 온다면 짜증을 낸다.

저–반응

- ❑ 지속적으로 물건을 만지고 있다.
- ❑ 무겁고/재질감이 있거나 진동감이 있지 않으면 물건(연필)을 사용하는데 어려움이 있는 것처럼 보인다.
- ❑ 지속적으로 물건을 입에 넣고 있다.

고유감각

저-반응

- ❑ 물건을 다룰 때 너무 센 힘으로 쥐거나 너무 약하게 쥔다.
- ❑ 서로 다른 과제를 수행하기 위해 필요한 신체 자세를 취하는데 어려움을 가지고 있다.
- ❑ 일반적인 거친 놀이 그 이상으로 찾는다.
- ❑ 마사지할 때 이완하기 위해서는 과도하게 누르는 압박감을 필요로 한다.

시각

과-반응

- ❑ 강한 빛이나 햇빛에 불편함을 보인다.
- ❑ 조명 변화에 민감한 것처럼 보인다.
- ❑ 화면을 보는 것이 어렵다.
- ❑ 얼굴을 보는 것이 어렵다.
- ❑ 지속적으로 눈앞에서 손을 움직인다.
- ❑ 물건이 떨어지는 것을 보는 것을 좋아한다.

저-반응

- ❑ 시각적 차이를 알아차린다.
- ❑ 그림자, 반사, 물건을 돌리는 것에 초점을 둔다.
- ❑ 새로운 시각적 감각을 찾는다.

청각

과-반응

- ❑ 큰 소리 혹은 기대치 못한 소리에 불쾌해한다.
- ❑ 원하지 않는 소리를 차단하기 위해 흥얼거리거나 노래를 한다.
- ❑ 어떤 소리(진공청소기, 헤어드라이기)를 싫어한다.

저-반응

- ❑ 소리를 찾는다.
- ❑ 전기기구/TV 소리를 높인다.

후각(냄새)/미각(맛)

과-반응

- ❑ 강한 냄새나 맛을 싫어한다.
- ❑ 제한된 음식 목록을 가지고 있다.
- ❑ 어떤 음식에 대한 시각/냄새에 대해 구토를 한다.

저-반응

- ❑ 자주 바지속에 손을 넣는다.
- ❑ 대변을 마구 문지른다.
- ❑ 먹을 수 없는 음식을 먹는다.
- ❑ 새로운 냄새/맛을 찾는다.

자기-관리 기술에 어려움을 확인하기 ; 일반적인 자기-관리 체크리스트

촉각

과-반응

- ❑ 면포/타올에 닿는 것을 견디기 어려워한다.
- ❑ 만져졌을 때 그 부분을 문지른다.
- ❑ 예측가능한 일과 범위 안에서 신체접촉을 수용하는 것처럼 보인다.
- ❑ 양치질하는 느낌을 싫어한다.
- ❑ 양치질/빗질이 자신을 아프게 한다고 호소한다.
- ❑ 과도하게 만지는 것에 대해 반응한다.
- ❑ 양말과 신발/옷을 종종 벗는다.
- ❑ 온도변화를 견디기 어려워한다.
- ❑ 손발톱 관리를 어려워한다.

저-반응

- ❑ 촉각을 찾는다; 신체로 재질을 느끼는 것을 좋아한다.
- ❑ 입으로 재질을 느낀다.

고유감각

저-반응

- ❑ 지속적으로 물건을 떨어뜨린다.
- ❑ 자기-관리에 사용하는 물건을 너무 과한 힘으로 쥐거나 충분치 않는 힘으로 사용한다(치약을 너무 세게 짜서 많이 나오게 하거나 치약 뚜껑을 열 만큼의 충분한 힘이 부족함).
- ❑ 샤워, 거친 타올을 좋아하거나 머리빗질을 세게 하는 것을 실제로 좋아한다.
- ❑ 과제를 조정하기 위해 신체 자세를 바꿀 수 없는 것처럼 보인다(예, 욕조로 들어가는 것을 어렵다고 표현함).

전정감각

과-반응

- ❑ 머리 위치를 바꾸는데 저항감을 보인다(머리를 감기 위해 머리를 뒤로 기울이는 것을 어려워함).
- ❑ 머리를 똑바로 유지하는 것을 선호한다.
- ❑ 머리 위치변화를 바꾼 뒤에 방향을 잃는다.
- ❑ 자세를 바꾸는 동안 균형을 유지하기 위해 체중이동을 하는 것을 어려워한다(발을 말리기 위해 허리 숙이기).
- ❑ 치약을 뱉기 위해 세면대 위로 허리를 숙이는 것을 어려워한다.
- ❑ 변기에 앉아 있는 것을 특히, 발을 지면에서 뗄 때 어려워한다.

시각

과-반응

- ❑ 물에 빛이 반사되거나 반짝거리는 세면대를 견디기 어려워한다.
- ❑ 조명을 끄는 것을 선호한다.
- ❑ 방에서 시각자극에 과도하게 집중하고 문을 닫는 것을 좋아한다.
- ❑ 거울앞에서 움직임을 따라하는 것이 어렵다(거울 때문에 산만해짐).

저-반응

- ❑ 복잡한 환경에서 시각적인 물건을 찾는 것이 어렵다.
- ❑ 변화하는 시각자극(비누방울, 떨어지는 물)에 쉽게 매료되는 것처럼 보인다.

청각

과-반응

- ❑ 큰 소음에 불쾌해한다(변기 물내림, 수돗물 틀기, 헤어드라이기)
- ❑ 들어오는 청각 자극을 차단하기 위해 흥얼거리거나 노래를 한다.
- ❑ 소리에 쉽게 산만해진다.
- ❑ 큰 소리, 욕실에서 더 크게 울리는 소리를 막기 위해 손으로 귀를 막는다.
- ❑ 욕실 소리를 너무 싫어해서 자기 관리 기술을 욕실 밖에서 완료해야만 한다.

저–반응

- ❑ 큰 소리를 좋아하고 종종 그것을 반복한다(변기 물내림).
- ❑ 욕실의 울림소리를 좋아한다.

냄새/맛

과–반응

- ❑ 비누향과 샴푸향에 대해 참을성이 부족하다.
- ❑ 치약을 견디기 어렵다.
- ❑ 대변을 문지른다.
- ❑ 화장실에서 코를 막거나/토한다.

저–반응

- ❑ 냄새를 알아차리지 못하는 것처럼 보인다.
- ❑ 대변을 문지른다.
- ❑ 강한 맛을 간절히 원한다; 비누/치약을 먹는다.

일반적인 관찰들

- ❑ 정적이다; 앉아서 하는 과제를 선호한다.
- ❑ 한 곳에 머무르는 것이 어렵다.
- ❑ 과제를 완성하기 위해 충분히 긴 시간 동안 한 장소에 머무르는 것이 어렵다.
- ❑ 가만히 있지 못한다.
- ❑ 과제를 하고 있는 동안에도 움직임에 대한 강한 욕구가 있다.
- ❑ 앉아서 하는 활동을 하는 동안 지속적으로 자세를 바꾼다.

정서/행동

- ❑ 자신감이 낮아 보인다.
- ❑ 과제를 이해했음에도 불구하고 행동을 계획하는 것이 어렵다.
- ❑ 자존감 부족을 보인다.
- ❑ 활동을 하는 동안 좀 더 많은 준비와 지원을 요구한다.

- ❑ 미성숙한 것처럼 보인다.
- ❑ 비판에 과도하게 민감해질 수 있다.
- ❑ 두려움/분노를 행동으로 보인다.
- ❑ 전환이 어렵다.
- ❑ 감각방어와 계획하는 기술의 부족을 보상하기 위한 노력으로 예측성을 요구한다.
- ❑ 쉽게 좌절한다.
- ❑ 생체리듬 -수면, 배고픔, 배설- 에 어려움이 있다.
- ❑ 자기-조절에 어려움이 있다.
- ❑ 친구를 사귀고 친구와 상호작용하는 것이 어렵다.

옷입고 벗기 체크리스트

촉각

과-반응

- ❑ 빽빽한 옷(청바지)과 옷을 조이는 것(허리벨트나 소매끝동)을 싫어한다.
- ❑ 셔츠의 소매를 싫어한다.
- ❑ 옷 입는 것을 싫어하며 옷을 바꾸는 것(낮/밤)에 저항한다.
- ❑ 계절변화나 날씨로 인해 옷을 바꾸는 것이 어렵다.
- ❑ 참고 입을 수 있는 옷 목록의 폭이 매우 좁다.
- ❑ 옷을 입기 전에 새 옷을 여러번 빨아달라고 요구한다.
- ❑ 속옷과 양말을 뒤집어 입을 때 더 잘 견딘다.
- ❑ 솔기가 없는 매끄러운 양말을 요구한다.
- ❑ 모자, 장갑, 스카프를 잡아 빼버린다.
- ❑ 지속적으로 옷을 고쳐 입는다.
- ❑ 모든 상표를 자를 필요가 있다.
- ❑ 새 옷/새 신발을 쇼핑하는 동안 심각한 스트레스를 경험한다.
- ❑ 옷 입는 것 때문에 분노를 일으키는 것을 보게 된다.
- ❑ 화가 날 때 옷을 벗거나 신발과 양말을 벗을 수 있다.
- ❑ 차가운 신발/옷이 젖은 것을 느끼면 참지 못한다.

저-반응

- ❑ 자주 어떤 재질을 꽉 쥐고 있거나 문지른다.
- ❑ 여러 가지 다른 재질의 옷/신발류를 착용하는 것을 좋아한다.

고유감각

저-반응

- ❑ 자주 손에서 물건을 떨어뜨린다(벨트, 양말).
- ❑ 옷 입을 때 힘 조절이 어렵다(옷을 잡아당길 때 바지에서 손을 놓아버리거나 너무 세게 잡아당김)
- ❑ 옷 입는 동안 쉽게 피곤해한다.

- ❑ 옷에 대해 신체 자세를 정확하게 취하기 어렵다(예, 바지구멍에 잘 맞는 다리를 올바로 넣기).
- ❑ 마무리 신체접촉 –셔츠를 잘 정리하고 지퍼를 올리는 것– 에 대해 저항한다.
- ❑ 몸에 옷이 꼬여있을 때 알아채는 것처럼 보이지 않는다.
- ❑ 옷이 너무 작을 때(신발조차도) 알아채는 것처럼 보이지 않는다.

전정감각

과–반응

- ❑ 옷 입는 동안 특히 양말을 신기 위해 허리를 숙이는 동안 머리 위치를 변화시키는 동안 균형을 유지하는데 어려움이 있다.
- ❑ 머리가 움직여졌을 때 방향을 잃는다(신발을 신기 위해 아래를 볼 때).
- ❑ 너무 많은 에너지를 균형을 유지하는데 소모하기 때문에 과제에 집중력을 유지하는데 어려움이 있다.
- ❑ 균형을 유지할 수 있는 범위 안에서 활동을 하는 동안 급히 움직이려는 경향이 있다.
- ❑ 활동의 속도를 조절하는데 어려움이 있다.

저–반응

- ❑ 옷 입는 활동을 하는 동안 움직임을 하려고 한다.
- ❑ 쉽게 피곤해한다.

시각

과–반응

- ❑ 옷장과 서랍에서 옷을 찾는 것이 어렵다; 시각자극에 의해 당혹해한다.
- ❑ 손에 천 재질의 느낌이 있을 때 옷을 보지 않는다.
- ❑ 균형을 잡으려고 노력한다.
- ❑ 패턴에 의해 쉽게 산만해지고 단순 색을 선호한다.

저–반응

- ❑ 양말과 신발을 맞추는 것에 대해 저항한다.
- ❑ 옷의 단추/지퍼를 찾는데 어려움이 있다.
- ❑ 단추구멍에 단추를 찾아 맞추는 것에 어려움이 있다.

- ❑ 시각으로 움직임을 따라 하는 것에 어려움을 보인다.
- ❑ 옷이 움직이면 산만해진다(셔츠 소매가 펄럭이는 것을 보고 추가적인 시각자극이 제공됨에 따라 산만해짐).

청각

과-반응

- ❑ 신체가 움직일 때 소리가 나는 옷을 입는 것을 어려워한다.
- ❑ 주머니에 물건(열쇠/동전) 소리가 나면 산만해진다.
- ❑ 옷 입는 동안 소리 때문에 쉽게 산만해진다.

저-반응

- ❑ 옷 입는 일과를 수행하는 동안 언어적 도움을 듣는 것에 저항한다.

냄새/맛

과-반응

- ❑ 빨지 않으면 냄새 때문에 새로운 옷을 입지 않을 것이다.
- ❑ 빨아 놓은 옷을 선호하고 향기가 없는 세제/섬유유연제를 선호한다.
- ❑ 냄새 때문에 옷에 그림 전사/다리미를 이용한 접착제 사용을 참기 어려워한다.
- ❑ 다리미 열 때문에 냄새가 유발될 수 있기 때문에 새로 다리미질한 옷을 싫어한다.

저-반응

- ❑ 반복적으로 옷의 냄새를 맡는다.
- ❑ 더러운 양말/신발과 때묻은 옷처럼 해로울 수도 있는 다른 물건의 냄새를 좋아한다.

식사하기 체크리스트

촉각

과-반응

- ❑ 일관된 재질과 온도의 음식을 선호한다.
- ❑ '뜻하지 않은' 재질의 음식을 싫어한다(예, 스프안에 면).
- ❑ 음식재질이 변하거나 변한 것 같다고 지각할 때 구토한다.
- ❑ 음식재질에 대한 민감함 때문에 매우 제한된 식이를 한다.
- ❑ 입안에 식기도구가 있는 것을 견디기 어려워한다; 손가락으로 음식먹기를 선호한다.
- ❑ 입안에 음식을 씻어내기 위해 먹는 동안 자주 음료를 마신다.
- ❑ 먹는 동안 손끝만 사용하고, 손안에 음식이 닿는 것을 견디기 어려워한다.
- ❑ 까다로운 식성을 가진 아이다.
- ❑ 음식의 온도변화를 견디기 어려워한다.
- ❑ 종종 한 번에 한가지 음식만 먹는다.
- ❑ 불안감으로 좀 더 제한적인 음식 선호도를 보인다.
- ❑ 입술, 턱이나 뺨에 음식이 묻는 것을 견딜 수 없다.

저-반응

- ❑ 재질을 탐색하기 위해 음식이 아닌 물체와 음식을 모두 찾는다.
- ❑ 안전에 대한 걱정이 있다; 촉각 처리능력의 감소로 아이가 식도 뒤쪽에 음식이 도달한 느낌을 느끼지 못하기 때문에 질식할 수도 있다.
- ❑ 얼굴에 음식이 묻은 것을 느끼지 못한다.
- ❑ 입안에서 통증과 온도에 대한 자각이 부족함을 보인다.

고유감각

저-반응

- ❑ 감각입력을 증가시키기 위해 씹히는 음식이나 바삭한 음식(과일 씹기나 칩)을 선호한다.
- ❑ 음식을 잘 씹지 않는다(안전의 문제; 질식).
- ❑ 특히 많이 씹어야 하는 식사를 하는 동안에 쉽게 피곤해한다.

- ❑ 식사를 하기 위한 자세유지에 어려움이 있다.
- ❑ 씹는 힘이 감소되어 있다(사과를 깨물어 먹을 수 없거나 고기를 씹을 수 없을 수도 있음)
- ❑ 식사를 하는 동안 자세를 안정되게 하기 위해 팔/몸에 머리를 기대거나 턱 아래에 손을 사용해서 몸을 받쳐 넘어지지 않도록 한다.

전정감각

과–반응

- ❑ 앉은 자세의 균형을 유지하기 어렵다.
- ❑ 포크/숟가락을 잘 조정하기 위해 머리 위치를 바꿀 때 과제에 집중을 유지하는 것이 어렵다.
- ❑ 먹는 동작을 가이드하기 위해 시각을 안정화하기 어렵다.

저–반응

- ❑ 움직임이 필요하다; 식사를 하는 동안 자주 일어섰다가 앉는다.
- ❑ 식사를 하는 동안 발을 흔들려고 한다.
- ❑ 지속적으로 의자에서 자세를 바꾼다.
- ❑ 쉽게 피곤해한다.

시각

과–반응

- ❑ 음식, 테이블 천과 접시의 색깔과 패턴에 의해 당혹스러워한다.
- ❑ 눈이 움직이지 않는 물건을 보는 것을 선호하기 때문에 눈으로 움직임을 가이드하는데 어려움이 있다.
- ❑ 시각자극에 의해 산만해진다.
- ❑ 추가적인 시각자극을 차단하기 위해 음식에 가까이 가려고 고개를 든다.

저–반응

- ❑ 복잡한 환경속에서 음식/식기도구를 찾는 것이 어렵다.
- ❑ 시각적 흥미를 높이기 위해 접시에 물건을 더 넣는다.
- ❑ 시각적 흥미를 높이기 위해 접시 주변의 물건을 움직인다.

청각

과-반응

- ❑ 음식, 식기도구로 인한 소음, 사람들의 대화로 인해 산만해진다.
- ❑ 다른 사람들의 음식 씹는 소리를 싫어한다.
- ❑ 자신이 내는 음식 씹는 소리를 싫어한다.
- ❑ 누군가 먹거나 대화할 때 음식 먹는 것이 어렵다.

저-반응

- ❑ 음식을 씹고/마실 때 좀 더 소리를 찾는다.

냄새/맛

과-반응

- ❑ 어떤 맛/향에 대해 참기 어려워한다.
- ❑ 어떤 냄새/맛에 대해 직면할 때 쉽게 구토한다.
- ❑ 좁은 범위의 음식만 견딘다.
- ❑ 새로운 음식을 시도할 때 매우 주저한다.
- ❑ 소식을 하는 아이다.
- ❑ 요리를 할 때 음식 냄새로 불쾌해진다.
- ❑ 어떤 음식을 강하게 선호하며 모든 음식에 그것을 넣기를 원한다.
- ❑ 다른 사람들의 음식 냄새를 견디기 힘들어하기 때문에 학교에서 또는 밖에서 음식을 먹기 어렵다.

저-반응

- ❑ 이식증(먹을 수 없는 물건을 씹거나 먹음)을 보인다.
- ❑ 냄새를 맡지 못하는 것처럼 보인다; 맛이 없기 때문에 먹으려는 동기가 없다.
- ❑ 다른 사람들의 음식을 찾으려 한다.

학교/직장 체크리스트

촉각

과-반응

- ❑ 다른 사람들과의 접촉을 견디기 어려워한다; 줄을 서는 것에 저항하고, 작은 원형모임에 앉거나 다른 사람들과 부딪치는 국한된 공간에서 일하는 것에도 저항감을 갖는다.
- ❑ 친구/선생님과 편안한 포옹같은 감정표현을 피한다.
- ❑ 손으로 글씨를 쓰거나 식기도구로 음식을 자르는 것을 싫어한다.
- ❑ 예측하지 못한 재질에 닿는 것을 싫어한다; 페인트, 접착제, 스티커, 테잎, 젖었거나 더러운 물건들
- ❑ 가까운 일대일 지시와 손으로 같이 하면서 직접 시범 보이는 것을 견디기 어려워한다.
- ❑ 다른 물건과 장난감에 대해 배우려고 할 때 손이 아닌 입을 사용하려는 경향이 있다.
- ❑ 다른 사람들에 의한 신체접촉에 대해 공격적으로 반응한다.
- ❑ 줄을 서거나 서클활동 동안에 폭발을 한다.
- ❑ 작은 비좁은 공간에 옷을 넣는 것을 어려워한다.
- ❑ 업무상 손을 사용하는 도구를 쥐기 싫어한다.
- ❑ 엘리베이터나 계단과 같은 복잡한 장소를 다니는 것을 어려워한다.
- ❑ 유니폼을 참기 어려워한다.
- ❑ 신체접촉을 최소화하기 위해 혼자 일하는 것을 선호한다.
- ❑ 바쁜 시간에 대중교통을 이용하는 것을 피한다.

저-반응

- ❑ 사람들과 물건에 과도하게 접촉하려고 한다.
- ❑ 신체접촉에 대한 사회적 경계와 공간을 이해하는데 어려움이 있다.
- ❑ 온도변화를 알아채지 못하는 것처럼 보인다.
- ❑ 다쳤을 때 그것을 알아채지 못하는 것처럼 보인다.

고유감각

저-반응

- ❑ 한 장소에 머물기 어려워한다; 자주 움직임 휴식을 갖는 것을 좋아한다.

- ❑ 다른 사람이나 가구에 기대 자신을 안정화한다(서클 시간에 다른 아이에게 기대거나 자신의 몸자세를 유지하려고 팔 또는 다리를 의자주변에 걸수도 있음).
- ❑ 똑바른 자세를 유지하기 위해 관절을 '잠근다'.
- ❑ 쥐는 힘이 약하다.
- ❑ 특히 신체에 대한 자각이 손상되었기 때문에 환경에서의 물리적 변화가 있을 때 교실에서 조작하는 활동이 어렵다.
- ❑ 자주 책, 연필, 도구 등을 떨어뜨린다.
- ❑ 쉽게 피곤하다.
- ❑ 집중을 유지하기 위한 전략으로 씹는 활동을 사용한다.
- ❑ 스트레스를 줄이거나 집중을 유지하기 위해 자기 자극적인 행동을 사용한다.

전정감각

과-반응

- ❑ 산만하다. 특히 머리가 움직여졌을 때 시각적 집중력을 쉽게 잃는다.
- ❑ 집중력을 유지하기 위해 머리로 자기 자극행동(머리 흔들기)을 사용할 수 있다.
- ❑ 시각적으로 따라보는데 어려움이 있다; 책을 읽는 동안 읽은 위치를 쉽게 놓친다.
- ❑ 놀이터, 운동장, 계단을 두려워하고 피하려 한다.
- ❑ 자동차/버스 타기를 싫어한다. 특히, 거꾸로 된 좌석에 앉아 여행할 때 눈의 움직임을 처리하는데 도움을 줄 수 없다.
- ❑ 움직임을 시작하고/멈추는 것을 싫어하고 움직임의 방향을 바꾸는 걸 싫어한다.
- ❑ 계단에서 멈추면 공황상태가 된다.
- ❑ 신체 자세를 바꾸는 것을 싫어한다.

저-반응

- ❑ 자주 움직임 휴식을 갖을 필요가 있다.
- ❑ 마루와 의자에 앉은 자세의 균형을 유지하는 능력이 부족하다; 일관되게 움직임을 찾는다.
- ❑ 놀이터와 운동장에서 움직이는 동안 불필요한 위험을 만든다.

시각

과-반응

- ❑ 벽/칠판 위에 너무 많은 시각적 자극으로 당혹해한다. 쉽게 위치를 놓칠 수 있다.
- ❑ 과도한 시각자극을 차단하기 위한 방법으로 세밀한 부분에 집중한다.
- ❑ 강한 시각적 기억을 보인다.
- ❑ 조명 강도를 감소시키기 위해 눈을 가늘게 뜬다.
- ❑ 교실이나 직장에서 선글라스 혹은 모자 쓰는 것을 선호한다.
- ❑ 어두운 곳을 선호한다.
- ❑ 빛을 어둡게 하거나 창문에 블라인드를 내린다.
- ❑ 계절변화로 자연광이 변화할 때 어려움을 보인다.
- ❑ 깊이에 대한 판단을 어려워할 수 있기 때문에 계단 내려가는 것을 주저한다.

저-반응

- ❑ 어수선한 환경에서 물건을 찾는 것이 어렵다.
- ❑ 책 한 페이지에서 문장을 놓치지 않고 시각적으로 훑어볼 수 없다.
- ❑ 책을 읽을 때 읽는 위치를 쉽게 잃어버린다.
- ❑ 시각적으로 자극하는 물건에 흥미를 갖으며, 물건을 떨어뜨리거나 돌림으로써 시각적 자극을 만들어 낸다.
- ❑ 색칠하거나 글을 쓸 때 선 사이에서 유지하는 것이 어렵다.
- ❑ 사람이나 물건을 골똘히 쳐다본다.
- ❑ 계단을 올바로 판단하는데 시각적 정보를 충분히 얻지 못한다.
- ❑ 빛 조명이나 대비가 강한 곳을 골똘히 쳐다본다.

청각

과-반응

- ❑ 자주 귀를 막는다.
- ❑ 화재 경보에 대한 큰 두려움이 있다.
- ❑ 들어오는 소음을 차단하기 위해 큰 목소리로 말한다.
- ❑ 큰 소리에 놀란다(장내 방송설비, 문이 쾅 닫히는 소리)

- ❑ 소음에 쉽게 산만해진다.
- ❑ 환경 소음을 견디는 것을 어려워한다; 집중할 수 없다.
- ❑ 다른 곳(옆 교실)에서 나는 소음에 매우 민감하다.
- ❑ 청각자극을 차단할 수 있는 활동을 선호한다(종이 찢기, 문 열고 닫기, 흥얼거리기).
- ❑ 잠재적인 소리 때문에 새로운 환경에 대해 불안해한다.

저-반응

- ❑ 이름을 불렀을 때 반응하지 않는다.
- ❑ 소리의 볼륨과 다양성을 증가시키는 활동을 찾는다.

냄새/맛

과-반응

- ❑ 세척제 냄새 때문에 청소하는 날을 싫어한다.
- ❑ 사람들이 새로운 향기를 낼 때 부정적으로 반응한다.
- ❑ 냄새를 맡아서 사람들을 인식한다.
- ❑ 알러지 때문에 냄새에 민감하다.
- ❑ 많은 냄새가 나는 점심시간에 자기-조절에 어려움이 있다.
- ❑ 잠재적인 냄새 때문에 새로운 상황에 불안해한다.

저-반응

- ❑ 물건/사람들의 냄새를 맡으려는 과도한 욕구를 느낀다.
- ❑ 다른 사람들의 냄새를 쉽게 맡기 때문에 작은 공간을 좋아한다.
- ❑ 맛에 대해 둔감하고 크레용, 분필을 먹을 수도 있다(안전 문제).

놀이 체크리스트

촉각

과–반응

- ❑ 예측은 집중력을 이용하는데 도움이 되며, 처리능력을 향상시키기 때문에 예측할 수 있는 신체접촉을 선호한다.
- ❑ 더러워지는 것을 싫어한다.
- ❑ 미술활동, 수공예, 요리, 정원가꾸기 활동을 피한다.
- ❑ 손 전체를 사용하지 않는다; 손끝 사용을 선호한다.
- ❑ 다른 사람에 의한 신체접촉에 대해 공격적으로 반응한다.
- ❑ 손이 신체접촉에 대해 과도하게 민감한 경우 물건을 입으로 넣는다.
- ❑ 특정 장난감 재질을 강하게 선호한다.
- ❑ 너무 놀라는 것을 막기 위해 예측할 수 있는 장난감을 선택한다.
- ❑ 더럽고/젖게 되는 놀이보다 묻지 않는 놀이를 선호한다.
- ❑ 의도적이기 보다 다르게 장난감을 사용한다; 놀이 목적이 아니라 감각 목적을 위해 사용할 수도 있다.
- ❑ 작은 집단안에서 놀이를 하기 위해 군대 놀이를 선호한다.

저–반응

- ❑ 물건과 사람들에게 신체접촉을 과도하게 하려는 욕구를 느낀다.
- ❑ 통증과 온도에 대한 자각이 감소되어 있다.
- ❑ 수많은 촉각자극 놀이를 찾는다.

고유감각

저–반응

- ❑ 신체 전체의 큰 움직임 때문에 큰 움직임 장난감을 조작하는 것을 선호한다.
- ❑ 근력이 약한 것처럼 보인다.
- ❑ 쉽게 피로해한다.
- ❑ 쥐는 힘이 약하다.
- ❑ 움직임의 정도를 조절할 수 없다.

- ❑ 사고를 낼 것처럼 보인다.
- ❑ 넘어지거나 부딪치는 것을 좋아하는 것처럼 보인다.
- ❑ 놀이 또는 장난감과 관련하여 신체 자세를 쉽게 바꾸지 못한다.
- ❑ 장난감을 가지고 놀 때 과도하게 힘을 쓰거나 충분치 않은 힘을 사용하거나 혹은 장난감 조각을 떨어뜨린다.
- ❑ 장난감을 적절히 가지고 놀지 못한다; 감각 목적을 위해 장난감을 사용할 수도 있다.
- ❑ 자세 안정성과 집중력 증진을 위해 장난감을 씹는다.
- ❑ 자세를 유지하기 위해 관절을 '잠근다'.
- ❑ 근지구력이 부족하다.
- ❑ 정적인 활동을 선호한다.

전정감각

과-반응

- ❑ 지면에서 발을 뗄 때 두려워한다.
- ❑ 거꾸로 되는 자세를 싫어한다.
- ❑ 놀이터 활동을 피한다.
- ❑ 움직임을 하게 되는 놀이활동을 피한다.
- ❑ 균형의 문제를 보상하기 위해 눈을 사용한다.

저-반응

- ❑ 움직임에 대한 과도한 욕구를 가지고 있다.
- ❑ 자세변화를 준비하기 위해 신체를 조절하는데 어려움이 있다.
- ❑ 몸을 규칙적으로 흔드는 자기-움직임을 만들어낸다.
- ❑ 일관되게 의자에서 자세를 바꾼다.
- ❑ 위험한 움직임을 감수한다.

시각

과-반응

- ❑ 밝은 빛에 불편해한다 ; 어두운 곳에 있는 것을 선호한다.
- ❑ '전체 그림'을 볼수 없고 세밀한 부분에 집중한다.

- ❑ 쉽게 위치를 놓친다.
- ❑ 계단을 오르내리는 것을 주저한다.
- ❑ 더 좁은 공간을 선호한다.
- ❑ 시각적으로 자극하는 활동을 덜 선호한다.

저-반응

- ❑ 움직이고, 빙빙 돌고, 패턴있는 움직임을 하는데 과도한 흥미를 갖는다.
- ❑ 퍼즐을 맞추는데 어려움이 있다.
- ❑ 책을 읽을 때 위치를 놓친다.
- ❑ 시각적으로 따라보거나 복잡한 환경에서 물건을 찾는데 어려움이 있다.
- ❑ 쉽게 길을 잃는다.
- ❑ 분류와 매칭에 어려움이 있다.

청각

과-반응

- ❑ 소리에 대해 방어적이다; 귀를 막는다.
- ❑ 크고 예측하지 못한 소리에 쉽게 깜짝 놀란다.
- ❑ 다른 소리를 차단하기 위해 일관되게 소리(허밍)를 만든다.
- ❑ 익숙하지 않은 소리가 있을 때 놀이를 멈춘다.
- ❑ 쉽게 소리에 산만해진다.
- ❑ 사회적 놀이에 참여하는 것이 어렵다.

저-반응

- ❑ 어떤 소리에 사로잡혀 그것을 종종 반복한다.
- ❑ 새로운 소리/볼륨을 찾는다.

냄새/맛

과-반응

- ❑ 강한 냄새가 나는 새 장난감을 싫어한다.

저-반응

- ❑ 놀이 이전에 장난감 냄새를 맡거나 맛을 본다.

사회적 기술 체크리스트

촉각

과-반응

- ❑ 다른 사람들에 의한 신체적 접촉으로부터 자신을 고립시킨다.
- ❑ 부딪치거나/신체접촉이 생기는 것을 두려워해서 다른 또래 아이집단과 집단모임을 싫어한다.
- ❑ 다른 사람들에 의해 부딪치거나/신체접촉하게 됐을 때 공격적으로 반응한다.
- ❑ 포옹하고 키스하고 애정을 표현하는 것을 견디기 어려워한다.
- ❑ 다른 아이들과 가까이 근접하여 노는 것을 어려워한다.
- ❑ 자기-신체손상을 입힐 수 있다.
- ❑ 정보를 더 잘 처리하고 집중력을 유지하기 위해 신체적 접촉시 예측성을 필요로 한다.

저-반응

- ❑ 깊은 압박감을 찾으며 자주 다른 사람과 부딪친다.
- ❑ 물건과 사람들에게 과도한 신체접촉을 보인다.

고유감각

저-반응

- ❑ 좀 더 많은 감각을 얻기 위한 노력으로 거칠게 논다.
- ❑ 깊은 압박감, 포옹을 찾는다.
- ❑ 좁은 공간으로 자신을 넣는다(깊은 압박감을 증가시키기 위해)
- ❑ 손 흔들어 인사할 때 너무 힘을 과도하게 쓰거나 충분치 않은 힘을 보인다.
- ❑ 다른 압박감을 찾는 행동과 과도하게 박수치고, 부딪치는 행동을 한다.
- ❑ 자기-신체 손상을 입힐 수 있다.

전정감각

과-반응

- ❑ 움직임을 피한다.

❑ 전체적으로 신체를 움직인다; 몸과 머리를 따로 움직일 수 없다.

❑ 균형의 문제는 어떤 방향으로 움직이거나 어떤 것 옆에 서있는 것이 어렵게 만들 수 있다.

❑ 다른 아이들을 보는 것에 어지러워 질 수도 있다.

❑ 움직임이 많은 환경에 불안해진다; 벽 가까이 서 있을 수도 있다.

❑ 다른 아이들과 움직임을 기반으로 한 게임을 하지 않는다.

저-반응

❑ 움직임을 간절히 원한다.

❑ 활동시 수많은 움직임이 있을 때 흥분하게 된다.

시각

과-반응

❑ 어두운 곳에 있는 것이 좀 더 편안하다.

❑ 물건/사람들을 열심히 본다.

❑ 눈맞춤에 대해 큰 스트레스를 보이기 때문에 피한다.

❑ 서로 다른 정도의 색깔을 견디거나 정보를 처리할 수 없다.

❑ 눈을 가늘게 뜬다.

❑ 모자/선글라스를 착용하는 것을 선호한다.

❑ 허공을 응시한다.

❑ 익숙한 물건을 쳐다본다.

저-반응

❑ 얼굴 표정/사회적 힌트를 읽는데 어려움이 있다.

❑ 놀이터 또는 교실에서 친구들을 찾기 위해 시각적으로 훑어보는 것이 어렵다.

❑ 시야범위 안에서 특히 복잡한 환경속에서 친구를 찾고 위치를 파악하는 것이 어렵다.

❑ 움직임을 가이드하기 위해 눈을 사용하지 않는다.

청각

과-반응

❑ 다른 사람들에 의한 소리에 과하게 민감하다.

- ❑ 환경 소음을 차단하기 위해 지속적으로 허밍을 하고 노래를 부른다.
- ❑ 시끄러운 곳과 사람이 많은 곳을 싫어한다.
- ❑ 귀를 막는다.

저–반응

- ❑ 자신의 이름을 부를 때 조차도 소리를 듣는 것처럼 보이지 않는다.
- ❑ 다양한 소리와 볼륨을 찾는다.

냄새/맛

과–반응

- ❑ 새로운 사람들, 새로운 냄새에 대해 과민반응한다.
- ❑ 친숙한 냄새 때문에 소매를 통해 숨을 쉰다.
- ❑ 전화하는 동안 익숙한 냄새를 맡는다.

저–반응

- ❑ 다른 사람들의 냄새를 더 쉽게 맡기 때문에 작은 공간을 선호한다.
- ❑ 물건 또는 사람과 상호작용을 하기 위해 또는 사람에 대해 좀 더 잘 알기 위해 핥거나 킁킁 냄새를 맡는다.

제 5 장

문제행동을 위한 전략

자폐스팩트럼장애(ASD) 아동의 문제행동 관리를 위한 첫 단계는 관찰된 행동 이면에 있는 이유를 먼저 이해하는 것이다.

Williamson (1996)은 ASD 아동의 행동은 물리적 환경, 아동의 현재 정서 상태, 보호자의 능력, 일반적인 각성수준, 감각에 대한 누적된 부정적 반응 등과 같은 다양한 요인에 의해서 영향을 받는다고 하였다. 어떤 행동은 감각정보를 등록하고, 인지하고, 해석하지 못하는 비효율적인 신경계에 의해서 발생할 수도 있다.

ASD 아동은 다른 사람의 정서적 상태를 반응하는 바로미터 처럼 행동할 수 있다. 다양한 원인에 대한 이해가 이들 아동에게서 나타나는 부정적인 반응을 예방할 수 있다. 제2장과 3장에서 기술한 감각통합이론은 이들 행동에 대한 이해를 도울 수 있다. 제4장에서 제시한 도구들도 감각통합 문제를 지닌 아동을 확인하는데 유용한 도구로 사용될 수 있다.

두 번째 단계는 문제행동의 발생을 예방하는 것이다. 감각통합이론에 근거한 전략은 감각적 욕구를 조절하고, 부적절한 행동 예방을 돕는 것이다. 이들 전략은 감각식이(sensory diet)와 Wilbarger Protocol의 사용도 해당된다.

문제행동 조절을 위한 세 번째 단계는 문제행동이 발생하였을 때 일관된 조절방법을 사용하는 것이다. 이 장에서는 특별한 문제행동에 대하여 기술하고, 이러한 문제행동이 발생하였을 때 사용할 수 있는 전략을 제시할 것이다.

또한 진정과 각성을 시키는 일반적인 방법을 제공하고자 한다. 이들 전략은 감각-관련 문제가 있다고 확인된 아이들을 위해서 매우 효과적이다. 때때로 특정한 행동들은 감각적 욕구를 대처하기 위해 습관 혹은 반응의 학습된 패턴으로 나타나기도 한다. 가끔은 전통적인 행동접근을 단독으로 사용할 수도 있고, 감각통합접근과 함께 사용되기도 한다. 어떤 행동들은 감각-운동 욕구와 관련하여 불수의적인 틱(tic) 혹은 신경학적 문제가 투사되어 나타나기도 한다.

아동들은 자신의 감각적 욕구를 이해하고, 조직화하기 위해 감각자극에 대해 집중력을 향상시키는 전략, 스트레스 감소, 반응의 향상 방법에 대한 교육을 받아야 한다. 많은 전략들이 이책 전반에 제시되어 있어 아동에게 쉽게 가르칠 수 있다. 이 장의 마지막 부분에는 ASD 아동을 위한 이완요법을 교육하기 위한 프로그램을 수정하여 제시하였다. 또한 이장에서 여러분은 다음과 같은 내용을 만나게 될 것이다.

1. 감각방어를 위한 · 치료적 압박 프로토콜(Wilbarger Therapressure Protocol)
2. 감각식이법(sensory diet)
3. 일반적인 진정과 각성 전략
4. 특정한 문제행동을 위한 전략
5. 아동을 위한 이완요법

1. 감각방어를 위한 윌버거 치료적 압박 프로토콜 (Wilbarger Therapressure Protocol)

윌버거 치료적 압박 프로토콜(Wilabrger, 1991)은 감각방어(sensory defensiveness)를 감소시키기 위해서 특별하게 고안된 전문가가 지도하는 치료방법이다. 이 기법은 작업치료사인 Patricia Wilbarger (M.Ed., OTR, FAOTA)에 의해서 감각방어의 평가와 치료를 위해 개발되었다. Patricia Wilabrger는 Sensory Integration International이라는 조직을 창시한 공동창업자이자 이 분야에서 국제적으로 잘 알려진 전문가이다. 그녀는 워크샵을 열고, 비디오테이프, 오디오테이프, 출판물 등을 제작하였는데 Professional Development Program(651-439-8865 혹은 www.pdppro.com)을 통해 이용가능하다. 윌버거 치료적 압박 프로토콜(Wilbarger Therapressure Protocol)은 감각통합이론에서 근거하였으며, 이것을 임상적으로 진화시켰다. Ms Wilbarger는 그녀가 개발한 기법을 적용하는 방법을 배울 수 있도록 전문가 훈련과정을 제공하고 있다. 이 훈련과정은 프로토콜을 중재계획과 통합하는 방법, 부모, 교사, 보호자 교육방법 등으로 구성되어 있다.

현재 이 기법에 의한 감각방어 감소가 장기적으로도 효과가 있는지 입증하는 연구는 다소 부족한 상태

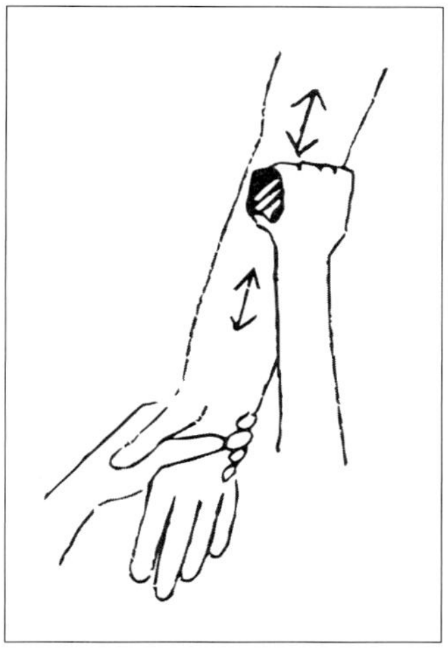

이다. 그러나 Kimball 등(2007)은 이 프로토콜을 적용한 이후 즉각적으로 코티졸(cortisol) 수준이 감소되었다고 하였다. 많은 작업치료사들도 다양한 대상에서 이 기법이 긍정적으로 장기효과가 있음을 보고하였다. 또한 자폐아동 부모님들도 아동들이 이 기법을 적용하였을 때 행동과 상호작용의 향상은 물론 감각방어도 감소되었다는 긍정적인 반응을 보고하고 있다. 성인자폐의 경우도 이 기벙의 사용을 통하여 감각방어의 감소, 불안감 감소, 환경에 대한 평안함이 향상되었다고 보고되었다.

윌버거 프로토콜(Wilbarger Protocol)은 치료현장에서는 긍정적인 결과가 보고되었지만 과학적 연구에 의해 완전하게 타당성이 검증되지 않았다는 어려움이 남아있다. 그러나 사례보고와 관찰을 통해 장점이 있다는 것을 알고 있기 때문에 우리의 클라이언트에게 이 기법을 소개하지 않는다면 오히려 불이익을 줄 수도 있다. 우리는 클라이언트와 이 기법의 선택에 대한 논의를 할 때 왜 이것을 추천하는지를 고려해보고, 감각방어에 대한 정보도 함께 제공하는 것이 적절하다. 또한 이 영역에 대한 연구가 부족하다는 정보도 주어 클라이언트가 이 기법을 치료법의 하나로 선택하고자 할 때 의사결정을 명료하게 할 수 있도록 한다.

이 기법은 감각통합이론에 대한 지식과 이 기법 사용법을 훈련받은 작업치료사에 의해 교육과 지도가 이루어져야 한다. 이것은 아무리 강조해도 지나치지 않다. 만약 이 기법이 적절한 지도 없이 사용된다면 아동에게 매우 불편할 수 있고, 원하지 않는 결과를 초래할 수도 있다. 윌버거 프로토콜(Wilbarger Protocol)의 첫 단계는 팔, 등, 다리에 특수한 수술용 브러쉬(specific surgical brush)를 사용하여 피부 심부압박을 주는 것이다. 많은 사람들이 수술용 브러쉬를 사용하기 때문에 이 기법을 “브러싱(brushing)”이라고 잘못 부르고 있다. 브러싱이라는 용어는 브러쉬의 움직임과 함께 피부에 가해지는 압력의 양을 적절하게 표현하지 못하고 있다. 좀 더 적절한 비유는 브러쉬를 이용한 심부 마사지라고 사람들에게 표현하는 것이 적절하다. 브러쉬의 사용법은 천천히, 정해진 방법대로 일정하게 심부압박을 몸의 넓은 부분에 주는 것이다. Wilbarger 여사는 그녀가 가장 효과적이라고 발견한 특수 수술용 브러쉬 이용을 추천한다. 얼굴과 배에는 절대 사용해서는 안 된다.

마사지 다음에는 부드러운 압박(compression)을 어깨, 팔꿈치, 손목/손가락, 엉덩이, 무릎/발목, 흉골에 가한다. 이 압박은 실질적인 고유감각 입력을 제공한다. Wilbarger 여사는 수술용 브러쉬 사용 이후에 관절 압박은 매우 중요하다고 생각하지만 만약 이 두 단계를 완료할 수 있는 시간이 없다면 그때는 이 단계를 꼭 시행해야 하는 것은 아니다.

이 기법을 마치는데 걸리는 소요시간은 약 3분이다. 이 기법은 감각식이(sensory diet) 스케줄과 함께 사용한다. 과정은 초기에는 매 90분마다 시행하고, 일정기간이 지난 후에는 빈도를 줄여가고, 효과가 유지되면 중단한다. 어떤 아동들은 이 감각입력을 즉시 즐기는 아동도 있고, 어떤 아동은 처음 몇 회기는 저항을 하는 아동도 있다. 이때는 노래를 부르거나 피젯토이(fidget toy) 등을 이용하여 집중을 분산시키기도 한다. 일부 아동은 이 기법의 적용을 매우 좋아하여 부모, 선생님, 보호자에게 브러쉬를 가져와 해 달라고도 한다. 어떤 아동은 작은 반응을 보이며 잘 참는 아동도 있고, 일부는 저항하기도 한다. 만약 아동이 지속적으로 저항을 하거나 부정적 변화가 관찰된다면, 이 기법의 사용을 다시 고려해야 하며, 지도하는 치료사를 만나야 할 필요가 있다. 이런 경우는 우리 경험상 매우 드물다.

감각방어는 문제행동을 일으키는 주요 원인이 되곤 한다. 다음의 사례연구에서는 윌버거 프로토콜(Wilbarger Protocol)을 우선적으로 추천하는 특별한 행동에 대하여 논의하고자 한다. 그러나 이것이 모든 가족과 교실에서 적합한 것은 아니다. 다른 심부압박 기법인 bean bag tapping, 저항 혹은 헤비워크(밀기, 당기기, 옮기기, 들어올리기), 다양한 마사지 등을 사용할 수도 있다.

2. 사례연구(Case Study)

다음 사례에 기록되어 있는 것처럼 어떤 경우에 윌버거 프로토콜(Wilbarger Protocol)의 사용이 매우 획기적인 결과를 보여주기도 한다. 어떤 경우에는 결과가 크게 나타나지 않고, 시간도 오래 걸릴 수 있지만 아동과 가족의 삶에는 매우 긍정적으로 보고되고 있다.

1) Pat

Pat은 4살 된 남자아이로 자폐 진단을 받았다. 작업치료사는 Pat이 감각방어가 있다고 판단하였다. Pat은 특히 가벼운 접촉과 예측되지 않거나 큰 소리에 예민하게 반응한다. 또한 많은 사람들과 활동이 있는 상황에서 매우 불편해한다. 이런 환경에서 Pat은 매우 불안하고, 방이나 주변환경을 뛰어 돌아다닌다. 이런 경우 주차장에서 Pat이 뛰기 시작하면 매우 위험하기 때문에 부모는 안전을 위해 아이를 꼭 잡고 있어야 한다. 또한 이 문제는 쇼핑이나 가족모임에 아이를 데려갈 때도 문제가 되었다. 윌버거 프로토콜(Wilbarger Protocol)은 하루 중 처방된 다양한 감각활동과 함께 중재계획의 하나로 추천되었다. 일주일 후에 Pat의 부모님은 아동의 불안수준과 뛰는 행동이 현저하게 감소되었다고 보고하였다. 한 달 후에는 Pat을 쇼핑이나 가족모임에 데려가기 훨씬 수월해졌다고 한다. 또한 아동이 낯선 어른과 친구들과도 소통하기를 원하였다고 한다.

2) Amy

Amy는 자폐진단을 받은 6살 된 여자아이다. 아동의 작업치료사는 Amy가 감각방어가 있다고 판단하였다. Amy는 가벼운 접촉을 회피하고, 다양한 옷의 촉감을 매우 불편해하며, 세수하기, 이닦기, 머리감기, 머리빗기와 같은 많은 일상 신변처리 활동에 저항이 심하다. Amy의 머리를 빗기는 부모님과 아이를 돌보는 사람에게는 전쟁과 같으며, 머리를 빗고 난 후에는 오랜 시간 동안 울곤 한다. 윌버거 프로토콜(Wilbarger Protocol)은 중재계획의 하나로 추천되었다. 윌버거 프로토콜(Wilbarger Protocol)은 주말동안 시작하였고, 그 기간에 다른 중재는 제공되지 않았다. Amy의 돌보미는 월요일 오전에 오기 때문에 Protocol 사용에 대해서 모르고 있었다. 그녀는 Amy를 낮 동안 돌보며 아이의 신변처리 일상을 담당한다. Amy 부모님이 직장에서 돌아왔을 때 돌보미는 Amy가 머리 빗기에 저항하지 않았고, 씻는 활동들에도 보다 편안해 졌다고 보고하였다. 돌보미는 Amy의 부모님에게 주말 동안 아동에게 약을 먹이기 시작했는지 질문하였다.

3. 구강 과민 감소시키기

Patricia Wilbarger는 구강의 과민성을 감소시키기 위한 특별한 프로그램을 개발하였다. 이러한 과민성은 구강방어(oral defensiveness)라고도 불리어 지는데 이것은 편식과 이닦기, 세수하기 등을 어렵게 한다. 이 기법은 엄지를 사용하여 윗니의 기저부를 따라 압력을 제공(수술용 장갑이용)하는 것이다. 압력의 정도는 눈을 비빌 때 정도의 양과 유사하다. 문지르는 동작 이후에는 가벼운 압박을 아래턱에 손가락을 아랫이의 중간에 올려놓고 눌러 준다.

4. 감각식이(Sensory Diet)

감각식이(sensory diet)는 특별한 감각적 욕구가 있는 아동을 위해 고안된 계획적이고, 스케줄이 있는 활동 프로그램이다. Wilbarger와 Wilbarger(1991)는 신경계가 적절한 각성수준을 얻고, 유지하고, 수행하기 위한 “적절한(just right)” 감각입력의 조합을 제공하기 위한 접근법으로 개발하였다. 감각을 적절하게 인지하고(orient), 반응하는 능력은 적당한 감각식이에 의해서 향상시킬 수 있다. 감각식이는 사회적

만남 및 상호작용에 부정적인 영향을 주는 감각방어 및 보호반응을 감소시키는데 도움을 준다.

감각활동에는 "메인 코스"의 식사를 먹는 것처럼 매우 강력하고, 만족감이 높은 종류의 활동들이 있다. 이들 활동에는 움직임, 심부압박, 해비워크(heavy work) 등이다. 이들은 감각식이에 있어 강력한 활동으로 신경계통에 매우 확실하고, 오래 지속되는 영향을 미친다(Wilbarger 1995, Hanschu 1997). 다른 종류의 활동들도 유익하지만 그 영향력이 크지 않다. 이들은 감각 스넥(sensory snacks) 혹은 "분위기 메이커(mood maker)" 역할을 하는 활동으로 지속시간이 짧고, 일반적으로 구강, 청각, 시각, 냄새와 관련된 활동이다.

감각식이는 아동의 일상에 단순히 무차별적으로 감각자극을 추가하는 것이 아니다. 가장 성공적인 감각식이는 아동이 적극적으로 참여하는 활동을 포함하는 것이다. 모든 아동들은 특유의 감각욕구를 가지고 있으며, 감각식이는 아동의 개별적 욕구와 관심사를 고려한 맞춤형이어야 한다. 작업치료사는 감각처리능력의 평가와 어떤 감각활동의 형태가 아동에게 적절한지 반드시 상담을 해주어야 한다.

감각식이는 매우 강력한 행동적 도구이다. 만약 감각식이가 적절하게 디자인되고 실행된다면, 자기-자극(self-stimulatory)행동과 자해행동(self-abusive)의 감소에 도움이 될 수 있다. 아동이 정규적인 스케줄에 따라 감각경험에 참여하는 것은 아동을 보다 주의 깊고, 상호작용에 집중하도록 도울 수 있다. 아동은 편안하고, 자신들이 조절이 가능하다고 판단될 때 두려움을 덜 느낀다.

감각식이의 주요 목적은 신경계의 감각적 욕구를 만족시키기 위한 감각적, 정서적 과부하를 예방하기 위함이다. 이것은 또한 회복적 기법으로 사용될 수도 있다. 아동의 감각적 욕구 혹은 감각 프로파일에 대한 지식과 진정반응을 일으키는 활동은 아동이 압도당하고, 통제 불능 상태가 되었을 때 큰 도움이 될 수 있다. 만약 아동이 과부하 상태가 되거나 부모님들이 "붕괴(melt down)" 되었다고 말하는 상태가 된다면, 부모님들에게 이를 개선할 수 있는 행동을 교육해야 한다. 아동의 감각처리 시스템에 도움이 필요하다는 증거로는 우둔함(silliness), 현기증(giddiness), 소음 만들기(noise making), 목적 없이 달리거나 걷기 등이다. 이들 행동들은 자해행동을 포함하여 상동행동을 통하여 강화될 수 있다. 어떤 아동은 매우 수동적이거나 졸거나 무력해 지는 "무기력(shut down)" 상태가 될 수도 있다.

가정과 학급에서 감각식이를 실행하는 방법에는 여러 가지가 있지만 전체 팀의 한 부분으로 함께 해야 한다. 아동의 욕구에 따라 감각식이는 계획된 시간에 매우 특별한 활동을 수행하도록 구성될 수도 있다. 다음 형식은 일상적인 자조활동을 하는 동안 감각 문제를 보상하기 위한 방법과 활동을 제공하기 위한 특정시간을 작성하는데 도움을 줄 수 있다.

ASD 아동을 위해서는 시각적 보조도구(그림과 단어)를 이용하면 일상활동을 이해하거나 어떤 활동에 참여할 때 예측 가능하도록 도움을 준다. 감각식이 활동은 시각적 스케줄과 선택판(choice board)을 활용할 수 있다. 모든 활동의 시작과 끝을 명료하게 해주는 것이 좋다. 학급 혹은 가정에 작은 포스터를 활용하여 정규적으로 매일 하는 활동들을 그림으로 붙여 놓는다. 사진은 완료(DONE)라고 표시된 봉투에 넣어

둘 수 있다. 이런 시각적 도구들은 아동이 가정과 학교환경에서 예측능력과 순서 감각을 주는데 도움을 줄 수 있다.

5. 감각식이 조절(Sensory Diet Accommodations)

1) 학령전기 각감식이 예(a sample preschool sensory diet)

이 감각식이는 과잉행동과 약간의 언어구사가 가능한 4살 된 필립(Philip)을 위해 고안된 것이다. 이 아동은 소리와 촉각에 감각방어가 있다. 그는 매일 지역사회 주간보호센터에 다니고 있다. 권장사항에는 첫날에 이완기법과 윌버거 프로토콜(Wilbarger Protocol)을 90분마다 하도록 제안하였고, 필립(Philip)에게 정기적으로 제공해야 하는 활동 목록이 포함되어 있다.

이름: ______________________ 날짜: __________

시간	하루 일과	활동/조절	권장사항
	기상		
	자조활동		
	아침식사		
	학교 혹은 유치원 도착		
	오전 중간		
	점심		
	오후 중간		
	집 도착		
	저녁		
	저녁 활동		
	자조 활동		
	취침		

2) 권장사항(recommendations)

점진적 이완 운동(118쪽을 볼 것)은 주간보호 환경으로의 전환을 돕기 위해 필립이 방문하는 날에 시작하였다. 윌버거 프로토콜(Wilbarger Protocol)은 촉각과 소리의 예민함을 덜어주기 위해 매 90분마다 실시하였다.

자유놀이 목록은 다음과 같다.

- 미니 트렘플린 혹은 오래된 매트리스에서 점프하기, "n" 스핀에 앉기, 보트 흔들기(rocking boat), 그네타기, 쿠션에 점프하기, 큰 박스 혹은 이불로 "다이빙하기", 사람 위에 누워 있기, 핫도그 만들기, 모래 혹은 눈에서 점프하기
- 부드러운 재질의 콩콩이 볼(hop ball) 타기 – 공을 돌리면서 "의자"로 만들려고 노력하기
- 큰 공을 벽 또는 구석에 고정시키기
- 기어오르는 장난감, 미끄럼틀, 터널, 큰 블록 이용하기
- 평균대 걷기
- 움직임의 계획을 위한 장애물 코스 만들기
- 달리기, 달리는 심부름하기
- 점핑 잭(jumping jack)하기
- 벽에서 푸쉬 업(push up)하기(문틀에서 서서 벽을 옆으로 밀기)
- 물이 담긴 큰 주전자를 들어 올리거나 옮기기, 물 따르기
- 손으로 매달려 정글짐 건너가기
- 자전거 타기, 타는 장난감 이용하기: bean bag 혹은 부드러운 큰 공으로 "부딪히기" 등의 목적하는 대상을 제공하기

3) 촉각활동

- 매일 감각 놀이재료들 이용하기(쌀, 모래, 콩)
- 감각 놀이재료들 속에 좋아하는 장난감 숨기기 – 놀이 전과 놀이 동안 손을 꽉 잡아주기
- 하루 중 하이파이브 혹은 하이파이브 독려하기
- 모래 혹은 소금으로 그림그리기
- 잡아당기는 밴드 혹은 치료용 튜브, 테라 뷰티, 고무공, 옥수수와 쌀, 밀가루 등으로 채운 풍선 혹은 고무장갑 놀이
- 손 마사지하기
- 다양한 지면에서 손으로 걷기

4) 앉아 있기/써클 타임 활동

- 둘러 앉아 있을 때 등과 엉덩이에 심부압박 주기
- 무게감 있는 무릎 장난감 제공하기(9장에 무게감 있는 무릎 장난감 만드는 방법을 제시)
- 듣기 활동 동안 피젯(fidget) 장난감을 조용하게 잡고 있도록 하기(스트레스 공, 진동펜)
- 어려운 자세 취하도록 격려하기(무릎서기, 반 무릎서기; 이것은 진정작용과 고유감각 입력을 도와 줌)
- bean bag 의자 혹은 푹신한 의자에 앉기, 치료사 무릎에 앉기, 베게에 앉기, "움직이는 'n 의자" 쿠션에 앉기
- 호흡에 도움이 되는 구강 장난감 주기(피리, 하모니카, 파티 풍선 등)
- "특정 장소"를 지정해주기 – 빨래 바구니, 사각 카페트 혹은 유사한 형태
- 아이의 공간 지정해 주기

5) 감각식이 적용 후 관찰된 변화

필립(Philip)은 주간보호 시설에서 즐거움을 느끼기 시작하였고, 불안감과 통제되지 않은 움직임이 감소하였다. 아동은 보다 진정되었고, 쉽게 다른 활동으로 이동이 가능해졌다. 가정에서는 이닦기, 세수하기, 손 씻기 등의 활동을 할 때 불평도 줄었다. 아동은 큰 공을 가지고 노는 것과 같은 원하는 특정한 활동은 감각 활동사진을 이용해 요구하였다. 필립의 감각식이에 포함된 많은 활동들은 학급에서도 일과의 한 부분으로 시행되고 있다. 필립의 학급친구들은 이제 그와 함께 많은 활동들을 즐겁게 같이 참여하고 있다. 필립은 다른 친구들이 옆에 있을 때 불편함이 줄어들면서 점차 상호작용이 향상되었다.

6) 일반적인 진정, 조직화, 각성화 기법

다음 목록은 신경계를 진정시키고, 조직화하며, 각성시키는 방법들이다. 이 목록은 한 어린이를 진정시키는 활동이 다른 어린이에게 각성을 높일 수 있으므로 일반적인 지침으로만 사용해야 한다. 이 전략들은 감각식이와 함께 병행할 수도 있고, 특별한 상황을 해결하기 위해 사용될 수도 있다.

(1) 진정기법(calming techniques)

감각조정과 진정경험은 불안한 아동을 도울 수 있는데, 특히 감각방어가 있는 아동에게 유용하다. 이 방법은 신경계를 이완시켜, 감각자극으로 인한 과도한 반응을 감소시켜준다.

- 따뜻하거나 미지근한 물에서 목욕하기
- 편안한 촉감을 사용한 등 마사지, 심부압박 마시지
- 관절 압박주기
- 슬리핑백, bean bag 의자, 큰 베게에 앉기
- 어린 아동을 위한 담요 혹은 포대기 덮어주기
- 스트레치 유도하기(수동과 능동)
- 슬리핑백, bean bag 의자, 푹신한 바닥 의자, 구명 자켓 등에 편안하게 눕기
- 피부 대 피부 접촉과 단단한 압박 주기
- 천천히 흔들기 – 흔들의자, 어른의 무릎과 팔, 배위에 올려서 리듬감 있게 흔들기
- 담요를 이용하여 천천히 앞, 뒤로 그네타기
- 스판(spandex)/라이크라(lycra) 재질의 옷입기
- 네오프렌 조끼, 스너그 조끼(snug vest), 구명 자켓 착용하기
- 무게감 있는 조끼(weighted vest) 혹은 칼라(collar) 착용하기
- 무릎에 무게감 있는 장난감 뱀 올려놓기(9장에 만드는 법 안내함)
- 레벤다, 바닐라, 바나나 혹은 부드러운 향 제공하기
- 빠는 활동하기
- 숨을 수 있는 장소, 요새, 혹은 조용한 구석 만들어 주기
- 피젯 장난감 주기
- 점진적 근육 이완법 실시하기
- 백색소음 혹은 일정한 비트의 조용한 음악 틀어주기
- 아동의 얼굴 방향은 반대로 하여 등쪽에서 세게 껴안아 주기(bear hug)
- 테디 베어 혹은 자신을 스스로 안아주기
- 소음과 빛을 낮추어 주기(TV, 라디오, 전등 끄기)

(2) 조직화 기법(organizing techniques)

조직화 경험은 과민한 아동 혹은 둔감한 아동이 보다 집중할 수 있도록 도와줄 수 있다.

- 딱딱한 사탕, 막대사탕, 굽어진 빨대를 이용한 빨기 활동을 격려하기
- 진동자극 주기 – 진동베게, 배터리 충전용 진동펜, 장난감 마사지기를 사용함

- 고유감각 활동(8장에 제시됨)에 참여하기, 특히 매달리기, 밀기, 당기기, 무거운 물건 들어올리기 등의 활동
- 씹기, 불기(8장의 구강활동 목록을 참고)활동 하기
- 수영하기
- 움직임을 동반한 노래하기, 랩하기, 소리치기 등을 리듬과 함께 하기

(3) 각성화 기법(alerting techniques)

각성활동은 감각자극에 대하여 저반응을 보이거나 수동적이며, 무기력한 아동을 보다 집중하게 하는데 도움을 줄 수 있다. 그러나 아동이 감각방어의 반응으로 "무기력(shut-down)" 상태에 있는지 확인하는 것은 매우 중요하다. 만약 이런 경우에는 각성 전략은 사용하지 않는다. 각성활동을 실시할 때는 과도한 자극이 주어지지 않도록 주의 깊은 관찰이 필요하다.

- 밝은 빛, 신선하고 차가운 공기에 노출시키기
- 빠르게 그네타기
- 빠르고, 예측이 가능하지 않도록 움직임 제공하기(볼. 무릎, 미니 트렘폴린 위에서 뛰기)
- 차가운 물 혹은 탄산음료 마시기
- 차가운 물을 이용한 놀이하기
- 달리기 – 숨바꼭질, 술래잡기, 심부름하기
- 볼의자, 물 매트, 공기 베게에 앉기
- 얼굴에 스프레이 병을 이용하여 차가운 물 뿌리기
- 크고, 빠른 음악, 갑작스런 소음을 이용한 놀이하기
- 소리와 빛을 이용한 인과관계(cause and effect) 장난감 제공하기
- 강한 냄새 맡기(향수, 페퍼민트 등)
- 시각적으로 자극적인 방 이용하기

7) 특정한 문제행동을 위한 전략(strategies for specific problem behaviors)

다음 장에서는 일반적으로 관찰되는 행동에 대한 몇 가지 접근방법을 소개할 것이다. 이런 행동의 목적은 감각자극을 찾거나 혹은 감각자극을 피하기 위한 목적일 수도 있다.

자조기술 일과(음식 재질, 머리 자르기 등)와 관련된 특정 행동들은 제7장에서 "자조기술을 위한 아이디어"에서 다루고 있다.

6. 감각추구 행동(Sensory Seeking Behaviors)

많은 ASD 아동들은 감각자극을 찾아다니고, 어떤 자극에 대해서는 만족할 줄 모르는 욕구를 보이기도 한다. 감각자극을 위한 제언은 "필요한 만큼" 제공하는 것이 일반적인 좋은 조언이다. 그러나 감각-추구 행동은 조직화되고 진정되거나 사회적으로 수용 가능한 방법으로 감각입력을 제공하지 못할 때가 있다. 가장 사회적으로 받아들일 수 있는 방식으로 적절한 감각입력을 제공하기 위해 행동을 다시 재조정하는 것이 적절하다.

1) 깨물기와 이갈기(biting and teeth grinding)

(1) 이유(why)?

아이는 감각입력에 대해 과소 반응을 보일 수 있으며, 아마 자신이 실제로 상처를 입는다는 것을 전혀 모를 수도 있다. 이갈기는 진정전략으로 사용될 수도 있다. 또한 균형능력이 부족한 아이들에게 안정성을 확보하려는 노력으로 나타날 수도 있다.

(2) 이렇게 해보세요(try this)

턱 근육, 구강에 강한 감각입력과 감각구별 경험을 제공할 수 있는 적절한 기회와 감각식이법(sensory diet)을 제공한다. 어떤 아동은 스트레스를 완화하고, 신경계를 진정시키기 위해 음료수 빨대를 씹는 것을 좋아할 수도 있다. 어떤 전략이 사용되든 모든 환경에서 사용하면 가장 효과적이다. 그렇게 하였을 때 아동은 이 대응전략을 일반화할 수 있다.

깨물기 행동이 보이기 전에 상황을 먼저 파악해야 한다. 공격적인 행동의 근원이 소리, 촉각, 움직임에 대한 감각방어라면 민감한 감각을 확인하고 그것을 제거하거나 유해한 감각입력에 대한 노출을 최소화하도록 아이의 위치를 바꾸어야 한다. 아이에게 이를 알려주고, 대응전략을 교육한다. 또한 감각방어를 줄여주기 위해 윌버거 프로토콜을 사용하라.

또다른 전략으로 구강 압박 기법을 적용한다. 이 방법은 검지와 중지의 편평한 부분을 윗입술과 코 사이인 인중을 부드럽게 압박을 가해 아동이 심부압박 자극을 받도록 한다.

2) 달리기, 회전하기, 움직임 찾아다니기(running, spinning, movement seeking)

(1) 이유(why)?

달리기, 회전하기, 움직이기 등은 강한 전정 및 고유감각 자극을 제공한다.

(2) 이렇게 해보세요(try this)

강한 전정 및 고유감각입력의 기회를 제공할 수 있는 간각식이를 제공한다. 학령전기 아동은 술래잡기 혹은 "나 잡아봐" 게임 등이 적절하고, 성숙한 아동은 운동장 트렉 달리기, 이어달리기, 롤러블레이드 타기 혹은 다양한 전정활동을 권할 수 있다(8장의 대근육 활동을 참고하시오).

3) 부딪히기, 충돌하기, 달려들기(crashing, bumping, clinging)

(1) 이유(why)?

이들 활동은 고유감각, 전정자극, 심부압박 감각을 제공한다. 만약 아동이 통증에 높은 역치를 보인다면 아마도 아동은 어떤 감각을 등록하기 위해 매우 강한 자극을 필요로 할 수 있다. 귀의 감염으로 인한 통증은 제외해야 하는데, 아동은 통증의 원인을 인지하는데 어려울 수도 있기 때문이다.

(2) 이렇게 해보세요(try this)

통증이 귀의 감염 혹은 의학적 문제로 인한 것인지 원인과 적절하게 치료되었는지 파악해라. 감각방어를 감소시키기 위해 윌버커 프로토콜을 고려해 볼 수도 있다. 만약 아동이 머리를 때리는 행동(head banging)이 있다면 진정시키기 위한 자전거 헬멧 혹은 무게감 있는 모자를 씌울 수도 있다.

---

4) 치기, 철썩 때리기, 꼬집기, 쥐어짜기, 움켜쥐기, 잡아당기기 (hitting, slapping, pinching, squeezing, grabbing, pulling)

(1) 이유(why)?

손은 다른 신체 부위에 비해 매우 민감할 수 있으며, 손바닥의 감각입력은 가벼운 터치에 대한 고통스러운 반응을 무시하는데 도움이 될 수 있다.

(2) 이렇게 해보세요(try this)

심부압박과 헤비 근육 워크를 위한 다양한 방법들을 배워 본다. 예를 들면 아동이 자신의 책상 의자를 밀거나 당길 수도 있고, 책상 위를 매우 세게 누르거나, 양손을 맞잡고 누를 수도 있다. 손을 마사지 하는 방법도 있다. 또한 감각방어를 감소시키기 위해 윌버거 프로토콜을 사용한다. 작업치료사에게 적절한 도구상자(Fidget Bag Tools, 제9장)를 고를 수 있도록 도움을 청하고, 이들 도구들을 아동이 항상 가지고 다니면서 손으로 만질 수 있도록 한다. 압력을 가하는 다양한 팔찌 손목밴드와 시계밴드도 시도해 본다. 진동을 제공하는 장난감도 도움이 될 수 있다.

5) 침으로 장난하기(playing with salvia)

(1) 이유(why)?

이 행동은 입, 손가락, 문지르는 부분에 촉각 감각을 제공해 준다. 입은 신체 부위 중 중요한 감각수용기로 손을 통한 촉각 입력을 받고, 정확하게 처리하는 능력이 발달중인 아이들이 자주 사용한다. 입안의 감각-추구 행동을 향상시키기 위해 구강 프로그램을 제공할 때는 촉각 입력을 등록하고 처리하는 정확성을 높이기 위해 항상 손으로 하는 활동을 포함해야 한다(제8장을 보시오). 만약 아동이 시각 자극입력을 위해 침을 사용하는 것처럼 보인다면, 눈과 관련된 대체 도구나 강한 시각적 놀이 기회를 추가해야 할 수도 있다.

(2) 이렇게 해보세요(try this)

하루 중에 감각식이 프로그램을 통하여 구강과 촉각 경험의 기회를 확대해 준다.

---

6) 손 흔들기(flapping)

(1) 이유(why)?

몸의 관절 및 근육에 대한 이렇게 흔드는 동작은 손목, 팔 및 어깨의 근육 및 관절에 고유감각을 제공한다. 이 진정감각(calming sensation)은 감각 과부하의 징후일 수 있다.

(2) 이렇게 해보세요(try this)

하루 중에 감각식이 프로그램을 통하여 고유감각 기회를 확대해 준다.

감각방어를 감소시키기 위해 윌버거 프로토콜을 사용한다. 벽에 서서 푸쉬업을 하기, 손뼉 치면서 점프하기, 기어오르기, 수레바퀴 걷기(운동용 공에 엎드려 손으로 걷기) 등을 시도한다. 장난감을 선택할 때 손에 "헤비 워크(heavy work)"를 할 수 있는 것을 찾는다(제8장을 보시오).

9) 반복적인 놀이(perseverative play)

(1) 이유(why)?

신체인식과 협응이 부족한 아동들은 운동계획능력도 부족한 경우가 종종 있다. 반복적인 놀이는 기존의 기술에만 기반을 두며, 정교한 운동계획을 필요로 하지 않는다. 놀이가 바뀔 때마다 아동은 변화에 대한 계획을 해야 한다. 아동이 운동과 놀이를 계획하기 위해서는 환경에 적극적으로 참여해야 한다. 이것은 아동에게는 어려움과 스트레스를 줄 수 있으며, 이때 특정 움직임에 갇혀있을 수 있다. 이러한 놀이는 패턴과 질서에 대한 시각적 욕구를 제공할 수 있다(예 : 자동차 정렬하기).

(2) 이렇게 해보세요(try this)

아동에게 대동작과 소동작 기술을 길러준다(제8장을 보시오). 즉 아이가 진정할 수 있는 패턴을 찾을 수 있도록 패턴화가 필요한 장난감(예, 퍼즐, 도미노, 로또, 구슬 꿰기, 칠교놀이)으로 놀 수 있는 기회를 제공한다.

---

10) 냄새 맡기(smelling behaviors)

(1) 이유(why)?

당신의 자녀가 냄새에 대한 민감도가 낮고, 매우 강한 냄새를 찾고 있을 수도 있다. 출생시부터 후각 기능은 아동을 위한 정확한 정보원이 될 수 있음을 기억하라. 냄새 맡기를 즐기는 아동은 냄새를 맡기 위해 다른 사람과 매우 가까워야 하기 때문에 개인적 공간을 존중하지 않을 수 있다.

(2) 이렇게 해보세요(try this)

감각식이의 한 부분으로 냄새에 중점을 둔 활동 경험(로션 바르기)을 제공한다. 다양한 향기를 담은 작은 병들로 구성된 향기 상자를 제공한다. 아이가 물건을 닦는 것을 좋아하면 감독을 받으면서 매일 집안의 물건들을 청소하는 것이 좋다. 깨끗한 병에 아동이 즐기는 강한 냄새와 색을 추가한 물을 병에 채웠다가 쏟아내는 활동을 한다.

11) 마스터베이션(masturbation)

(1) 이유(why)?

이 행위는 아동이 견딜 수 있는 강력한 촉각자극을 제공한다. 촉각 처리를 어려워하는 많은 아동들은 피드백이 매우 강한 생식기를 통해 보다 쉬운 촉각 처리 과정을 경험한다. 피드백도 예측이 가능하다. 동작도 쉽게 배울 수 있고, 성공적으로 반복할 수 있다. 강한 운동 동작은 강한 감각자극을 만들어 낸다. 마스터베이션은 리드미컬한 활동이고, 리듬이 있는 동작은 진정작용이 있다.

(2) 이렇게 해보세요(try this)

감각식이를 통하여 매일 진정작용이 있는 촉각 경험을 할 수 있도록 많은 기회를 준다. 신체의 다른 부분에서 감각입력을 정확하게 처리할 수 있는 기회를 제공한다. 무게감 있는 옷을 이용하여 심부압박과 진정작용을 주거나 탄력붕대를 이용하여 몸을 미라처럼 타이트하게 감아준다. 혹은 치료용 공과 볼스터(bloster)를 아동 위에 굴려주거나(가끔은 치료사의 체중을 이용하기도 함) 플라스틱 공으로 가득차 있는 볼풀 상자에서 기어 다니도록 한다. 여아를 위해서는 바닥에서 떨어지게 하고, “W” 자세에서 벗어나도록 대체 앉기 방법을 고려해 보고, 남자 아이를 위해서는 책상 윗부분이 성기에 닿는 것을 막기 위해서 책상에 가깝게 앉도록 한다. 감각방어를 감소시켜 주기 위해 윌버거 프로토콜을 사용한다.

---

12) 이물질 먹기(pica, 먼지와 돌 같은 음식이 아닌 것을 먹거나 입에 넣는 행위)

(1) 이유(why)?

일반적으로 먹을 수 없는 것을 먹는 것은 감각등록을 못하는 아동에게는 강한 촉각 및 고유감각을 제공한다. 또한 턱에 진동을 전달하여 진동에 민감한 전정 시스템을 자극할 수 있다.

(2) 이렇게 해보세요(try this)

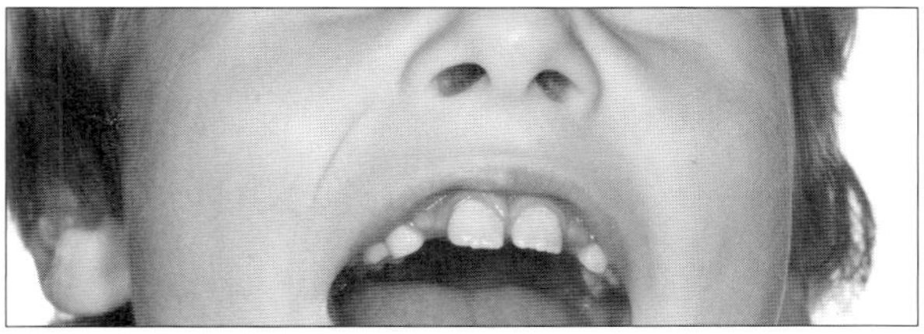

충분한 전정자극 및 고유감각을 줄 수 있는 감각식이 프로그램을 제공한다. 턱에 압박을 제공하기 위한 윌버거 구강 프로토콜을 사용한다. 입에 진동을 줄 수 있는 장난감도 제공한다. 하루 중에 정기적으로 구강자극을 줄 수 있는 씹을 수 있는 것들을 대체해 준다.

7. 감각 회피 행동

어떤 감각을 회피하는 행동은 흔히 감각방어를 가지고 있거나 감각 과부하로부터 신경계를 보호하려고 나타난다. 수많은 회피 반응이 있지만 우리는 감각통합 접근법에 매우 잘 반응하는 가장 일반적인 행동에 대해서만 논의할 것이다.

1) 옷 벗기(take off clothing)

(1) 이유(why)?

옷을 벗는 행동은 옷이 피부에 불편한 촉각 감각입력을 주고 있다는 단서이다.

(2) 이렇게 해보세요(try this)

하루 중에 진정경험의 기회를 제공하기 위한 감각식이 프로그램을 계획해 준다. 부드러운 옷을 찾아주고, 중고 옷을 구입하거나 입기 전에 옷을 미리 세탁한다.

아동과 함께 쇼핑하여 자신의 옷을 선택할 수 있도록 한다. 그리고 자신이 참을 수 있는 옷의 특성을 알도록 한다.

2) 눈 맞춤 회피하기(avoids eye contact)

(1) 이유(why)?

아동이 눈 맞춤을 회피하는 이유는 다양한 원인이 있다. 먼저 감각적인 원인들을 고려해 본다. 무엇인가를 바라볼 때 주변 시력(peripheral vision)을 이용하는 것이 직접 바라보는 것 보다 스트레스가 적다. 시각 및 청각 입력 처리가 동시에 어려울 수 있으므로 아동은 청각 입력을 보다 정확하게 처리하기 위해 멀리 바라보게 된다. 주변 시력은 시각적 정보를 주변으로 변화시키므로 아동이 선이나 도형을 찾을 때 시각-추구 행동으로 사용할 수 있다. 많은 ASD 아동은 단일 채널 정보 처리만 가능하기 때문에 동시에 듣고, 보는 것이 거의 불가능하다.

(2) 이렇게 해보세요(try this)

윌버거 프로토콜의 사용과 감각식이를 이용하여 진정경험의 기회를 늘려주어 전반적인 감각방어를 줄여준다. 아동 주변의 사람들과 신뢰할 만한 관계를 형성한다. 다양한 기법으로 감각을 둔화시켜 준다. 그 예로 아이가 거울을 보고 나서 자신의 이미지를 보고 점차적으로 눈을 바라보도록 가르친다. 아동의 강점과 관심사(좋아하는 모양과 시각적인 패턴)를 찾아주고, 사람들의 눈과 코가 어떻게 삼각형 모양으로 위치하는지 짚어 보도록 한다. 아동이 입 모양이 타원형이고 얼굴 자체가 타원형이라고 본다면 눈 맞춤이 좀 더 편해질 것이다. 직접적인 눈 맞춤을 사용하지 않는 아동을 위해서는 잘 듣고 있다는 것을 암시하는 신체자세를 가르친다(예를 들면, 누군가 말을 할 때, 아동은 양손을 얌전하게 모으고 있게 한다).

---

3) 자동차 타기, 그네타기, 움직임 등을 거부하기

(1) 이유(why)?

움직임을 거부하는 행동은 이들 감각에 대해서 매우 두렵다는 것을 암시한다.

(2) 이렇게 해보세요(try this)

감각식이를 통하여 진정경험의 기회를 확대하여 전반적인 감각방어를 줄여준다. 장기적인 목표를 가지고 위협적이지 않는 전정활동을 점진적으로 소개해 준다. 움직이는 동안 고유감각 제공은 불안과 두려움을 감소시키는데 도움이 된다(8장을 보시오). 부모님들에게 앞쪽 방향으로 움직이도록 격려하는데, 이 방향은 아동이 시각을 사용하여 움직임의 두려움 정도를 알 수 있기 때문이다(뒤쪽으로 움직이는 것은 두려울 수 있다). 아동이 차를 타고 있을 때 차가 회전하고 멈추는 것을 알도록 해준다. 많은 압력을 줄 수 있는 안전하고, 패딩으로 감싼 카시트를 사용한다. 전정자극과 관련된 활동은 경험이 많은 작업치료사, 물리치료사와 상담한다.

---

4) 계단 혹은 편평하지 않은 표면 걷기 피하기

(1) 이유(why)?

이런 아동의 일부는 중력불안 장애를 동반하기도 한다. 이 아동들은 높이와 중력에 매우 민감하다. 또한 균형과 자세반응이 미숙할 수도 있다.

(2) 이렇게 해보세요(try this)

이미 언급한 예처럼 위협적이지 않은 전정활동을 점진적으로 소개하는 것이 이상적이다.

---

5) 감각 재료들 만지는 것 회피하기

(1) 이유(why)?

손은 특별히 촉각 수용기가 많은 곳으로 이러한 현상은 촉각방어의 일반적인 증상이다. 흔히 재료의 온도와 습기에 따라 얼마나 잘 견디는지를 결정하기도 한다.

(2) 이렇게 해보세요(try this)

감각식이를 통하여 진정작용이 있는 촉각 경험 혹은 다른 활동 기회를 준다. 촉각 놀이를 시연할 때는 심부압박을 사용한다(8장의 촉각 활동을 보시오). 만지기 전에 손을 마사지하면 도움이 될 수 있다.

6) 잡기 거부하기

(1) 이유(why)?

이 행동은 촉각방어의 또 다른 흔한 증상이다. Hanschu와 Reisman (1992)는 "운동계획이 없는 손은 목적이 없는 손과 같다"라고 기술하였다. 만약 촉각방어가 없는 경우에도 손으로 쥐기가 잘 안된다면 이것은 고유수용 기능이 매우 부족함을 암시한다.

(2) 이렇게 해보세요(try this)

많은 고유감각 경험을 하도록 한다. 문 열기, 올라가기, 그네 줄 쥐기 등과 같은 손을 사용하는 다양한 활동을 한다. 다양한 재질(예, 모래)로 감각을 둔화시키는 활동을 한다.

---

7) 예민한 청각

(1) 이유(why)?

소리에 대한 민감도는 음성에 대한 민감도와 다를 수 있다. 청력문제와 귀속 감염은 배제해야 한다.

(2) 이렇게 해보세요(try this)

감각식이로 전반적인 감각방어를 감소시켜 준다. 아동이 자신의 환경을 통제할 수 있도록 도와준다(예, 자신이 과도하게 자극되었다고 느낄 때 힌트를 주거나 말로 표현할 수 있는가? 아동은 귀마개 혹은 워크맨을 견딜 수 있는가?). 아동이 소리의 출처를 인식하여 안심하도록 한다. 껌 씹기 혹은 턱에 강한 고유감각은 외부 소리를 제어하거나 신경계를 진정시킨다. 피젯(fidget) 도구들도 같은 이유로 도움을 줄 수 있다. 또한 이완기법을 교육한다(5장을 보시오). 청각통합훈련(Auditory Integration Training, Therapeutic Listening, Eaze-CD)을 고려해 본다. 부모님은 아이가 공중화장실에 있는 동안 핸드 드라이어의 큰 소리를 막아주기 위해 "고장"이라는 표시를 준비해 다닌다.

8. 아동을 위한 이완기법(A Relaxation Technique for Children)

이완훈련은 모든 사람들이 스트레스와 불안을 해결하는 데 도움이 될 수 있다. ASD 아동은 일반적으로 높은 수준의 스트레스를 보인다. Groden(1998)의 최근 연구에 의하면 새로운 상황, 학교 혹은 가정의 변화, 계절변화, 강한 정서적 느낌(극도의 흥분, 행복감, 걱정 혹은 근심)은 모두 불안과 스트레스의 원인이 될 수 있다고 한다.

아동을 위한 이완기법은 간단한 선 그림을 이용하여 효과적으로 교육해왔다(Doan, 1994). ASD 아동에게 교육하기 위해서는 일반적으로 이들 기법의 수정이 필요하다. 청각, 시각, 운동 모방을 이용한 전통적인 이완기법은 신체인식이 부족하거나 운동계획이 손상된 아동에게는 성공적이지 않을 수 있다.

감각통합 기법은 전통적인 점진적 이완 프로그램을 적응시키는데 사용될 수 있다. 촉각 및 고유감각 신호 또는 소품을 프로그램에 쉽게 추가할 수 있으며, 감각 피드백을 증진시켜 성공을 향상시킬 수 있다. 쥐어짜는 공 같은 소품은 운동계획의 어려움을 보이는 아동에게 도움이 되는데 이유는 원하는 움직임을 명료하게 이해하도록 정보를 제공하기 때문이다(예, 무릎으로 공을 누르기).

호루라기 혹은 입으로 부는 장난감은 종종 아동이 처음 심호흡을 하는 법을 배우는데 도움이 된다. 다른 어린이들에게는 수영수업 중에 배운 "숨을 멈추세요"와 같은 언어적 도움을 이해할 수도 있다. 4세 정도 아동은 이 기술을 익힐 수 있으며 정해진 시간 혹은 지시에 따라 교실 환경에서 잘 사용할 수 있다. 나이가 많은 아동은 자신의 스트레스 수준을 모니터하고 필요할 때 이완기법을 시작하는 방법을 배워야 한다.

점진적 이완은 순서화된 과제이다. 순서를 지키는 것은 운동계획 어려움이 있는 아동에게 흔한 약점이기 때문에 책 혹은 카드를 이용하여 아동이 지시를 따라 할 수 있도록 도와준다. 아동이 그림으로 된 지시를 배우면, 다음 지시를 학습하기 위해 책장 혹은 카드를 넘긴다. 스트레스를 성공적으로 줄이기 위해서는 이완기술을 정기적으로 다양한 환경에서 연습을 통한 학습을 해야 한다. 이 기법은 많은 학교, 직장 및 가정환경에서 사용되어 왔으며, 일반적으로 자기-조절 커리큘럼에 포함되는 핵심 요소이다.

지침서 :

다음 4쪽에는 작은 사진 앨범(4"X6") 속에 인쇄하거나 잘라서 넣을 수 있는 여섯 개의 그림이 들어 있다. 필요에 따라 6개 그림의 지침을 변경하거나 보상이나 동기를 주는 내용을 포함하여 사용자에게 맞게 수정한다. 이 기법은 Doan(1994)이 개발한 것을 변형한 것이다. 다음은 점진적인 근육이완법의 한 예이며, 명상훈련과 요가를 포함하여 다른 유용한 이완법도 사용될 수 있다.

ASD 아동의 자기-조절을 향상시키기 위한 많은 유용한 방법들이 있다(제9장에 관련 자료들이 있음).

A. 초기 학습에는 그림을 준비하거나 보상방법을 글로 적는다. 대부분의 시간에 감각적 장난감이나 작은 음식을 먹거나 마시는 것이 좋다. 달리기, 점프 또는 그네타기 등의 가능한 추가 기회도 충분히 준다.

B. 첫 페이지의 지침서를 소리 내어 읽고, 시범을 보여주면서 따라하도록 교육한다. 예를 들어, "공을 잡고, 꾹 쥐세요." 다음에 보상 페이지로 넘어간다.

C. 아동이 전체 이야기를 읽을 수 있을 때까지 순서대로 페이지를 점진적으로 추가하고, 단계별로 도움을 받아 필요한 행동을 하도록 한다. 그런 다음 점진적으로 지시를 줄여간다. – 공을 쥐어라, 손을 사용해라, 부는 장난감을 이용해라.

D. 아동에게 불안이나 각성이 높아져 있는지 확인한다("나는 어깨를 들어올리고, 입술을 깨물고, 울고, 심장박동이 빨라지고, 소음을 내기 시작하는가?").

E. 아동이 느끼는 감정(예, 실망)을 인지하도록 가르친다. 감정을 단어나 그림으로 표현하도록 아동에게 교육한다.

F. 아동이 진정 감정의 유지를 돕기 위해 이완기법을 연결하도록 도와준다. 이 책에서 사용한 이완기법은 아동을 위한 그림 의사소통 매체로 이용하도록 그림 카드로 만들 수 있다.

나의 이완을 위한 책

[아동의 사진을 여기에 붙인다.]

Name: ____________________

1. 공을 잡고, 세게 움켜쥔다.

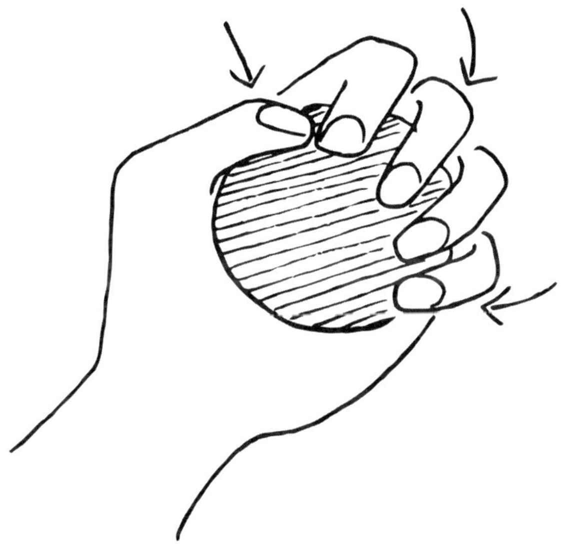

시작 하세요; 그만 하세요.

2. “괴물” 얼굴을 만든다.

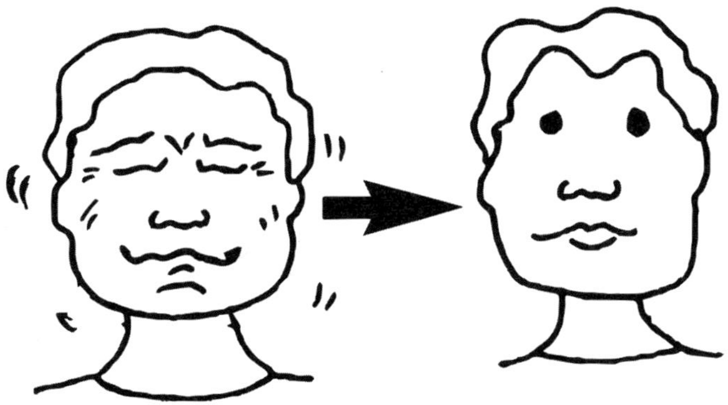

시작 하세요; 그만 하세요.

3. 어깨위에 공을 놓고 꾹 누른다.

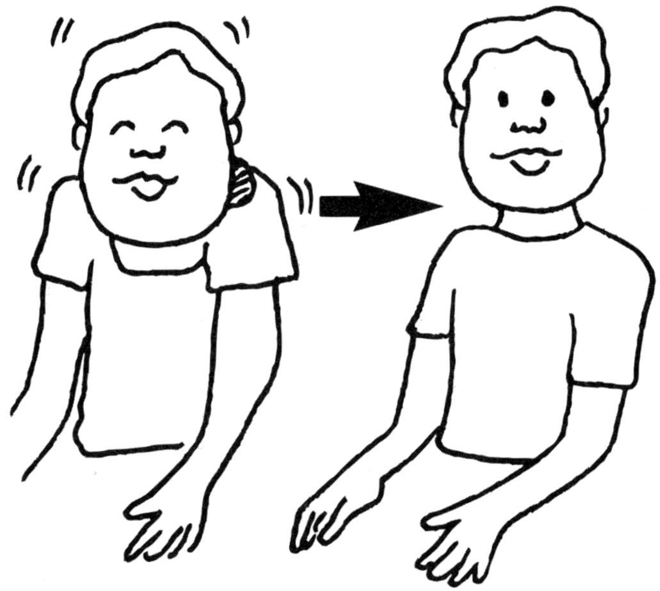

시작 하세요; 그만 하세요.

4. 무릎사이에 공을 끼우고 꾹 누른다.

시작 하세요; 그만 하세요.

5. 숨을 참으세요.

숨을 내쉬고 편안히 쉬세요.

6. 이제 여러분은 기분이 좋아졌고, 편안합니다.

______________________.

제 6 장

자기관리기술 전략

세상은 자폐스펙트럼장애를 가진 아동들에게 예측할 수 없는 위험한 장소가 될 수 있다.

자폐스펙트럼장애를 가진 아동들은 자기관리(self-care)를 하는 동안 환경과 신체로부터 받는 감각정보들을 비효율적으로 처리할 수 있다. 매일 수행되는 자기관리 활동들을 아이들이 성공하지 못하면 스트레스의 원인이 될 수 있으므로, 감각처리장애를 가진 아동들에게 자기관리를 잘 수행할 수 있도록 지원해주는 것이 중요하다. 자기관리 활동을 수행하려면 우선적으로 수건과 빗, 칫솔 및 비누 등을 잘 다룰 수 있어야 한다. 또한 아동들이 동작을 정확하고 순서에 맞게 수행하기 위해서는 반드시 운동계획능력이 필요하다; 예를 들면, 샴푸를 사용하기 전에 린스 사용하기 등. 이러한 과제를 수행하기 위해서는 자녀가 과제에 집중해야 하고, 부모는 과제의 성공을 위해 모니터해야 한다.

알렉스는 엄마가 수건으로 머리를 말려주는 걸 싫어한다. 알렉스는 수건이 물을 흡수할 때 고통을 느낀다. 이것은 감각에 대한 과민반응의 예인데 촉각자극을 고통스럽고 경계해야 하는 자극으로 해석하는 것이다.

아이들은 감각자극에 과소반응을 보일 수도 있다. 이런 아이들은 환경에서 자극을 더 많이 찾으려 하거나 감각자극의 존재를 잊어버릴 수도 있다.

> 라이언은 저녁식사에 아빠가 부르는 소리를 듣지 않는 것 같았다. 이에 아빠는 먼저 라이언의 어깨를 두드려서 주의를 이끈 후 저녁 식사 시간임을 말해 준다.

대부분의 어린이들은 감각입력에 대해 각기 다른 반응을 보인다. 때때로 아이들은 감각자극에 매우 민감하게 반응하기도 하고 반면에 감각자극을 인식하지 못하는 것처럼 반응하기도 한다. 이러한 아이들은 감각자극에 대한 반응을 조절하는데 어려움이 있을 수 있다.

스트레스, 졸음, 배고픔, 목마름, 질병 등과 같은 요인들은 아동의 감각정보를 처리하는데 영향을 미칠 수 있다. 이러한 근본적인 신체적 문제를 해결하면 감각처리를 포함한 아동의 기능을 보다 잘 향상시킬 수 있다.

자폐스펙트럼장애 아동은 항상 주변 환경 자극을 받아들이는데 어려움이 있기 때문에 우리는 아동이 예측 가능하고 안전하다고 느끼는 환경을 제공해야 한다. 예측 가능한 환경과 접근 방식은 불안을 완화하고 감각처리, 상호작용 및 학습을 극대화하는 데 도움을 줄 수 있다. 일상적이고 일관적인 자극은 자녀에게 편안함을 제공하고 학습에 필요한 자극에 대해 어느 정도 감당할 수 있게 만들어 준다.

이 장에는 일반적인 전략 페이지와 자조기술 및 놀이의 각 활동에 대한 구체적인 전략 방법들이 포함되어 있다.

자조활동 수행 시 아동이 참아낼 수 있는 정도를 기억해 두면 아동과의 신뢰감 형성에 도움이 될 수 있고 적절한 관계는 감정적 스트레스를 감소시킬 수 있다. 만약에 환경과 사람들이 자녀의 요구에 유연하게 대처하면 자녀는 이완되고, 경계를 내려놓으며 학습을 시작하게 된다! 다음과 같은 전략들에서 행운을 찾을 수 있기를 기원하며 여러분께 도움이 되기를 기대해 본다.

1. 수 면

좋은 밤 수면은 모두에게 좋은 세상을 만들어준다. 나쁜 수면 패턴을 가진 아이들은 충분한 수면을 취하지 못할 수 있고, 수면 장애를 일으키거나 깊은 수면을 취하지 않을 수 있다. 아이들의 아침 기상 또한 어려울 수 있다. 다음과 같은 전략들을 수행하는데 있어 옳고 틀린 것은 없으며 자녀를 위해 무엇인가 하는 것 자체가 자녀에게 옳은 것이 될 수 있다. 좋은 수면 패턴을 촉진하는 것은 자녀와 당신을 위한 멋진 투자가 될 수 있다. 깊은 촉각(pressure touch)과 적당한 온도는 신경계를 안정시킨다는 것을 꼭 기억해야 한다.

1) 감각전략들

(1) 고유감각

- 자기 전에 마사지나 관절 압박하기(로션이나 파우더를 사용할 수 있음)
- 무게 있는 조끼 입히기
- 손목/발목에 무게 달아주기(착용하고 자는 것도 좋음)
- 바디 필로우(몸 베개), 침낭 제공
- 포대기나 아기띠 사용하기
- 단단한 PJ 사용(자전거 반바지/꽉 조이는 상의)
- physio ball로 눌러주기 – 등에서 발로, 다시 등으로
- 예측 가능한 방식으로 수건으로 아이 마사지 해주기
- 어린이가 잠을 잘 잘 수 있게 몸 베개나 벽에서 매트리스를 조금 떼어서 작은 공간 만들어 주기(베개가 움직이지 않도록)
- 어린아이는 그물그네나 공중그네 태우기
- 팔, 허벅지, 발목에 압박밴드 사용하기

(2) 전정감각

- 아이가 높이를 두려워하면 바닥에 매트리스 깔기
- 아이가 머리 위치 변화를 두려워한다면 아이의 머리를 베게로 받쳐주기

(3) 촉각

- 아이가 견딜 수 있는 질감의 PJ 제공하기
- 부드러운 시트/담요 사용하기 – 플란넬 또는 면(땀 조절이 어려운 아이들은 흡수가 좋은 면 재질이 좋음)
- 부드러운 베개 커버 사용하기
- 이불의 이음새와 탄력성, 부드러운 소재로 되어 있는지 확인하기
- 자기 전 시트를 건조기에 한번 돌리기; 어떤 아이들은 온도에 민감하고 따뜻한 시트를 선호할 수 있음
- 감싸 안기 부드러운 장난감 제공하기
- 여러 유형의 잠옷 경험시키기; 조이는 옷, 잘 늘어나는 옷, 실크, 면 등
- 레이스가 있거나 상하가 붙어 있는 잠옷은 피하는 것이 좋음. 촉각방어가 있는 어린이는 짜증낼 수 있음

(4) 시각

- 천연색으로 벽 칠하기
- 빛을 차단하기 위한 커튼 사용하기
- 밤에 빛이 골고루 퍼지는 조명 사용하기
- 빛 차단을 위해 침대에 천막치기

(5) 청각

- 소음을 차단하기 위해 백색 소음 사용하기
- 백색 소음을 위한 공기 청정기 사용하기
- 부모의 목소리가 녹음된 소리 들려주기
- 아이가 좋아하는 느리고 리듬감 있는 음악 들려주기
- 창문 닫기
- 조용한 목소리로 책 읽어주기

(6) 냄새

- 부모님의 체취가 나는 베개 제공하기
- 방에 아이가 익숙한 향기 제공하기

(7) 다른 전략들

- 잠들기 전 예측 가능한 일상 유지하기
- 아이들이 밤에 필요한 물건을 찾을 수 있기 때문에 일정한 장소에 물건 배치하기
- 방 정리하기
- 취침 전 뛰기, 큰 소리로 노래 부리기, 먹기 등의 활동은 가능한 자제하기
- 취침 전 샤워하기
- 취침 전 그날 있었던 일 이야기하기

잠들고 깨어나는 것은 우리가 매일 하는 두 가지 큰 변화이다. 잠들기 까지 오랜 시간이 걸리는 것처럼 일어나는 데도 오랜 시간이 걸릴 수 있다. 깨어날 때 감각을 부드럽게 천천히 제공하면 신경계를 부드럽게 자극할 수 있다. 점진적으로 감각을 더해 신경계가 적응할 시간을 주기 위해서는 몇 가지 전략들이 필요한데 다음과 같은 방법들이 많은 어린이들에게 아침을 더 즐겁게 만들어 줄 수 있다.

기상 – 오전 7 : 30
오전 7:00 – 진정시키는 음악을 틀어놓고, 부모는 자녀의 방에서 나오기
오전 7:10 – 커튼을 열고 빛이 들어오게 한 후, 부모는 자녀의 방에서 나오기
오전 7:20 – 부모는 physio공을 들고 자녀의 방으로 가서 아동을 지긋이 눌러주기(마사지, 관절압박)
오전 7:30 – 기상!

어떤 아이들은 기상 후 매우 배고픔이나 목마름을 느낄 수 있으니 바로 먹을 수 있도록 간단한 음식을 준비해두는 것도 좋다.

2. 옷 입기

옷 입기는 많은 기술을 필요로 한다; 감각처리, 시지각, 운동계획, 균형, 대동작과 소동작 등. 독립적으로 옷을 입는 것은 아동의 자존감 형성에 중요한 영향을 미친다.

1) 감각전략들

(1) 고유감각

- 감각방어를 감소시키기 위해 옷 입기 전에 깊은 압박 활동 제공하기
- 로션으로 마사지하기, 관절압박, 점핑, 벽 밀기 등의 활동 제공
- 몸을 압박시킬 수 있는 속옷 입히기(바디 슈트 등)
- 아동이 신체 위치 변화에 두려움이 있다면 한 자세에서 옷을 입히는 것이 좋음(유아는 선 상태에서 기저귀를 교환할 수도 있음)

(2) 전정감각

- 아이가 균형 잡기가 어렵다면 앉아서 옷 입히기
- 전정자극에 민감한 아동은 옷을 입을 때 머리 위치가 변경되지 않도록 함
- 다리를 구부려서 양말을 신는 게 어려울 경우; 넘어짐에 대한 두려움을 없애기 위해 안정된 자세를 만들어주는 것이 좋음
- 한 발을 들어 올려 바지 다리에 올리면 다른 발로 체중을 이동해야 함. 만약에 균형 잡기가 어렵다면 의자에 앉아 다리를 바지에 다 넣은 후 서서 바지를 올리는 방법 사용하기

(3) 촉각

- 재질에 민감할 수 있음; 아이가 좋아하는 옷 구매하기(자녀가 아름답게 보이는 것 보다 평온한 마음으로 학교에 다니는 것이 중요함)
- 아동과 함께 쇼핑하고 선호하는 옷의 공통점 찾기
- 아이가 편안해 하는 옷장 만들어 주기

- 촉각 민감도를 낮추기 위해 압박감 제공하기
- 이음새와 상표에 의한 긁힘을 방지하기 위해 속옷을 뒤집어서 착용할 수도 있음
- '일하는 옷'을 입도록 권유하기
- 세탁기에 여러 번 세탁한 후 아이에게 옷 입히기
- 모자 쓰기를 싫어하는 아이는 모자 쓰기 전 두피 마사지를 해주고 거울 앞에서 모자를 쓰도록 함
- 만약 아이가 옷 벗는 것을 싫어한다면, 감각방어를 감소시키기 위해 Wilbarger Protocol이나 마사지 제공하기
- 만약 아이가 발이 민감하다면 양말을 뒤집어서 신거나 신기전 여러 번 빨아서 부드럽게 해주는 것이 좋으며 신발 끈은 꽉 조여 주는 것이 좋음
- 옷의 상표를 제거하거나 상표가 옷에 프린트된 것 구입하기
- 옷을 입힌 후 여러 자세를 취하게 해서 옷이 아이에게 잘 맞는지 확인하기
- 아동이 선호하는 옷 소매의 길이나 바지 길이 선택
- 데님 소재 보다는 부드러운 재질, 잘 마르는 옷 선택
- 사각팬티 보다는 삼각팬티 입히기; 삼각팬티가 더 편안할 수 있음
- 겨울에는 차가운 옷은 젖은 것처럼 느껴질 수 있기 때문에 입기 전 드라이어로 따듯하게 데워주는 것이 좋음

(4) 시각

- 아이가 눈으로 움직임을 따라가기 어려워한다면 촉각과 같은 다른 감각 시스템으로 보완해 주기
- 빛의 산란을 최소화하기 위해 단색의 옷 입히기
- 패턴이 있는 옷이나 산만한 패턴의 옷 가급적 피하기
- 아이들이 좋아하는 캐릭터가 프린트된 옷 입히기
- 운동계획능력과 시각자극을 제공하기 위해 거울 앞에서 옷 입히기

(5) 청각

- 버튼, 지퍼, 버클이 소음을 발생시키는지 확인하기
- 재질이 소리가 나지 않는지 확인하기(나일론 소재는 옷이 미끄러지면서 소음을 발생시킬 수 있음)
- 주변에 경쟁소리가 있는지 확인하기

(6) 냄새

- 섬유 유연제나 탈취제는 후각을 예민하게 할 수 있음
- 아이가 엄마의 냄새에 편안함을 느낀다면, 아이의 옷과 엄마의 옷을 함께 보관하기

(7) 기타

- 운동계획능력과 시각자극을 제공하기 위해 거울 앞에서 옷 입히기
- 옷 입기 활동을 단계화시켜서 처음에는 마지막, 그 다음은 끝에서 두 번째와 마지막, 순으로 입히기
- 운동계획능력을 촉진하기 위해 음악, 노래, 리듬 사용하기
- 아이가 행동을 시작하는데 어려움이 있다면 움직임의 시작과 경쟁의 경험 제공하기
- 옷 입기 및 벗기에 대한 이해를 높이기 위해 보완 대체 의사소통 전략 사용하기
- 옷 입기 순서에 대한 이해를 높이기 위한 그림카드 사용하기
- 옷 입기를 가르치기 위해 비디오 모델링 방법 사용하기
- 아이가 바지 안에 손 넣기를 좋아한다면 바지를 입히고 손으로 장난감을 가지고 놀게 해서 손을 바쁘게 만들어줌
- 아이가 신발의 좌우 구별이 어렵다면 신발 안에 작은 점 스티커를 붙여 좌우를 구별할 수 있도록 함
- 아이가 자신의 옷을 잘 인식할 수 있도록 서랍을 잘 정리함
- 양말의 짝을 맞춰 정리하기
- 계절의 변화에 대한 이야기나 비디오를 통해 계절변화에 적응시키기
- 손기술이 부족한 아이는 벨크로로 된 운동화를 신게 함
- 취침 전 옷을 정리하게 하고 다음날 입을 옷을 침대 옆에 정리해 놓음
- 아이에게 서랍에 옷을 넣게 해서 어디에 옷이 있는지 확인시킴
- 만약 균형을 잡기 어렵다면, 앉아서 양말이나 바지 입게 하기
- 아이가 옷의 좌우를 구별하기 쉽도록 색깔코드 맞추기
- 아이가 옷을 잘 잃어버린다면 옷 안쪽에 이름 써주기
- 옷 입는 동안 옷 입는 단계를 노래로 불러주기
- 인형에게 옷 입히는 연습하기
- 역 연쇄법(backward chaining)을 통해 옷 입기 마지막부터 수행시키기
- 실수를 만들어 수정하는 연습하기

3. 몸치장

우리는 하루 동안 샤워하고, 이 닦고, 머리감기 등의 활동으로 많은 시간을 할애하고 있다. 만약에 우리가 더 깨끗하고 정돈되어 있다면 다른 사람들에게 우리의 프리젠테이션이 더 매력적으로 보일 수 있다. 만약에 촉각처리, 균형, 신체 인식능력이 떨어진다면 꾸미는데 어려움이 있을 수 있다. 가능할 때마다 아이가 독립적으로 과제를 수행하도록 해야 하는데 그것은 자존심을 증진시키고 촉각에 대한 처리능력을 촉진시킬 수 있다. 어떤 사람이 당신의 자녀가 꾸미는걸 잘 도와준다면 어떻게 그 사람이 유도했는지 주의 깊게 살펴볼 필요가 있다. 어떤 종류의 촉각자극을 사용하는지, 꾸밀 때 어떤 말을 하는지, 얼마나 가까이 있는지 등. 다른 사람들의 행동을 모방할 수 있다면 더 성공적으로 꾸미기가 가능할 것이다.

자폐스펙트럼장애가 있는 성인은 작업 환경에 적합한 위생 관리를 배울 필요가 있다. 병원에서 일하는 성인에 대한 기대는 빈티지 가게에서 일하는 사람의 기대와 다를 수 있다. 자폐스펙트럼장애를 가진 성인이 동료의 위생에 관한 비언어적인 메시지를 듣지 못할 수도 있기 때문에 솔직하고 정중하게 대하는 것이 중요하다.

1) 자기관리를 위한 일반적 전략들

- 의사소통할 수 있는 방법 지원하기(사회 이야기, 비디오 이야기, 그림 및 그림 기호)
- 숫자를 세게 하거나 빗질의 수를 세도록 함(예 : 머리를 빗을 때 왼쪽 5회, 뒤쪽 5회, 오른쪽 5회)
- 시각 보조기구를 사용하여 자녀의 작업에 대한 이해 높이기(그림 기호, 일정)
- 일관성과 예측 가능성으로 스트레스 감소시키기
- 조직화된 환경 제공; 아이가 잘 찾을 수 있도록 물건의 위치 배치하기

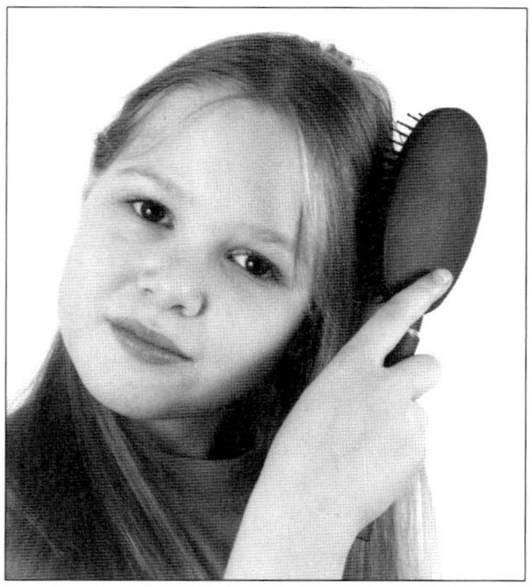

- 독립성을 높이기 위해 서랍과 의류에 라벨 붙이기
- 꾸미기 전 진정 전략(calming strategy) 사용하기
- 깊은 압박은 가벼운 터치보다 더 효과적임을 기억하기
- 가능한 압도적인 감각입력 최소화하기
- 예측 가능한 일상생활의 패턴 제공
- 아이들이 좋아하는 것에 집중할 수 있도록 동기 부여
- 리듬과 음악 사용
- 계획, 기술을 더 작은 구성 요소로 나누고 한 번에 한 가지씩

가르침

4. 세수, 손 씻기 그리고 샤워하기

1) 감각전략들

(1) 고유감각

- 무게가 있는 얼굴 천을 사용하고 몸에 압박감 제공하기
- 머리카락을 샴푸 할 때 머리를 지그시 눌러주기
- 욕조에서 몸에 압박이 가해지는 자전거 반바지 또는 수영복 착용시키기
- 월풀 등으로 압박감 제공
- 자녀가 촉각에 민감하다면 수건으로 압박감을 제공하고 아래쪽으로 쓰다듬어 주기
- 부드럽고 따뜻한 수건에 아이를 단단히 감싸고 눌러줌

(2) 전정감각

- 자녀가 균형이 요구되는 활동을 두려워할 경우 목욕보다는 샤워를 권유함(신체 위치의 변화가 적기 때문)
- 머리의 위치를 바꾸는 것이 불편한 어린이는 누워서 헹구지 않도록 하기
- 휴대용 샤워 노즐을 사용하거나 천으로 눈을 가리고 물병을 사용하여 머리카락 헹구기(아이들의 눈에서 비누와 물을 씻어 내지 않도록 설계된 모자 사용하기)
- 욕조에 들어가고 나오는 것을 두려워 할 수 있는 어린이를 위한 욕조 레일 사용하기(대부분의 약국에서 구입 가능)

(3) 촉각

- 자녀가 가장 좋아하는 물의 온도 메모하기
- 자녀가 들어가기 전에 물의 온도 확인하기
- 부드러운 옷 입히기
- 자녀가 물 위로 움직이는 것을 용납하지 않는 경우 목욕보다는 샤워 권장
- 샤워 헤드에 마사지 장치를 부착하면 샤워 중에 자녀에게 더 깊은 압력을 제공할 수 있음

- 액체 비누가 미끄러운 비누보다 바람직할 수 있음
- 아이들의 귀와 머리 주위에 예측할 수 없는 물과 비누가 흐르지 않도록 주의하기
- 짜기 쉽고 압박감을 제공할 수 있는 타월 사용하기
- 물기를 제거하기 위해 수건 사용하기
- 비누 속에 작은 곡물이 들어있는 비누 구입하기; 아이들이 더 선호할 수 있음

(4) 시각

- 욕실 내 반짝이는 금속과 물의 반사 특성 인식하기
- 일부 어린이는 욕조에서 나오는 물에 매료될 수 있으므로 이 관심을 기능적으로 사용하도록 가르치기; 예를 들면 컵에 물 따르기
- 거품 목욕하기
- 운동계획을 높이기 위해 거울 앞에서 몸 말리기
- 아이가 쉽게 산만해지면 조명을 어둡게 하고 소리를 최소화하기

(5) 청각

- 소리에 민감한 어린이를 위해 소리를 최소화하기
- 예기치 않은 소리를 제거하기 위해 백색 소음 사용가능
- 좋아하는 음악 들려주기

(6) 냄새

- 냄새에 민감한 어린이에게 무향의 비누와 헤어 제품 사용하기

(7) 맛

- 자녀가 비누를 먹지 않도록 조심하기; 씻을 때 간식을 먹이거나 껌을 씹게 해서 입을 다물게 할 수 있음

(8) 다른 전략들

- 얼굴 타월이나 칫솔을 사용할 때 자녀에게 미리 알려주기
- 인지 준비 전략 사용하기; 예를 들어, "우리는 오른팔과 왼팔을 씻을 거야."
- 시각 보조기구를 사용하여 작업의 이해 돕기
- 재미있는 장난감을 사용하기(물총, 보트, 다이버, 짜내는 병, 거품, 거품 목욕, 목욕 거품 비누, 비누

크레용, 롤 온 비누)
- 비누로 그림을 그리게 하고, 비누를 문질러 스스로 청소하게 하기
- 파이프 단열재로 손잡이 감싸주기
- 음악이나 동기를 부여할 수 있는 도구 사용

5. 화장실 훈련

감각통합에 어려움을 겪는 자폐스펙트럼장애 아동들에게는 화장실 훈련이 진정한 도전이 될 수 있다. 화장실 훈련을 성공적으로 완수하려면 방광이나 배변에 필요한 감각정보를 받아들이고 해석해야 한다. 이 정보를 제공하는 감각 시스템을 interception system이라고 한다. 그 다음에 아이는 욕실로 가기 위한 운동계획을 세워야 하고 욕실의 감각적인 문제를 극복해야 한다. 화장실 훈련은 스트레스를 유발할 수 있는 어린 시절의 과제 중 하나이며, 어린이는 화장실에 대한 많은 통제권을 행사할 수 있다. 아동의 문제에 대해 부모는 전투적인 자세를 취하지 않는 것이 좋다. 화장실 훈련은 스트레스 없이 훨씬 더 원활하게 진행될 수 있다. 훈련 시 좌절의 경험은 아동이나 부모가 모두 정상적임을 알고 있어야 하고 잠시 긴장을 풀고 다시 과제에 집중하도록 한다. 대장과 방광은 평활근이며, 방광이나 요도로 보내지는 감각 신호는 횡문근(팔이나 다리)과 비교했을 때 부드러운 속삭임과 같다.

1) 감각전략들

(1) 고유감각

- 자녀가 기저귀 착용 시 모든 감각정보에 주의 집중하기; 촉각, 냄새 및 젖은 기저귀의 추가 중량(천 기저귀는 일회용 기저귀보다 감각 피드백을 더 제공해줌)
- 무게가 있는 조끼, 모자 등 제공하기. 장기간 앉아있는 것을 촉진함

(2) 전정감각

- 자녀가 머리 위치 변경에 어려움이 있는 경우, 화장실에 서있는 대신 화장실에 앉도록 격려함
- 화장실에 앉아있을 때 발 받쳐 주기
- 아이가 깊이지각에 문제가 있다면 화장실의 물 내려가는 구멍을 하얀 티슈로 덮어주기
- 자녀가 변기에 앉을 수 없다면 가능한 한 안전하게 다음과 같이 시도하기;

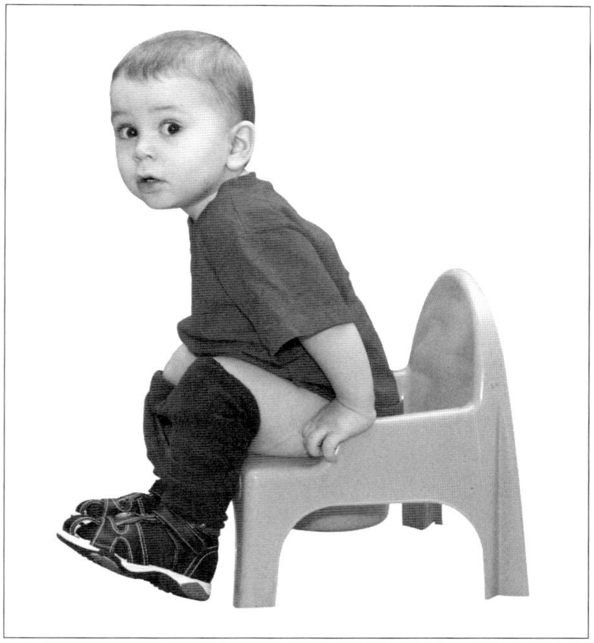

- 유아용 변기 시트로 구멍을 작게 하거나 패딩 시트 제공하기
- 발아래 발받침 제공하기
- 무게가 있는 조끼, 모자 또는 압박 조끼 착용하기
- 책, 노래, 음악 및 그림이 있는 벽을 사용해 아이의 주의를 분산시키기
- 자녀가 기저귀 착용 시 안정감을 느낀다면, 기저귀 착용 허용하기

(3) 촉각

- 자녀가 소변을 보기 어렵다면 알몸으로 소변 보게 하기; 아이는 소변을 보았을 때 그 감각을 결과와 연결시킬 수 있음
- 아이가 화장지에 민감하다면, 기저귀로 닦거나 젖은 수건 사용하기; 더 부드럽고 쉽게 닦을 수 있음

(4) 시각

- 시각자극이 너무 자극적인 경우, 조명을 끄거나 희미하게 하기
- 변기에서 물이 반사되면 빛이 산만해질 수 있기 때문에 하얀 티슈로 변기 덮어주기

(5) 청각

- 소음이 너무 심한 경우 소음 제거 헤드셋을 사용하거나 욕실에 흡음 수건 배치, 귀마개, 음악 또는 흐르는 물 사용하기
- 물 내리는 소리에 아이가 놀랄 수 있으니 물은 아이가 화장실을 떠난 후 내리기
- 소리에 민감한 아이의 경우 공중 화장실을 사용하지 못할 수 있음. 가능한 경우 가족용 화장실을 사용하거나 가방에 "고장났음"이라는 표지판을 가지고 다른 화장실과 핸드 드라이어에 걸어놓고 화장실을 떠날 때 표지판 제거하기

(6) 냄새

- 자녀가 배변의 냄새를 견딜 수 없는 경우 화장실에 가는 동안 커피 냄새 맡게 하기(작은 용기에 넣어 들고 다니기)

- 공중 화장실을 사용하는 동안 코를 향기로 자극할 수 있도록 작은 향기나는 물건 가지고 다니기

(7) 다른 전략들

- 시각 보조 자료, 사회 이야기 또는 비디오 모델링을 사용하여 자녀의 과제에 대한 이해 증진시키기
- 가능한 즐겁게 일하기
- 강요하지 않고 자녀의 인내력 존중하기
- 도전하는 기간 동안 성공사례 검토하기
- 자녀의 노력과 용기를 칭찬하기

6. 머리 빗기

1) 감각전략들

(1) 고유감각

- 작업 전에 무게 있는 조끼 입히기
- 빗질하기 전에 빗 머리로 머리를 눌러주기
- 일관되고 예측 가능한 압력을 같은 방향으로 제공하기
- 전동 빗 사용하기(일반적인 빗 보다 일관된 감각을 제공하고 더 잘 견딜 수 있음)

(2) 전정감각

- 자녀가 머리 위치 변경이 어려운 경우 앉아서 머리빗기
- 자녀가 감각을 예측할 수 있도록 거울 사용하기
- 작업 중에 무게 있는 조끼 또는 압박 조끼 제공

(3) 촉각

- 자녀가 촉각에 민감하다면 빗 머리가 큰 것 사용하기
- 빗질을 할 때 쓸어주면서 눌러주기
- 거울 앞에서 머리를 빗으면 다음 빗질을 예측할 수 있음
- 머리를 빗기 전에 두피 마사지하기

- 바람이 나오는 드라이어는 아이에게 편안함을 제공하거나 반대로 위험이 될 수도 있음을 기억하기

(4) 시각

- 거울을 사용하여 감각을 예측시키기
- 거울에 반사되는 빛 주의하기
- 조명의 밝기를 조절하는 스위치 사용하기

(5) 냄새

- 향기 나는 헤어 제품의 종류를 파악하기; 자녀가 냄새에 민감한 경우 무 향료 제품 권장

(6) 다른 전략들

- 가능한 머리가 엉킴을 예방하기 위해 컨디셔너 사용하기
- 엉킴이 있는 경우, 머리카락의 맨 아래를 빗어 엉킴을 푼 후 뿌리부터 빗기
- 짧은 머리로 자르기

7. 이 닦기

1) 감각전략들

(1) 고유감각

- 민감성을 줄이기 위해 치아와 잇몸에 압력 제공
- 입술 외부와 턱을 따라 압력을 가하여 칫솔질을 준비하기
- 전동 칫솔 사용하기
- 이 닦기 전 목과 어깨, 몸통에 관절 압박하기

(2) 전정감각

- 아동의 뒤에 서서 균형을 잘 유지할 수 있도록 도와줌
- 아이가 서기 힘들 경우 세면대에 몸을 기대게 함

- 머리 위치를 변경하기 어렵다면, 아이에게 칫솔과 헹굼 물을 미리 준비시켜주거나 준비해야 하는 방법 가르쳐 주기
- 거울 사용하기

(3) 촉각

- 자녀가 촉각에 매우 민감한 경우에는 면봉을 사용하여 치아를 닦아줌
- 자녀가 입안에 민감하게 반응하는 경우 감각방어를 위한 Wilbarger Protocol 사용하기
- 처음에는 누크 브러시를 사용하고 칫솔로 변경함
- 전동 칫솔 구입. 이는 일관된 감각을 제공하며 일반 칫솔보다 아이가 더 잘 견딜 수 있음
- 찬물보다 따뜻한 물을 더 잘 견딤

(4) 시각

- 거울을 사용하여 감각 예측시키기
- 거울에 반사되는 빛 주의하기
- 조명의 밝기를 조절하는 스위치 사용하기

(5) 청각

- 진동 또는 칫솔의 소리가 수행을 방해할 수 있음; 음악이나 숫자세기를 통해 주의를 분산시키기
- 반사음이 처리하기 어려울 수 있으므로 소음 제거 헤드셋 또는 백색 소음 사용하기

(6) 냄새/맛

- 매우 약한 향이 나는 치약 사용하기
- 자녀가 치약을 견디는 데 어려움이 있을 경우 따뜻한 물로 입을 자주 헹구게 하기
- 과소 반응을 보이는 아이는 치약의 강한 맛을 선호할 수 있음

(7) 일반적인 전략들

- 그림 기호, 사회 이야기 및 비디오 자체 모델링과 같은 시각적 지원을 제공하여 자녀가 과제를 이해하고 계획하도록 도와줌
- 시각 타이머를 사용하고 그 시간 동안 칫솔질을 하도록 권장함(일부 칫솔은 음악을 재생하고 아이들은 노래가 끝날 때까지 닦을 수 있음)

- 평소 물을 자주마시도록 권유하기
- 자녀가 수도꼭지에 손이 닿을 수 있도록 발판 제공하기
- 눌러쓰는 치약은 소동작이 어려운 어린이의 독립을 촉진할 수 있음
- 플라스틱 컵으로 입을 헹구는 것이 안전함

8. 이발하기

1) 감각전략들

(1) 고유감각

- 목과 어깨를 아래쪽으로 눌러주기
- 무게 있는 담요나 조끼 입히기
- 빗으로 머리를 아래쪽으로 눌러 빗어주기

(2) 전정감각

- 아동이 앉아 있을 때 발이 바닥에 닿아있는지 확인하기
- 자녀가 거울을 통해 머리 자르는 것을 지켜보게 함
- 아이가 머리의 위치를 바꾸는데 어려움이 있는 경우, 헤어 디자이너에게 머리위치변경에 힘을 가하지 않도록 미리 알려줌

(3) 촉각

- 좋은 가운을 사용하여 머리카락이 옷 아래로 떨어지지 않도록 함
- 이발하기 전에 Wilbarger Protocol 사용하기
- 드라이어를 사용하여 머리카락 털어주기
- 촉각을 예측할 수 있도록 하기; 숫자 세기
- 참아내기 어렵다면 클리퍼 사용하지 않기
- 거울과 언어를 통해 접촉을 예측시키기
- 물 스프레이가 피부에 닿지 않도록 가운으로 몸 덮어주기

(4) 시각

- 아이가 머리카락이 잘리는 곳을 알 수 있도록 거울 사용하기
- 미용실이 너무 밝을 경우, 조명을 줄여달라고 요청함

(5) 청각

- 클리퍼의 소음을 차단하기 위해 음악 들려주기(클리퍼는 진동 소리를 내기 때문에 쉽게 받아들이기 어려움)
- 미용실 소음에 주의하기
- 조용한 곳이 필요하면 아침 일찍 가거나 미용실이 문을 닫을 때쯤 이용하기

(6) 냄새

- 헤어 제품의 모든 냄새를 염두에 두고 냄새에 민감한 어린이에게 무향 제품 사용하기
- 미용실에 냄새가 가득한 경우, 작은 냄새 키트(민트, 커피향 등)를 만들어 제공하거나 아이가 좋아하는 음식 먹이기

(7) 다른 전략들

- 융통성이 있고 민감한 헤어디자이너 찾기
- 경쟁적인 감각입력에 주의하기
- 미용실이 덜 바쁠 때나 닫을 때 예약하기
- 전체 사건을 보여주기 위해 이야기나 영상자료 사용하기
- 활동에 대한 이해를 돕기 위해 시각자료 활용하기
- 필요하다면 DVD 플레이어나 iPad를 사용해 주의 분산시키기
- 동기 부여와 보상 사용하기
- 헤어 디자이너를 아이가 친숙한 집으로 초대하기
- 미용실에 가기 전에 아이의 머리카락을 감겨서 미용실에서 보내는 시간 줄이기
- 미용실을 여러 번 방문하여 머리를 자르는 곳임을 알려주기
- 머리 자른 후 즐거운 활동이나 치료적 활동 제공하기
- 아동의 용기에 대한 보상 제공하기

9. 먹 기

어떤 활동보다도 부모는 아동의 먹는 문제에 대해 예민하다. 먹는데 어려움을 겪는 아이는 촉각이나 냄새 또는 맛에 민감해질 수 있다. 감각입력에 과소반응을 보이는 아동들은 입에 대한 인식 능력이 떨어지고 혀와 턱을 움직이는데 어려움이 있다. 또한 빨기, 삼키기 및 호흡 능력도 떨어질 수 있고 운동성이 부족한 아동들은 식사 시간에 충분히 앉아 있을 수 없다.

다른 어린이들은 위의 아동들과 다른 양상을 보이기도 한다; 아이들은 세상을 탐색하기 위해 입을 사용한다. 먹을 것과 먹을 수 없는 것들을 입에 물고 씹고 때로는 삼키기도 한다. 발달적으로, 입은 감각 피드백을 정확하게 해석할 수 있는 신체의 첫 번째 영역이다. 감각입력을 정확하게 해석할 수 있는 능력이 발달함에 따라, 아이들은 환경의 주요 탐색자로서의 역할을 수행하게 된다.

작업치료사와 부모의 이러한 도전 과제를 해결하고 지식을 높이기 위한 다양한 교육 과정들이 마련되어 있다. 식사는 가족을 위한 사회적 활동이며 다양한 장소와 음식의 종류를 먹을 수 있는 융통성이 필요한 자리이기 때문에 식사 시간은 부모와 자녀에게 사회적 경험을 제공할 수 있다.

1) 감각전략들

(1) 고유감각

- 씹기 전 전동칫솔로 치아, 잇몸, 뺨 및 입술 눌러주기
- 누크 잇몸 마시지나 칫솔로 잇몸 마사지하기
- 움직임으로 식사 자세를 미리 준비시키기(공 의자, 부모의 무릎 등에 앉기)
- 식사 중 무게 있는 조끼나 손목 또는 발목에 무게 제공하기; 이것들은 아이가 더 안전하게 느끼고 공간에서의 신체 위치에 대한 더 나은 지식을 가질 수 있음
- 테이블 푸쉬 – 업, 의자 팔 굽혀 펴기, 손을 함께 밀고 당기면 신체 위치에 대한 인식을 높일 수 있음
- 자녀가 지저분하게 식사를 할 경우 먹기 전

에 입술과 입 주위 눌러주기, 먹기 전 구강운동을 통해(휘파람 불기, 거품 만들기) 감각 피드백을 촉진하고 구강의 적절한 근 긴장도 유도하기

- 만약에 아이가 도구를 사용하기 어려워한다면, 무게 있는 숟가락 등을 사용해 감각 피드백 제공하기
- 만약 아이가 자주 음료를 엎지르는 경우 뚜껑과 빨대가 달린 컵 사용하기
- 음료를 마실 때 긴 휘어진 빨대를 사용하면 빨기능력과 조직화를 증진시킬 수 있음
- 아이가 의자에서 자주 떨어지는 경우 어깨를 눌러 바른 자세 촉진시키기

(2) 전정감각

- 활동적인 어린이를 위해 휴식시간 갖기
- 앉는 동안 작은 움직임을 촉진하기 위해 젤 시트, Movin' Sit 쿠션(ASD 제품), hokki 시트 또는 Mambo 시트 사용하기
- 자녀가 발로 찰 수 있도록 의자 다리를 theraband로 묶어주기
- 자녀의 앉아 있는 발아래에 로커 보드 배치하기
- 먹는 활동과 같이 앉아서 하는 활동 전에 많은 운동에 참여시키기

(3) 촉각

- 음식의 온도, 음식의 재질, 혼합 재질 등을 인지시키기; 일부 어린이는 특정한 질감과 온도를 선호하며 음식의 재질을 참지 못하는 아이들도 있음
- 접시에 음식을 나눠 담아주기
- 구강감각이 민감한 아이들은 음식을 먹고 입을 물로 헹구는 것이 좋음
- 구강감각이 민감한 아이들은 구강프로그램(구강 Wilbarger Protocol)을 시도하거나 구강 탈감각 프로그램 시행하기
- 자녀가 촉각방어가 있는 경우 다른 사람들과의 접촉을 최소화하기 위해 테이블 끝에 자리를 배치시키기
- 추가적인 접촉을 최소화하기 위해 학교나 유치원에 작은 카페 테이블을 설치할 수 있음
- 얼음 조각을 제공해 먹을 준비시키기

(4) 시각

- 탁자에 작은 화장 거울을 사용하여 입안에 음식을 넣고 씹은 후에 입을 확인시키기(시각자극을 통해 부족한 촉각 피드백을 보상하도록 함)
- 접시에 놓여 진 음식 확인하기; 서로 다른 음식이 서로 닿아 있지 않은가?
- 아이가 음식을 먹으면서 이완될 수 있도록 탁자 위에 그림 걸어놓기

• 어떤 아이들은 다른 사람들이 음식을 먹는 모습을 지켜보기 힘겨워 할 수 있음을 기억하기; 처음에는 혼자 먹게 하거나 아이와 함께 있지만 먹지 않는 가족과 함께 먹어야 할 수도 있음

(5) 청각

• 어떤 어린이들은 스스로 먹는 소리나 다른 사람들이 먹는 소리를 참지 못할 수 있다는 것 명심하기: 소음 제거 헤드셋을 사용하거나 다른 시간에 식사하는 것도 좋음
• 경쟁 소리 인식하기; 백색 소음 사용하기
• 나이프가 부딪히는 소리 등에 민감할 수 있음을 기억하기; 플라스틱 식기류, 헝겊 식탁보 및 천 냅킨 사용(더 조용하기 때문에)
• 먹는 소리를 분산시키기 위해 음악 틀기

(6) 냄새 / 맛

• 자녀의 냄새에 대한 반응을 인식하고 아동이 참아낼 수 있는 음식 권장
• 식사 시간에 커피와 같이 강한 냄새를 맡게 하면 다른 냄새를 맡기 어렵게 됨
• 얼음 조각을 이용하여 구강의 민감도 낮추기

(7) 다른 전략들

• 하모니카, 피리 등을 통해 구강 운동과 조절력 기르기
• 음식 사이사이 물을 마셔 입을 헹구게 함
• 자녀가 참아낼 수 있는 범위 내에서 자극 주기
• 피로와 식욕, 알러지의 원인 조사하기
• 다양한 앉는 자세를 시도해 보고 가장 바른 자세를 찾아줌
• 자녀가 좋아하는 음식으로 시작한 다음 선택 증가시키기
• 아이를 위해 가족과 함께 모델을 만들고 모델의 행동을 따라할 수 있도록 권유하기
• 아이들이 자신이 원하는 음식을 선택하게 해서 스스로 통제할 수 있도록 격려하기
• 자녀의 접시 아래 미끄럼 방지 매트를 사용하여 접시가 움직이지 않도록 함
• 독립적인 식사를 위해 음식은 미리 잘라줌
• 소동작과 양측 통합능력의 어려움을 보완해 줄 수 있는 식기구 사용
• 균형 능력을 높이기 위해 자세 수정하기
• 자녀가 음식을 준비하도록 격려하기; 음식 재료를 씻고, 자르고, 요리하고, 테이블을 정리하는 등의 활동은 아동에게 긍정적인 경험과 즐거움을 제공할 수 있음

10. 놀 이

놀이는 흔히 어린 시절의 직업이라고 할 수 있다. 놀이는 자녀에게 대동작, 소동작, 시각운동, 인지, 언어, 상상력, 관심 및 사회적 기술을 개발할 수 있는 기회를 제공한다. 자폐스펙트럼장애를 가진 아이들은 종종 놀이가 어려우므로 어린 시절의 필요한 기술을 배우는 데 어려움이 있을 수 있다.

놀이는 어린이들에게 최초의 사회적 경험 중 하나이다. 독립 놀이에서 시작해 같은 방에서 놀지만 함께 놀지 않는 평행놀이로 이어진다. 그 후 협동놀이로 이어져 다른 아이들과 즐거움, 상상력 및 기술을 공유하게 된다. 자폐스펙트럼장애를 가진 어린이는 감각통합의 어려움, 장난감 조작 문제, 자세나 체력 저하, 언어, 사회적 기술 및 운동계획(올바른 순서로 놀이 단계를 만들고 순서를 정하는 것)의 부족 등의 문제로 놀이에 어려움을 겪을 수 있다.

1) 감각전략들

(1) 고유감각

- 고유감각을 제공하기 위해 놀이 중 무게 있는 조끼 입히기
- 아동들이 입을 사용하여 물건에 대해 탐색하거나 진정할 수 있도록 독려하기; 감각방어가 있는 아동들에게 구강과 손바닥에 Wilbarger Protocol 시도하기
- 손바닥 마사지하기; 손목에 무게 달아주기
- 놀이터 공간에 대한 인식이 떨어지면 놀기 전에 고유감각(깊은 압력, 밀기, 당기기, 들어 올림 등) 제공하기
- 놀이터에 장애물을 설치해 몸의 균형과 위치감각을 익히도록 함
- 자녀가 장난감이나 연필심을 자주 부러뜨린다면 가벼운 물건과 무거운 물건의 차이를 인식할 수 있는 기회를 제공하고 특정 장난감을 이용해 필요한 감각 연습시키기(예를 들어 드럼치기)

(2) 전정감각

- 균형이 요구되는 활동에 민감한 어린이는 운동장 활동에 참여하지 않아도 됨. 운동하기 전에 마사지나 관절 압박, "heavy work" 시도하기
- 장비를 사용하기 전에 높이나 움직임에 대한 자녀의 두려움 인식하기
- 자녀가 어떤 특정 자세 불편함을 호소한다면, 그런 자세를 취하게 않도록 함. 스트레스를 유발할 수 있음

- 아이가 그네를 무서워한다면, 균형에 필요한 기본 기술을 익히도록 함
- 자녀가 장난감을 씹는다면, 껌(껌, 씹는 사탕, 젖꼭지 등) 등을 제공하기
- 아동이 놀이에서 안정감을 느낄 수 있도록 구강 감각 자극 제공하기
- 놀이터에서 노는 동안 자녀의 발이 바닥에 닿아 있는지 확인하기
- 아이에게 엎드리기, 앉기, 서기 등의 다양한 자세를 취하도록 해보고, 아이가 가장 편안해 하는 자세 찾기
- 만약 아이가 조직화된 움직임의 경험이 필요하다면 그네나 움직이는 표면에서 노는 것 시도하기

(3) 촉각

- 만약 아동이 촉각이 예민하다면 지저분한 놀이(messy play)에 참여할 수 없음; 억제 기술, 압박감 제공, 마사지, 감각방어를 위한 Wilbarger Protocol 시도하기
- 도구를 사용하거나 장갑을 끼고 지저분한 놀이에 자녀가 참여하도록 격려; 예를 들어 핑거 페인팅과 같은 활동 시 지퍼백 이용하기
- 놀이 재료의 온도와 질감 고려하기
- 깔끔한 놀이에서 지저분한 놀이를 단계화시켜 적용하기
- 좋아하는 캐릭터나 게임을 사용하고 그것에 촉각 구성 요소를 결합시키기; 회피하는 장애물에 대해 극복할 수 있도록 동기 부여

(4) 시각

- 자녀가 시력을 통해 정보를 수집하고 기억에 사용할 수 있도록 격려하기
- 자녀의 눈을 지켜보기; 만약 아이가 시각 추적에 어려움이 있다면 중앙 시야 범위내에서 장난감을 배치해 자세와 균형유지에 편안함 제공하기
- 빛의 강도를 확인하기; 아이에게 머리 위 조명의 눈부심을 막기 위해 모자나 선글라스를 착용시킬 수 있음

(5) 청각

- 자녀가 소리를 구별하기 어려울 수 있으므로 배경 소음 최소화하기
- 자녀가 허용할 수 있는 범위내에서 소리로 놀아주기

(6) 냄새 / 맛

- 냄새에 대해 인식하기; 냄새 없는 비누로 장난감 닦기

(7) 다른 전략들

- 아이가 선호하는 장난감을 가지고 있다면, 그것을 어느 장소나 가져가게 하고 자주 닦으며 가능한 한 오래 보관하기(자녀가 정말로 담요나 장난감을 좋아한다면 분실 및 세탁을 위해 2~3개 구입하기)
- 자녀가 자기를 진정시키기 위해 입을 다물고 있다면, 씹기, 휘파람 불기, 거품 불기 등의 구강 운동 시도하기
- 일부 어린이는 촉각을 과도하게 사용하기도 하고 촉각에 대해 사회적으로 부적절한 방식으로 행동할 수 있음을 기억하기
- 예측 가능한 일과를 통해 아동에게 편안함 제공하기
- 자녀가 놀이터의 공간 인식이 부족하면 집에서 멈춤 사인을 만들어 연습하기
- 만약 자녀가 놀이에서 충동적이라면, 놀이를 작은 단위로 나눠 적용하기
- 아이가 가장 잘 반응하는 방법으로 가르치기 – 청각, 시범보이기, 움직임을 이용해서 아이의 운동을 가이드해주기(운동계획 부분을 참고)
- 원인과 결과가 있는 장난감 놀이는 운동반응과 운동계획능력이 떨어지는 아이들에게 탁월함
- 아이들에게 통제감과 기대감을 줄 수 있는 예측 가능한 장난감 제공하기
- 아동의 기능을 항상 살펴보기; 어떤 장난감이 아이의 기능적 행동에 도움이 되는지
- 어린이에게 여러 다른 형태의 게임을 통해 놀이 경험 제공하기. 예기치 못한 결말은 도전하기 어려운 아동이나 언어적 문제가 있는 아동들에게는 어려울 수 있으며, 변화보다는 같은 방식으로 게임을 하고 싶어할 수도 있음
- 각 단계를 언어적으로 표현해주기
- 놀이 중간에 상호작용을 시도하게 하고 아동에게 놀이를 잠깐 쉬면서 다른 아동의 행동을 관찰할 기회 제공하기(보드게임이 탁월함)
- 대동작 놀이의 기회를 많이 제공하고 균형, 집중, 규칙성, 놀이를 경험할 수 있도록 대동작과 소동작 활동을 번갈아 가면서 제공하기
- 놀이의 동기 부여와 즐거움을 유도하기; 즐거움은 전염성이 있음!
- 특정 놀이 기술을 가르친 다음 일반화될 수 있는 기회 제공하기

- 다른 사람들의 노력에 대한 애정과 감사를 나누고 의사소통하려는 의지를 장려. 이러한 기술의 보상은 관계형성과 유지가 될 수 있음
- 소동작에 어려움이 있는 아동들을 위해 장난감 수정하기
- 대본을 이용해 놀이의 규칙을 지킬 수 있도록 가르침: "잠시만요" 또는 "다른 방법으로 할 수 있습니다." 아이들이 선택권을 가지면 놀이를 조직화할 수 있고 계속 놀 수 있음

제 7 장

가정, 학교, 보육환경에서의 적응

예측 가능한 환경에서 모든 아동의 기능은 더 잘 발휘된다.

이것은 깔끔한 방과 자신의 물건을 보관할 곳을 둠으로 간단한 환경조성이 될 수 있다. 언어, 순서화, 집중력의 변화, 기억에 어려움이 있는 아동에게 일과와 구조적인 환경을 제공하는 것은 보상적인 방법이다. 대부분의 자폐성 장애아동들의 스트레스를 줄여주기 위하여, 습관 혹은 물건을 일관성 있게 정리하는 법을 제안해 줄 수 있다. 또한, 이러한 방법은 더 많이 일관성 있고 신뢰할만한 감각정보를 아동에게 제공해준다. 아이가 새로운 학습을 알게 되었을 때, 이 학습은 환경 속에서 보호자와의 관계를 일반화할 수 있다. 과제에 약간의 도전을 끼워넣는 것이 좋다. 이것은 아동에게 인내심을 길러줄 수 있고, 더 좋은 문제해결능력을 가지게 도와주며, 기술(skill)을 일반화(generalization)할 수 있는 능력이 된다. 일반화는 기술이 기능적이고 유용적일 수 있도록 기술의 적응성을 촉진한다.

수지는 부엌에서 항상 먹는 다는 것을 알고 있다. 그녀는 자신의 신발, 자켓, 백팩은 항상 문옆에 두어야 하는 것을 알고 있다. 그리고, 자신의 침대에서 자야 하는 것을 알고 있다. 이러한 일관성 있는 환경이 수지의 행동 폭발(outbursts)을 감소시켜 준다.

만약 우리가 자동차 열쇠를 일정한 곳에 둔다면, 자동차를 사용할 때마다 매번 열쇠 둔 곳을 알고 있을 것이다. 우리의 대부분은 자동차 열쇠를 찾아야 하는 스트레스 순간을 보내어, 시간약속을 지키지 못하고 있다.

우리는 자폐/자폐성 장애아동에게 환경과 스케줄의 일관성, 개입방법의 일관성을 고려할 필요가 있다. 우리가 아동의 개별적인 스타일을 검토한다면 가정에서의 환경, 할머니 댁의 환경, 교실과 보육환경에서의 일관성을 마련하기 위해 노력할 것이다.

아동은 대부분의 시간을 집에서 보낸다. 우리가 알고 있듯이 집은 아동의 첫 번째 환경이다. 그들의 가장 좋아하는 사람이 거기에 살고 있고, 집은 기분전환의 장소가 될 수 있다. 그리고 집은 아동에게 학습의 장소이기도 하다. 대부분의 가정에서 아동을 위한 첫 배움의 장소로 집을 사용한다. 당신의 아이에게 감각통합 할 수 있는 기회를 제공하는 활동은 당신의 집에 맞출 수 있다. 장비를 구입하기 이전에, 다른 가족 구성원의 요구와 당신의 자녀의 요구에 맞는 장소를 고려할 것이다. 일관성 있는 놀이공간과 조직화된 집은 아동에게 활동수준을 조절할 수 있는 기회를 제공하며, 편안함을 증가시켜서 이완되도록 한다. 환경의 조직화는 자폐성 장애아동에게 감각조절을 해주어, 그들의 하루 일과를 예측할 수 있도록 돕는다.

전환시간(transition times), 활동과 활동이 바뀌는 시간, 환경과 환경이 바뀌는 시간은 종종 자폐성 장애아동에게 스트레스를 준다. 이 시간은 아동에게 새로운 집중력의 양, 처리하는 능력, 운동계획능력의 기대치가 달라진다. 변화는 거의 항상 어렵다. 그리고, 시각적으로 감각계획을 보여주는 스케줄은 이동시 아동의 불안을 감소할 수 있다. 예를 들어, 저녁 식사시간에 당신의 자녀에게 부엌으로 가서 주어진 주스 박스가 있다고 알려준다. 그 주스를 빨대로 빨게 하면 매우 조직화된 감각이 제공될 수 있고, 부엌으로 자연스럽게 이동할 수 있다.

이동을 촉진하기 위하여 새로운 장소로 들어갈 때, 감각활동을 준비한다. 예를 들어, 만약 당신의 자녀가 모래놀이를 좋아하는데 낮 병동에 들어가기 싫어한다면, 모래놀이상자를 낮 병동 문 바로 안에 둘 수 있다. 감각활동은 동기를 일으킬 수 있고 입력된 감각이 아동을 진정시킬 수 있다. 모래상자의 사용은 낮 병동으로 아동이 이동하도록 도울 수 있다. 곧 아동이 좋아하는 노래를 부르거나 의자를 테이블로 옮기는 활동과 같은 친숙한 '안전한 활동'을 할 수 있는 기회가 있다는 것을 알려주기 위해 스케줄표는 미리 붙여 놓는다. 다른 아동들도 감각계획 시 참여할 수 있다. 감각전략은 독자들에게 아동의 감각계를 최상으로 처리할 수 있고, 감각통합장애에 대한 보상전략(아이디어)을 제공할 수 있게 목록화 되어 있다. 또한 우리는 감각기초가 아닌 약간의 일반적인 전략이 포함되어 있다. 그러나 우리는 그러한 전략이 자폐성 장애아동의 치료에 도움이 됨을 알게 되었다.

1. 환경 적응법 – 가정(Environmental Accommodations – Home)

많은 아이들이 음악, 로션으로 압박하며 터치하기, 한 방향으로 느리게 규칙적으로 그네타기, 느리게 앞뒤로 흔들기, 치료공에 앉기 혹은 물병의 물을 빨대로 마시기와 같은 아동을 진정시키는 감각입력을 제공할 수 있도록 환경을 설정하는 것이 도움이 될 것이다. 아동은 감각방어로 윌버거 프로토콜을 사용할지도 모른다. 작업치료사가 아동에 맞게 조직화된 감각식이를 제공할 필요가 있을 수 있다.

자조기술의 특별한 전략은 제6장을 참조하시기 바란다.

1) 감각전략(Sensory Strategies)

(1) 고유감각(Proprioception)

- 집에서 콩 주머니(beanbag) 의자, 작은 텐트, 베개로 코너를 만들어 주기와 같이 은신처를 제공하기
- 아동이 들어가 말아 올릴 수 있는 침낭이나 신체형 양말(body sock) 제공하기
- 아동을 진정시키는 감각을 제공할 수 있는 신체크기의 베개, 무게감이 있는 담요, 무거운 이불, 압박조끼 혹은 무거운 조끼를 사용하기
- 당신의 아동을 위해 이용할 수 있는 무거운 활동(heavy jobs) 제공하기(예. 식료품 옮기기, 빨래감 옮기기, 빨래줄 끌기, 물이 가득든 물뿌리기로 꽃에 물주기, 식료품이 든 카트 밀기, 찬장에 캔 쌓기, 카펫을 진공청소기로 청소하기, 삽질하기, 정원가꾸기, 세차하기, 벽을 문질러서 닦기 등)
- 능동적인 놀이의 기회를 많이 제공하기; 예, 트램폴린에서 뛰기, 수영하기, 자전거 타기, 롤러 브레이드 타기, 클라이밍(climbing), 스키

(2) 전정감각(Vestibular)

- 당신의 아이가 움직임에 잘 반응한다면, 집에서 해먹그네나 현관에 그네를 매달아주어 조용한 장소를 가질 수 있도록 돕기(유아용 그네를 문에 매달아 주면 매우 효과적일 수 있다)
- 능동적인 놀이의 기회를 많이 제공하기; 예, 트램폴린에서 뛰기, 수영하기, 롤러 브레이드 타기, 클라이밍(climbing), 스키

(3) 촉각(Tactile)

- 부드럽고 따뜻한 물침대를 고려해준다. 물침대는 아동에게 편안함과 이완을 시켜줄 수 있다.

- 자녀의 이름을 불렀는데 반응이 없다면 집중력을 높이기 위해 접촉하는 법을 사용한다(접촉에 대하여 예민하지 않은 경우).

(4) 시각(Visual)

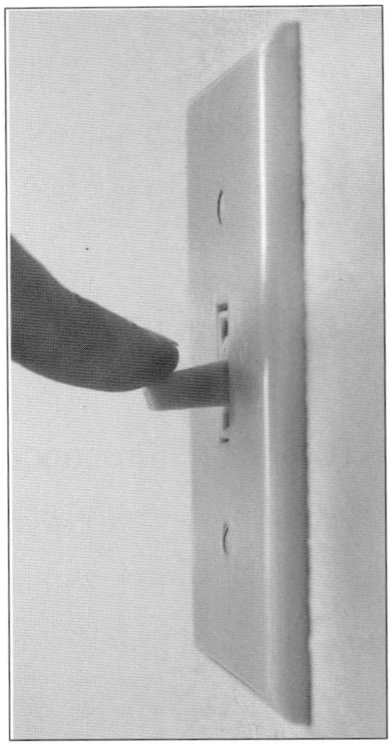

- 주의 산만함을 감소시킬 수 있게 시각자극을 줄여준다.
- 자녀에게 맞게 조명의 유형과 양을 맞춰라(침대위쪽에 섬광등 혹은 형광등을 두는 대신에 자연광, 부드러운 불빛(백열등)이 유용하다).
- 눈부심을 줄여주기 위해 벽에서 빛이 반사되어 비춰지는 부드러운 불빛을 사용한다.
- 빛의 강도를 조절할 수 있는 스위치를 사용한다.
- 집에 컴퓨터가 있다면, 자녀가 휴대용 퍼스널 컴퓨터나 데스크톱 화면에 더 잘 반응할 수 있다는 것을 알고 있어야 한다.
- 컴퓨터를 사용할 때, 자녀가 반사된 빛에 눈부심 증상이 나타나지 않도록 화면각도를 조절한다.
- 창문으로 들어오는 빛에 대하여 알고 있어야 한다(거리의 등불, 지나가는 차량의 불빛, 옆집 창문에서 비춰지는 불빛, 햇빛, 달빛). 만약 불빛이 자녀를 산만하게 한다면 암막커튼을 사용한다.
- 색깔에 대한 자녀의 반응을 인식한다.
- 자녀의 방을 부드러운 파스텔톤으로 페인트칠한다. 벽이 산만하지 않도록 칠한다.
- 자녀가 시각적 자극이 많이 필요하다면, 벽을 밝은 색으로 칠하고 모빌을 붙여준다.
- 청각처리를 도와주기 위하여 언어로 지시할 때, 시각적 단서를 함께 준다.
- 시각적 혼란은 최소화한다. 여분의 장난감과 옷은 정리함에 넣고 이름표를 붙여놓는다.

(5) 청각(Auditory)

- 소음을 흡수할 수 있는 부드러운 물건, 양탄자, 베개를 사용한다.
- 소음을 줄여줄 수 있는 헤드셋을 제공한다.
- 특히 밤에 도와줄 수 있는 백색의 잡음기계를 사용한다.
- 소리에 예민한 아동에게는 침실을 집에서 가장 조용한 장소에 침대를 배치한다.
- 라디오, 텔레비전, 전화기와 같은 생활소음을 인식하고 있다.
- 주의산만함을 줄여줄 수 있는 청각자극을 줄여준다.

(6) 냄새/맛(Smell/Taste)

- 집에서 냄새를 제거 혹은 향기를 제공할 수 있다(클린징향이 매우 강할 수 있다는 것을 염두에 두기).
- 베개에서 나는 부모님의 냄새는 자녀가 안전감을 갖고 더 잘 잘 수 있다.

(7) 가정에서 다른 전략(Other Strategies for the home)

- 신경계가 평온한 상태를 유지할 수 있도록 아동에게 더 많은 능력이 필요한 활동 사이에 진정할 수 있는 활동 일정표를 제시한다(감각식이 부분을 보세요).
- 자녀가 잘 반응하는 사람의 유형이 어떤지 주의를 기울인다(목소리, 목소리 크기, 거리의 가까움, 옷 입는 스타일, 언어, 얼굴 표정).
- 장애물 코스를 만들 수 있는 장비를 이용한다(상자, 터널, 훌라후프, 발판, 균형대, 콩주머니, 비눗방울 등).
- 자녀를 위하여 치료견을 생각할 수 있다.
- 활동의 전환을 돕기 위하여, 청각과 시각 재료를 준비한다. 타이머, 알람기능의 시계, 타이머기능이 있는 손목시계, 구체적인 전환용 물건이 아동의 이동을 도울 수 있다.

아이들의 활동전환은 전환용 물건이 아이들의 이해를 도울 수 있기 때문에 유익할 수 있다. 예를 들어, 앤디에게 자켓을 건네주면 앤디는 쉬는 시간을 준비하여 과제를 이해하고 더 잘 활동을 전환할 수 있다. 이러한 이해가 없다면 아이들은 다음에 가장 좋아하는 활동이라도 하지 않으려 할 수 있다.

- 자녀가 물건을 쉽게 찾을 수 있도록 물건을 특정한 장소에 놓고 다 사용한 후 제자리에 가져다 놓을 수 있도록 격려한다.
- 과제의 이해를 돕기 위하여 시각적 도움장치(visual aids)를 사용한다.
- 아침마다 무슨 일이 일어날 수 있는지 알 수 있도록 일정표를 사용한다.
- 학습을 향상하기 위하여, 정기적으로 해야 할 일은 작은 단계로 나누어준다. 아동에게 언어적 지시를 처리할 수 있도록 충분한 시간을 준다.
- 아동이 정기적으로 해야 할 일에 대하여 보상체계를 정한다. – 용돈, 책 혹은 비디오 게임, 아이스크림 가게 가기 등
- 자녀에게 과제를 완성해야 하는 시간을 알려주고, 활동의 시작과 끝을 알려주는 타이머를 사용한다.
- 가정에서 화학적 물질의 사용을 줄인다. – 인공적인 물질에 부정적인 반응을 나타낼 수 있기 때문에 자연스러운 환경이 되도록 유지한다.
- 드물지만 보상으로 전자기기를 사용한다. Wii, Kinect와 같은 프로그램을 사용하여 가족의 일원이

되는 기회를 준다.

자폐스펙트럼 아동의 활동을 계획할 때, 전 가족이 함께 즐길 수 있는 활동을 계획하려고 노력하시기 바란다. 당신은 즐거운 가족모임을 극대화할 수 있을 것이다.

- 일과를 정하고, 다음에 그것을 일관성있게 유지한다. 이것은 자녀가 다가올 사건을 예측하고 편안함을 가지는데 도움을 줄 수 있다.
- 다음날 아침의 스트레스를 최소화하기 위하여 저녁 전에 학교 갈 준비(옷입기, 점심도시락, 숙제)를 미리 한다.
- 가능한 언제나 모든 팀원들이 필요한 것과 중요한 것에 대하여 항상 정보를 공유한다.
- 서로 함께하는 일로 즐긴다.

2. 가정과 학교에서의 장비(Equipment for Home and School)

임상적 경험에서 우리는 프로그램이나 가정에서 많은 움직임을 제공할 수 있는 것, 지그시 누르는 접촉(pressure touch), 일관성 있는 환경제공이 많은 성공을 가져왔다는 것을 알고 있다. 다음은 성공적인 경험을 할 수 있는 장비들의 목록이다. 작업치료사는 당신에게 적절한 장비선택을 도와줄 수 있다.

스스로 할 수 있는 활동에 필요한 물품과 지침은 제9장에 있다.

옥외(Outdoor)

- 트램폴린
- 실내용 미니 트램폴린
- 커다란 치료 공 혹은 45인치(inch) 호피볼(hop ball)
- 그네들: 튜브형 속타이어(inner tube type), 플랫폼 그네(platform swing), 해먹, 슬링 그네(sling swing), 원반형 그네(disc swing)
- 콩주머니 의자
- 아동용 작은 책상과 의자
- 모래상자/감각통(sensory bins)
- 텐트, 볼풀, 쿠션이 있는 커다란 상자, 안전한 장소가

될 수 있는 가정용 요새(fort)

- 큰 베개와 낡은 매트리스 같은 무너뜨리고 부딪칠 수 있는 부드러운 면
- 함께 놀고 던질 수 있는 무거운 물건(뒤뜰에 콩주머니, 물이 채워진 비치볼)
- 안팎, 아래로, 통과할 수 있는 상자
- 손이나 입으로 만지작하면서 놀수 있는 장난감
- 일반적으로 엉망으로 되어 있는 놀이/촉각탐험 놀이
- 먹어도 되는 소근육운동/구강운동 활동(감초사탕 구슬)
- 스쿠터 보드(scooterboards)
- 흔들 보드(rockerboards)
- 발판 의자(stepping stools)
- 젤 시트(gel seats)
- 롤러 브레이드, 스케이트, 트램폴린 신발, 콩콩이(pogo sticks), 죽마(stilts)
- 요리와 굽기를 위해 필요한 부엌용 조리기구
- 자유롭게 표현할 수 있는 미술용품; 이젤과 크레용, 페인트 등
- 즐길 수 있는 악기와 음악
- 소음방지를 위한 헤드셋
- 냄새 맡을 수 있는 도서관 – 주머니 안에 민트, 오렌지껍질, 커피, 바질, 마늘 조각을 넣어 지퍼로 잠근 주머니들

이러한 목록은 결코 완벽하지 않다. 이 목록에 당신과 자녀의 상상력을 더하여서 이용한다. 할인 판매점, 재활용 상품점, 중고물품세일이 장난감과 장비를 구입하는데 좋은 곳이다. 항상 안전에 대한 관심이 있고, 적당한 지도감독이 제공되어야 한다. 작업치료사는 당신의 자녀의 요구를 반영한 프로그램을 원하는 대로 만들어드릴 수 있다.

당신의 장비를 입히고 찢고 하는 것을 보세요, 재미있죠!

3. 환경적응법 – 학교와 보육시설 (Environmental Accommodations – School and Childcare Settings)

자폐스펙트럼장애 아동은 종종 일관적이고 일과적인 생활을 잘 한다. 그들이 학교와 가정에서 연습이

된다면 기술(skills)은 더 쉽고 빠르게 배울 수 있다. 이러한 일관성 있는 중재는 의사소통이 원활함 정도에 따라 달라질 수 있다. 많은 학교와 아동케어 센터에서는 가정과 학교가 의사소통할 수 있는 수첩을 사용한다. 부모들은 자녀의 일과에 대하여, 이 수첩에 쓰여진 피드백에 상당히 의존한다. 특히 자녀의 의사소통기술이 발달 중에 있다면 더욱 그러하다. 의사소통지(communication sheet)는 가정과 학교에서 아이를 지원하는 법을 통일할 수 있는 운반수단이 될 수 있다. 초기에 갈등과 도전이 될 수 있으며 팀웍을 통하여 소개될 수 있다. 의사소통지는 자녀의 1년간 기록을 제공해주고, 매주 혹은 해마다 아동의 행동패턴 상태를 알려줄 수 있다.

예를 들어, 요셉은 3월에 자신의 행동을 관리하는게 어려웠다. 그는 쉼없이 다니고, 학교에서 집중하는게 어려웠다. 그의 엄마는 지난해에 받았던 의사소통 수첩을 꺼내어 보았다. 요셉이 1년 중 같은 시기에 같은 행동을 보인다는 것을 알게 되었다. 그의 청각계는 3월의 바람을 차단할 수 없었다. 요셉은 청각소음을 차단하는 헤드셋을 쓰는 시간을 늘려서 자신의 행동을 더 잘 관리할 수 있었다.

의사소통지는 가정과 학교 간에 전자문서로 전달될 수 있다. 템플릿으로 작성하여 가정과 학교간에 보내질 수 있다. 보호자는 아동이 등교하기 전에 밤과 아침에 있었던 정보를 보낼 수 있다. 교사는 아동이 집에 가기 전에 학교에서의 일과에 대한 정보를 회신해줄 수 있다. 이러한 정보는 부모와 교사가 아동과 앞으로 어떻게 시간을 보낼지를 계획하는데 도움이 된다.

자폐스펙트럼장애 아동을 위한 학교와 보육세팅을 변경하고자 할 때 창의성(creativity)과 정보공유(information sharing)는 중요한 도구이다. 우리는 자폐스펙트럼장애 아동의 요구에 맞추기 위하여 교사, 보육교사 혹은 치료사의 전통적인 역할 이외의 길을 걸어야 할 때가 있다. 어려움이 있는 영역을 수용하려면 아동의 능력, 관심, 심지어 고집적인 행동도 이용한다. 기억하라, 아이들이 학교환경에서 자신의 행동을 받아드릴 수 없다면 우리는 환경, 중재방법, 활동들을 수정해야 한다. 감각처리문제가 있는 자폐스펙트럼장애 아동에 대한 지침은 없다.

자폐스펙트럼장애 아동은 각각 독특한 능력과 어려움이 존재한다; 당신은 프로그램을 창안해낼 때, 프로그램명을 정하지 말고, 아이를 개별적으로 생각한다. 환경에 대한 수정과 협조적인 전략은 자폐스펙트럼장애 아동의 독립성과 기능의 촉진에 도움이 된다.

이 부분에 적용할 수 있는 많은 전략이 있다. 당신이 전략을 시도하고 그 전략이 도움이 되지 않는 걸 알게 되어도 포기하지 마라. 당신의 동료와 팀원과 함께 문제를 해결해나가기 바란다. 아마도 당신은 다른 방법의 전략을 세우거나 하루 중 다른 시간에 전략을 적용하거나 새로운 전략수립이 필요할지 모른다. 당신이 요령을 익히려는 모습에 기다려줄 수도 있다.

아이들은 당신이 그들을 이해하려고 노력하는 것을 알고 있을 수 있다. 고정(fixation)은 종종 문제로 보여지지만 고정은 당신의 프로그램에 상당한 자산이 될 수 있다. 고정은 진정하는 법을 증가시키고 집중력이 증가될 수 있는 동기로 작용할 수 있다. 하루의 일과를 고정한 일정표 혹은 개념을 가르치는 법을 고정하는 것은 매우 도움이 될 수 있다. 아동의 특정한 관심영역을 포함시킬지를 결정하는 것은 충분히 입증되어 왔다. 팀의 모든 멤버가 어떻게 고정을 이용하는지를 동의한 것에 확신을 가져야 한다.

이안은 기차를 좋아한다. 그는 기차를 줄을 세우고 몇 번이나 반복해서 바퀴가 돌아가는 것을 쳐다본다. 그의 선생님은 각각의 기차에 문자를 그렸다. 그리고 이안에게 순서대로 기차를 배열하게 하면서 소문자를 쓰도록 가르쳤다. 이안은 자기가 좋아하는 활동에 참여하니 흥분되었다. 그리고 선생님은 이안에게 쉽게 철자쓰기를 가르칠 수 있어 설레었다.

자폐스펙트럼장애 아동은 감각채널 한 개 이상 들어온 감각을 동시에 처리하는데 어려움이 있다. 눈맞춤은 특히 어려워한다. “나를 봐”보다는 “내 말을 들어봐”가 요청할 때 더 도움이 될 수 있다. 당신의 아이를 어떻게 보고 있는지 결정하기 위하여 행동 검안사(behavioral optometrist)의 평가를 받아보자. 이러한 아동은 중심야에 시각입력에 대하여 몹시 민감하게 반응을 보일 수 있다. 그리고 당신은 주변야를 이용하여 쳐다볼 수 있다. 주변야의 사용은 아동이 눈을 옆으로 흘기듯이 당신을 쳐다보는 행동으로 알 수 있다.

당신의 아이가 학습하는데 어떤 감각계가 가장 정확하게 도와줄까요? 그녀는 시각형 학습자인가요? 청각형 학습자인가요? 행동형 학습자인가요? 감각전략을 사용하는 기능적인 중재는 더 많이 구체적이고 학습하는 게 더 쉬울 수 있다. 자폐스펙트럼장애 아동은 추상적 기술을 이해하는 게 쉽지 않을 수 있다. 이러한 기술은 언어기술이 필요하기 때문이다. 예를 들어, 이러한 아동은 유인물에 글씨를 쓰기보다는 오히려 자신이 사용할 일정표에 글씨쓰기 연습을 하는 게 더 쉽다.

음성 녹음기는 소리(sound)와 소리재생(play sound)을 동시에 녹음할 수 없다. 어떤 아이들은 비슷한 어려움이 있을 수 있다; 학교에서 받아들인 감각정보를 처리한 것을 나중에 자신이 배운 지식을 표현할 수 있는 곳에서 출력채널로 바꾸는 경우가 있다. 가정과 학교간의 좋은 의사소통지는 아동이 채널 바꾸는데 시간이 지연되어 보일 수 있는 행동을 이해하는데 도움이 된다.

매일 의사소통 수첩을 사용하고 비디오나 사운드 클립을 보충한다. 어떤 자폐스펙트럼장애 아동은 다음 활동으로 전환하려면 감압시간(decompression time)이 필요하기도 하다. 학교와 보육세팅에서 좋은 감각입력이 많이 제공될 수 있다. 원하는 감각입력조차도 처리되어야 하고 시간이 걸릴 수 있다.

1) 학교와 보육세팅에서 감각전략(School and Child Care Sensory Strategies)

(1) 다감각(Multi-Sensory)

- 아동의 신경계가 진정상태로 유지될 수 있도록 전체 하루 중 감각활동시기를 정한다(감각식이).
- 스스로 자기진정하려는 행동을 허용한다.
- 자기진정 행동을 기능에 포함한다(예. 흔들의자에서 흔들면서 책읽기).
- 들어온 감각을 주체하지 못한다면, 하나의 감각채널로 한 개씩 감각이 들어올 수 있도록 제공한다.
- 감각을 취하고 새롭게 학습된 것을 표현할 수 있도록 바꿀수 있는 충분한 시간을 준다.
- 어떻게 감각입력이 활동에 사용되는지 정한다; 들어온 감각이 아동이 자기조절할 수 있도록 지지해 주나요? 들어온 감각이 아동의 기술을 발달시키는데 도움이 되나요? 또는 둘 다 도움이 되나요?
- 새로운 활동을 가르치기 위해서 가장 정확하게 처리되는 감각을 이용한다.
- 운동계획에 문제 있는 아동에게 움직임을 시작할 수 있는 신체적 도움(physical prompt)을 이용한다.
- 교실 내에서 아동의 위치가 중요함을 기억한다; 자연광을 위해서는 창문 가까이에 앉기, 움직임이 어려운 경우(운동중단)는 문 옆에 앉기, 학생의 뒤쪽에 누구도 다가오는 것을 싫어하는 경우는 벽 옆에 앉기
- 쓰기를 하기 전에 워밍업 활동으로 진동 펜, 플레이 도우, 치료용 퍼티(theraputty)를 이용한다.
- 커다란 상자로 퇴근하도록(일할 조용한 공간) 만든다.

(2) 고유감각(Proprioception)

- 학교생활 중 무게가 있는 조끼, 모자, 손목 보호대 혹은 눌러주는 옷(compression garments)을 착용한다.
- 진정이 될 수 있도록 감각을 조직화할 수 있는 구강운동 전략을 사용한다(음료용 빨대, 하모니카, 비눗방울 장난감 등).
- 매일의 신체활동과 아이가 집안에서 할 일 중에 심부압박 활동을 연습하도록 한다.

- 무릎으로 뱀처럼 기어가기(lap snake)를 시도한다.
- 좌석에서 엉덩이가 밖으로 자주 미끄러진다면, 의자 혹은 공부하는 책 밑에 미끄럼방지 매트를 이용한다.

(3) 전정감각(Vestibular)

- 아동의 일정표에 운동중단(movement breaks) 시간을 넣어준다.
- 흔들의자는 매우 아동을 진정시킬 수 있기 때문에 유용할 수 있다.
- 움직임의 욕구가 있는 아동이 책상에서 공부해야 할 때 호키 의자(hokki stool), 움직이는 'n' 좌석 쿠션, 혹은 공 의자를 선택적으로 이용한다.
- 일어서서 공부할 수 있는 이젤(easel)이나 탁상용 이젤을 사용한다. 이것은 머리위치를 움직이는데 어려움이 있는 아동이 잘 공부할 수 있도록 도와준다.
- 발 아래에 흔들판(rockerboard)을 놓는다(책상 아래).
- 아동이 발을 땅에 닿고 있기를 불편해 한다면 바닥쪽으로 낮은 의자를 둔다. 이것은 아동의 두 발이 작은 의자 위에 닿거나 놓여질수 있도록 한다.

(4) 촉각(Tactile)

- 아동이 이완하고 다시 집중할 수 있도록 텐트나 베개를 조용한 모퉁이에 둔다.
- 촉각정보를 처리하도록 하려면, 작은 놀이방의 맨 마지막 줄에 아동이 아늑하게 있을 수 있는 작은 장소를 마련해준다.
- 접촉처리가 도전이 된다면, 줄서기의 맨 마지막에 아이를 세우거나 문을 잡고 있도록 도와준다.
- 예기치 못한 접촉을 줄이려면 벽쪽으로 등을 기댈 수 있고, 교실에서 더 조용한 장소에 아동의 책상을 놓는다.

(5) 시각(Visual)

- 시각적 흩어짐(visual clutter)을 최소화한다.
- 시각적으로 물리적 공간을 정한다; 아동의 자리, 문의 위치, 가위의 위치(학교 과제 수행시 독립성을 증진할 수 있도록 일관성 있는 장소에 학용품을 놓고 이름을 써 놓는다).
- 순서대로 학습하는 것을 도울 수 있도록 색으로 구분된 바인더를 사용한다.
- 빛의 눈부심을 줄이기 위하여, 야구모자나 선글라스를 제공한다.
- 시각에 예민한 학생은 휴대용 퍼스널 컴퓨터보다는 데스크톱을 사용한다.

• 아동이 빛에 예민하다면 아동에게 창문 옆으로 앉게 하지 않는다.

(6) 청각(Auditory)

• 아동이 소리를 처리할 수 있는 능력에 맞게 목소리를 조절한다. 아동이 가장 잘 반응하는 목소리 톤, 리듬, 말의 속도를 알고 있어야 한다. 당신은 아이와 말할 때 조용하고, 일관성 있고, 사랑스러운 어조를 사용할 수 있다. 혹은 거칠고 재미난 목소리가 필요할 수도 있다.
• 크고, 예측하지 못한 소음은 제거한다(PA 혹은 화재경보음). 혹은 아이에게 PA 시스템이나 화재경보음을 끄기 전에 경고를 먼저 하기 바란다.
• 교실에서 경쟁적인 소리를 알고 있다(FM 시스템은 교실에서 교사의 목소리를 잘 듣지 못하는 아동에게 도움이 될 수 있다).
• 낮은 음량으로 음악을 듣거나 백색의 소음기계는 여분의 소리가 빠져나가도록 도울 수 있다.

올린은 학교에서 당황하지 않고 자신이 소방훈련을 다스릴 수 있는 것에 자랑스러워했다. 그는 "10시 15분에 소방훈련이 있다는 것을 저에게 말해주세요. 나는 곧 훈련시간이 다가오는 것을 알고 있어요. 전 준비가 되어 있어요!"라고 말했다.

(7) 냄새/맛(Smell/Taste)

• 보육시설 혹은 학교에서 냄새가 있는지 확인한다. 특히 음식을 만드는 장소
• 클렌징 제품의 냄새를 확인한다.
• 부모님의 향기가 있는 물건을 집에서 가져오세요; 이것은 아이에게 매우 편안함을 줄 수 있다.

(8) 일반적 전략(General Strategies)

• 아동이 학습하기에 가장 편안해 하는 장소를 확인한다.
• 앉은 자세가 문제가 있다면 움직임 중단, T자형 의자, 큰 공 혹은 앉는 곳에 젤 좌석을 제공한다.
• 아동이 지시를 이해할 수 있고, 그 날의 일어날 일을 예측할 수 있도록 의사소통 보조 장비/시각전략을 이용한다.
• 가능한 구체적인 기술로 새로운 것을 가르친다.
• 아이에게 동기가 될 수 있고, 이해 가능한 과제를 만들어준다.
• 합판으로 된 시간표/일정표를 사용한다.
• 기술을 가르치기 위한 순서가 쓰여진 보드를 사용한다.
• 변화를 위해 준비할 시간, 특히 운동계획이 바뀔 때 충분한 시간을 준다.

- 모든 사람들이 놀라운 일이라고 여겨지는 유머를 사용한다.
- 활동의 시작과 끝을 알리는 타이머를 사용한다.
- 가정과 학교에서 사용할 수 있는 성공적인 전략을 배운다.
- 집중과 초점을 맞출 수 있도록 동기물(motivators)을 사용한다.
- 아이에게 주간보호시설/학교에서 조절할 것(대안물)을 준다. 선택의 기회를 준다.
- 가능한 일관성 있게 환경, 일과, 언어적 지시를 유지한다.
- 가정과 학교 간에 의사소통을 촉진한다; 기록지에 머일 발생한 일에 대하여 서로 연락한다.
- 하루 중 어려웠던 일에 대한 검토를 위해 성공일지를 지킨다.
- 아동이 뒤쪽이 아닌 앞쪽으로 두 다리를 교차하여 앉도록 지도한다. 이 자세는 골반의 바른 자세정렬을 유지하게 하고 다른 사람을 발로 넘어지지 않게 한다.
- 아동이 특정한 활동 혹은 장소에 대하여 가이드 할 수 있도록 바닥에 시각적 단서를 이용한다(색깔이 있는 마스킹 테이프).
- 교육팀의 한 일원이면서 중요한 사람이라는 것을 알 수 있도록 아동에게 임무를 부여한다.

2) 앉기와 이야기나누기 활동(Sitting and Staying in the Circle)

감각전략(Sensory Strategies)

(1) 고유감각(Proprioception)

- 신체의 표면의 상당한 부분을 지지해줄 수 있는 콩주머니 의자나 부드러운 의자를 사용한다.
- 만지작거릴 수 있는 장난감, 진동 장남감 혹은 가장 좋아하는 장난감은 도움이 될 수 있다; 이 시간만 사용해야 하는 특정 장난감이 제공된다(진동을 느낄수 있는 동물인형은 매우 유용할 수 있다).
- 무거운 조끼, 웨이트(weights), 압박 조끼 혹은 무릎 뱀은 아동이 원형으로 앉아 있도록 도와줄 수 있다.

(2) 전정감각(Vestibular)

- 앉아 있는 동안 고유감각, 운동감각, 전정감각의 입력이 제공되는 움직임을 제공하면 집중에 도움이 될 수 있다(움직이는 좌석, T자형 의자, 하우다 허그 의자(howda hug chair), 큰 공).
- 중력불안이 있는 아동에게 머리위치의 변화가 있는지 확인한다; 아동들은 바닥에서 일어났다가 앉았다 하는 것은 싫어하고 의자에 앉아 있으려 하고, 교사와 반대로 앉아 있고 싶어한다.

- 아동에게 움직임이 통합되는 좋은 방법으로 선생님에게 물건을 가져오라고 요구한다.
- 매일 원안에서 신체적 활동하는 것은 건강하게 하고 재미있다!

(3) 촉각(Tactile)

- 친구의 촉각피드백을 확인한다; 예기치 못한 접촉을 피하기 위하여 촉각방어 아이들의 주변에 더 많은 공간을 준비해 두어야 한다.
- 저반응인 아동은 집중력을 유지할 수 있도록 목 뒤와 등을 간지럼을 해줄 수 있다.
- 촉감이 좋은 동물인형 혹은 가장 좋아하는 담요를 제공한다. 이야기 나누는 활동이 집중력을 증진하는데 도움이 될 것이다.

(4) 시각(Visual)

- 아동의 공간을 표시하기 위한 네모난 카펫을 사용한다.
- 경쟁적인 시각입력이 무엇인지 알고 있어야 한다.
- 야구 모자를 써서 머리위의 빛의 눈부심을 감소시킨다.
- 지속적으로 시각자극을 찾는 아동을 위하여, 이야기 나누는 활동에 시각입력이 통합되어야 한다. 예를 들어, 아동이 슈퍼히어로를 좋아하면 교사가 슈퍼히어로의 마스크를 쓰고 지시를 한다면 더 잘 집중할 것이다.

(5) 청각(Auditory)

- 청각에 예민한 아동은 경쟁적인 소리와 예기치 못한 소리가 무엇인지 확인한다.
- 지시를 노래에 넣어서 음악을 사용한다. 아이가 집중하는데 도움이 될 것이다.
- 원하지 않는 소리와 압도되는 소리를 걸러내지 못하는 아이에게 소음방지 헤드셋을 제공한다.

(6) 냄새/맛(Smell/Taste)

- 당신의 아이에게 영향을 주는 다른 사람의 냄새를 확인한다.
- 아이가 새로운 냄새를 찾고 있는지, 끊임없이 다른 사람과 상호작용하면서 적절한 거리를 두고 있는지 확인한다.

(7) 다른 전략(Other Strategies)

- 성공적인 학습을 한다. 만약 아이가 20초 동안 이야기 나누는 활동에 집중했다면 이 시점이 기초선

이고 시간을 조금씩 늘린다.

- 원형으로 이야기 나누는 활동시간에 주위를 짧게 걷도록 허용하고 다시 제자리에 앉게 한다.
- 집중력과 초점을 맞추도록 음악을 이용한다.
- 아이가 교사옆에 앉도록 한다; 토의에 대한 주제를 다룰 수 있거나 다른 임무를 주어서, 아동이 집중하도록 돕는다. 이것은 아동의 자존감과 자기가치에 영향을 준다.
- 모든 사람들의 팀원으로 중요한 역할이라는 것을 느낄 수 있도록 임무를 배정한다.

4. 체육시간/운동시간(Physical Education/Exercise Time)

1) 감각전략(Sensory Strategies)

(1) 고유감각(Proprioception)

- 무거운 고유감각 춤에 참여한다. 이것은 매우 조직적이며 즐겁다.
- 아동에게 압박조끼, 무거운 조끼 혹은 웨이트를 주어서 공간에서 자신의 신체위치에 대한 정보를 더 많이 제공한다.
- 체육시간 동안 정기적인 간격을 두고, 무거운 일이 발생하는 활동에 참여하도록 한다(예를 들어, 메디신 볼(medicine ball)을 굴리고 집어 올리기).
- 밀기, 잡아당기기, 들어올리기, 옮기기 같은 활동에 참여하게 한다(예를 들어, 공주머니를 옮기기/질질 끌어 옮기기, 체육관 문을 밀어서 열기, 줄 사다리를 기어 올라가기).

(2) 전정감각(Vestibular)

- 아이가 움직이고 체육활동으로 돌아갈 수 있는 안전하고 열려진 공간을 마련한다.
- 만약 아이가 고소공포증이 있다면 무거운 조끼, 커프, 모자, 혹은 압박 조끼를 입힌다. 이것은 안전감을 제공한다. 아이가 높이에 대한 두려움이 있다면, 스스로 움직임을 조절할 수

있도록 한다. 고소공포증은 실제로 공포이면, 존중할 필요가 있다.

- 중력불안이 있는 아동에게는 자세변화(특히 머리의 위치변화)가 있는 활동은 어려울 수 있다.

(3) 촉각(Tactile)

- 아동이 예기치 못한 접촉처리에 어려움이 있으면 다른 아이와 떨어져서 활동할 기회를 제공한다.
- 방을 변화시켜줄 때 주의한다. 촉각방어 아동은 쉽게 흥분될 수도 있다. 아동은 교실로 들어가기 전에 몇 분간 변화가 필요할 수도 있다.
- 촉각방어 아동에게 접촉이 필요한 스포츠는 도전이 될 수 있다는 것을 기억한다.

(4) 시각(Visual)

- 체육관에서 빛의 눈부심이 있을 때 모자를 쓴다.
- 팀플레이, 달리기, 던지기의 활동이 시각적 과자극이 될 수 있다는 것을 기억한다.

(5) 청각(Auditory)

- 아이들은 소리에 인내할 수 없기 때문에 대형 룸(학교 체육관)에서 청각적 피드백에 주의한다(소음방지용 헤드셋을 착용한다).

(6) 냄새/맛(Smell/Taste)

- 방을 바꾸어 들어갈 때, 커피/감귤/계피 향이 든 작은 후각통을 제공한다.

(7) 다른 전략(Other Strategies)

- 아동의 반응을 일으킬 수 있는 음악을 사용한다.
- 아동이 움직이는 방법에 문제가 없다면 창조적인 움직임을 만들 수 있는 활동에 참여하는 것이 좋다.
- 동물처럼 걸어가기, 멈췄다가 가기(stop and go), 장애물 코스를 권장한다.
- 특정한 움직임을 학습할 때, 아이가 운동과제에 도전하기가 잘 될 수 있는 크기(bite-sized pieces)로 나누어 가르치기 바란다.
- 움직임과 음악의 반복하는 것이 움직임의 기억을 증진한다.
- 커다란 스포츠의 가장 작은 요소로 가르친다(예. 축구에서 전체적인 게임에 장인이 되기 보다는 어떻게 골기퍼가 될 수 있는지 가르친다).
- 체력강화프로그램을 활용한다(수영, 계단 오르기, 걷기). 이는 근긴장이 낮은 아동의 지구력을 높일

수 있다.

- 운동계획과 기억력을 촉진하기 위하여 언어와 움직임을 연결한다.
- 친숙한 움직임을 이용하고 느리게 움직임을 수정하고 아동이 문제를 해결하도록 시간을 허용한다.
- 아동이 선두에 설 수 있도록 허락한다; 아이들은 종종 자신의 과제를 조직화하려고 옥외로 활동하러 떠난다.

5. 조작(Manipulatives)

1) 감각전략(Sensory Strategies)

(1) 고유감각(Proprioception)

- 퍼즐조각이나 작은 물건을 입에 넣을지 모른다; 적절하게 씹을 수 있는 장난감이나 만지작하면서 놀 수 있는 장난감을 씹기 위하여 튜브형 조각을 제공한다.
- 자세를 촉진하기 위하여 압박조끼나 무거운 조끼를 제공한다.
- 손에 대한 인식과 과제 수행시 손사용의 성공을 위하여 웨이트를 제공한다.

(2) 전정감각(Vestibular)

- 움직이는 의자(움직이는 좌석 쿠션, 호키시트, 맘보시트, 공 의자)가 근긴장과 집중을 증진하는데 전정감각입력이 제공될 수 있다.

(3) 촉각(Tactile)

- 강한 감각의 기초를 가르쳐 준다. 예를 들어, 모래상자에서 모양 분류하여 놓기, 이 과제를 실시하는 동안 집중할 수 있도록 감각입력을 사용한다.
- 아동이 입으로 촉각자극을 추구한다면 입으로 과자 먹기나 조작하면서 튜브를 씹도록 한다.

(4) 시각(Visual)

- 양동이 안에 물건을 떨어지게 함으로 기능적인 낙하활동을 한다.
- 아동이 여분의 시각감각을 찾을 수 있도록 관심있는 시각활동을 한다(전기식 수족관).

(5) 청각(Auditory)

- 아동이 청각적 피드백을 증가시키거나 아이가 장남감을 어떻게 가지고 노는 법을 모르기 때문에 조각들을 가볍게 톡톡 두드린다. 가볍게 치는 것을 줄이기 위하여, 장난감 사용방법을 가르치거나 한손만 이용하여 놀도록 지도한다. 또한 당신은 다른 소리를 만들기 위하여 사물을 깨어 부서지도록 두드릴 수도 있다.

(6) 냄새/맛(Smell/Taste)

- 물건의 냄새를 확인한다. 이상한 냄새를 제거하기 위하여 새로운 장난감은 씻는다.
- 활동에 동기부여가 될 수 있도록 냄새를 추가하여 도전이 되도록 한다(예, 동기부여를 위하여 밀가루놀이를 할 때 계피 향을 첨가한다).

(7) 다른 전략(Other Strategies)

- 아동이 견딜 수 있다면 긍정적인 강화의 양을 두 손을 번갈아가며 준다.
- 비디오 모델링은 아동이 이전에 시도했던 과제를 배우고, 자신이 했던 것을 다시 보도록 지도한다.
- 그림들/순서화의 한 조각은 새로운 기술을 학습하는데 지지하도록 도울 수 있다.
- 활동을 하는 동안 노래를 부르도록 한다("Here We Go 'round the Mulberry Bush'라는 노래는 어떤 것이든 응용이 가능하다).

6. 감각활동(Sensory Activities)

이러한 활동은 종종 좋아하는 것들이다. 아동은 감각통에 바로 올라가기, 입으로 재료를 탐색하기, 바닥에 재료를 쏟아 붓기, 혹은 교사 혹은 다른 아이들의 관심을 받으려고 물건을 던질지도 모른다.

1) 감각전략(Sensory Strategies)

(1) 고유감각(Proprioception)

- 몸감각이 주어지는 활동, 감각통에 들어가고 싶어하는 행동을 줄여주기 위하여 활동 전에 마사지/압

박접촉을 사용한다.

- 손이 학습하고 있는 동안 입을 놀릴 수 있도록 씹거나 비슷한 구강활동을 아동에게 제공한다.
- 들어온 감각을 수용할 준비와 구강사용을 줄이기 위하여 감각놀이 전에 손을 마사지한다.
- 공간에서 자신의 신체와 자세를 인식할 수 있도록 압박 조끼 혹은 무거운 조끼를 착용한다.

(2) 전정감각(Vestibular)

- 아동이 움직이는 의자에 앉아 있거나 발을 흔들판 위에 놓아서 전정감각이 제공되도록 한다. 그러면 근긴장도와 감각과제에 대한 집중력이 증가한다.

(3) 촉각(Tactile)

- 아동이 촉각입력에 예민하다면 장갑을 제공한다.
- 지저분해지는 감각활동의 재료는 지퍼락에 보관할 수 있다.
- 아동이 만지기 싫어한다면 수저와 주걱같은 도구로 재료를 섞을 수 있다.

(4) 시각(Vision)

- 감각통에 부어버리는 활동을 제공한다. – 회전하는 바퀴, 거르는 체, 수저, 그릇, 경사면 – 특히 아동이 물건이 아래로 굴러가는 것을 보기 좋아한다면 제공한다.
- 아동이 바닥에 재료를 부어버리는 것을 좋아한다면, 플라스틱 조각이나 큰 그릇을 재료를 넣을 수 있도록(목표를 겨냥할 수 있게) 바닥에 놓는다.
- 머리위의 빛의 눈부심을 줄이기 위해 야구모자를 착용한다.

(5) 청각(Auditory)

- 감각활동 시 발생할 수 있는 소음방지를 위해 소음방지 헤드셋을 이용한다.

(6) 냄새/맛(Smell/Taste)

- 집중력을 향상시키기 위하여 감각활동에 냄새를 첨가한다.

(7) 다른 전략(Other Strategies)

- 게임처럼 놀이를 구조화하고 아동이 집중하고, 놀이의 한 부분으로 생각할 수 있도록 주고받기를 한다.

- 아동이 활동시 자신의 몸전체를 넣기를 원한다면, 놀이방법이 아니거나 작은통에서 감각활동을 제공할 수 없다는 것을 알려주는 시각전략을 이용한다. 손으로 감각놀이를 하면서, 감각통 안에 발을 넣는 것을 허용한다.
- 활동에 적절한 놀이를 칭찬하고, 당신이 아이들의 호흡에 따라 칭찬했더라도 자주 칭찬해준다.
- 감각책상은 교사가 아동에게 놀이시범을 보여주고 다른 아이들과 상호작용하는 법을 가이드 해주려고 필요하다.
- 비디오 모델링/사회적 스토리는 아동이 과제를 어떻게 배워야 하는 방법을 알려주는데 매우 효과적이다.
- 활동시 아이가 동참하도록 유도한다; 노래 부르기, 퍼붓는 것을 교대적으로 하기
- 많은 부엌과제는 감각적 과제이다(접시를 씻기, 야채를 씻고 자르기, 쥬스 섞기).

7. 세면실 이용하기(Washroom Time)

1) 감각전략(Sensory Strategies)

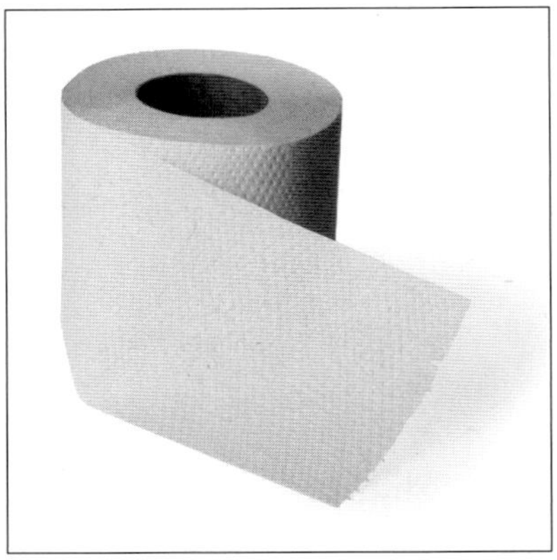

(1) 고유감각(Proprioception)

- 아동은 기저귀에 배설을 할 수도 있다. 왜냐하면 감각피드백이 제공되기 때문이다; 아동이 변기에 앉아서 배설을 하기 위하여 기저귀를 착용할 수 있다.
- 아동은 무거운 조끼, 압박 조끼를 입을 수 있다. 혹은 바닥에 배설을 하면서 무릎 뱀(lap snake)을 입을 수 있다.

(2) 전정감각(Vestibular)

- 변기 사용시 중력불안이 있는 경우 어려울 수 있다; 어린이용 변기나 구멍이 작은 유아용 변기좌석을 사용한다. 발판 위에 발을 확실하게 올려놓는다. 아동이 변기를 두손으로 잡도록 도와준다. 책을 읽거나 좋아하는 노래를 부르도록 한다.
- 자세변화에 두려움이 있기 때문에 변경테이블에 등을 기대도록 한다. 아동이 누울 때 머리를 고정시켜주시거나 아이를 선자세로 옮겨준다.

(3) 촉각(Tactile)

- 변기좌석의 온도가 불편(차갑다)하면 쿠션이 있는 좌석이나 변기의 구멍 위를 타월로 덮는다.
- 젖은 수건으로 닦는다. 왜냐하면 온도를 인식하는데 화장지 보다 더 효과적일 수 있다.
- 어떤 아동은 옷감이 닿는 것을 다르게 느껴서 모든 옷을 벗어버리려 한다. 아동에게 옷을 입고 벗을 때 충분한 시간을 준다.
- 촉각방어가 있는 아동이 손을 씻기 전에 소매를 말아 올린다. 왜냐하면 셔츠의 소매가 젖는다면 셔츠를 입고 있기 어렵기 때문이다.

(4) 시각(Vision)

- 변기구멍을 흰색의 화장지로 덮어서 시각적으로 변기안의 구멍의 깊이를 지각할 수 있도록 돕는다.
- 윤이 나는 세면바닥에 빛이 반사되는 것을 예방하기 위해 조도를 낮춘다.

(5) 청각(Auditory)

- 욕실에서 종종 허허로운 신음소리(hollow sound)가 있다; 음악을 틀어준다.
- 소음방지 헤드셋은 소음을 차단하는데 도움이 된다.

(6) 냄새/맛(Smell/Taste)

- 욕실에 다른 냄새가 퍼지는 것을 방지하기 위해 좋아하는 냄새를 제공한다.

(7) 다른 전략(Other Strategies)

- 세면장을 사용하거나 손을 씻기 위해 차례를 기다리는 동안 아동이 할 수 있는 활동을 준비해둔다(책, 감각놀이, 노래, 만지작할 수 있는 장난감).
- 아이가 기다릴 수 있다고 존중해주면서 결코 강요하지 않는다. 이 활동은 아동을 매우 불안하게 한다.
- 아동의 노력과 시도하는 것에 긍정적인 보상을 한다.

아동의 인내심 안에서 활동을 하는 것은 교사와 아동사이에 신뢰관계가 이루어진다. 또한 아동에게 어려움일 수 있는 감정적 디스트레스(emotional distress)의 증가를 예방할 수 있다. 만약 환경과 교사가 아동을 존중하고 유연성을 보여준다면 아동은 이완할 수 있고, 자신의 수비 상태를 내려놓고 배우려고 시도할 것이다. 아동은 스트레스 받은 것에 에너지를 쏟거나 학습하는데 집중한다. 우리는 아동이 학습하기에 편안한 환경을 조성하고, 감각처리능력을 존중하는 환경을 만드는 것은 도전일 것이다.

8. 간식 시간(Snack Time)

간식 시간은 특히 촉각방어를 가진 아동에게 불안과 짜증을 일으키는 시간이다. 간식 시간에 성공적인 감각도전의 시간이 되게 만드는 것은 중요하다. 사회적 기술과 먹는 것은 종종 손과 손으로 행하여 진다. 간식 시간은 많은 사회적 기회가 제공되기도 한다. 먹는 것을 가르치는 부모, 작업치료사, 언어치료사를 위한 유용한 다양한 과정이 있다.

1) 감각전략(Sensory Strategies)

(1) 고유감각(Proprioception)

- 미숙한 신체인식을 예방하기 위해 무게가 있거나 압박할 수 있는 조끼 혹은 손목에 모래주머니를 착용한다.
- 먹기 전에 진동칫솔을 이용하여 손과 입의 인식수준을 올려준다.
- 입 다물기가 미숙한 아동과 혀 움직임에 협응이 떨어지는 아동은 굵은 질감의 음식을 제공한다.
- 보온재가 씌여진 두툼한 손잡이의 가정용 기구를 사용한다.
- 정확함을 알려주기 위한 무거운 컵을 준다.

(2) 전정감각(Vestibular)

- 필요하다면 운동중단을 제공한다.
- 아동이 바닥에서 발을 떼지 못한다면 작은 책상과 의자를 놓거나 커다란 책상 사용시 발아래에 발판의자를 놓는다.

(3) 촉각(Tactile)

- 아동이 접촉을 불편해 한다면, 책상 끝에 앉아서 옆 친구와의 접촉을 최소화한다.
- 차갑고, 금속으로된 식기류는 촉각방어 아이를 불편하게 한

다; 플라스틱, 나무 혹은 수저의 손잡이 부분이 플라스틱으로 된 것을 사용한다.

- 촉각방어를 가진 아동은 1개 이상의 음식질감을 견디기 어렵다; 음식질감의 일관성을 확보할 수 있도록 퓨레로 만들 필요가 있을 수 있다.
- 비슷한 질감의 음식군을 소개한다.
- 다른 모든 아이들과 함께 앉아서 있기 힘들다면, 작은 카페용 책상을 놓고 간식을 1명의 친구와 함께 먹을 수 있도록 돕는다.

(4) 시각(Visual)

- 입안에서 접촉하기 싫어하는 음식은 음식간에 섞이지 않도록 칸막이가 있는 접시를 사용한다.
- 얼굴을 보고 시각피드백을 증가할 수 있는 거울을 이용한다.

(5) 청각(Auditory)

- 음식씹는 소리는 견디기 어려울 수 있다; 백색의 소음기계나 음악을 사용한다.
- 너무 강력한 소리는 소음방지 헤드셋을 이용한다.

(6) 냄새/맛(Smell/Taste)

- 선호하는 온도를 존중한다(더 따뜻한 음식, 더 많은 조미료 맛 가진 간식).
- 선호하는 간식의 냄새가 어떤 냄새보다 더 중요할 수 있다는 것을 기억한다.
- 냄새를 줄이려고 그룹 밖에서 아동이 간식을 먹을 수 있다.

(7) 다른 전략(Other Strategies)

- 의자에 털썩 앉거나 의자를 벗어나려 한다면 어깨와 머리를 아랫방향으로 압박접촉을 시도한다.
- 자세지지를 위하여 베개로 자세를 잡아준다.
- 가정용 집기류 사용을 가르칠 수 있다; 처음에는 아동이 음식을 쉽게 포크로 찌를 수 있는 음식을 주고 손을 번갈아가며 사용하도록 가르친다.
- 아동의 접시와 컵 아래에 미끄럼 방지용 매트를 사용하여 움직이는 것을 예방한다.
- 아이가 먹고 나서 냅킨으로 얼굴을 닦도록 지도한다.
- 컵으로 마실 때 지저분하게 되는 것을 감소시키기 위해 뚜껑이 있는 컵을 사용한다.
- 음식이 동기가 된다면 집중력과 초점을 향상시킬 수 있는 탁월한 학습기회가 될 수 있다.
- 한 번에 적은 양의 음식을 주어서 아동이 언어적으로 더 많이 요청할 수 있도록 지도한다.

- 아동이 먹은 그릇과 컵을 부엌에 가져다 놓도록 격려한다.
- 정확한 책상의 의자 높이를 확보한다. 필요하다면 어린이용 보조의자의 높이를 높여준다.
- 높이에 불안을 느낀다면 아동은 잘 먹지 못할 수 있다. 식사시 편안하고, 안정된 환경을 조성해준다.

9. 음악(Music)

1) 감각전략(Sensory Strategies)

(1) 고유감각(Proprioception)

- 아동의 신체인식을 도울 수 있도록 무거운 조끼나 압력조끼를 사용한다.
- 아동이 악기의 닿는 것을 싫어한다면 풍선을 잡고, 음악을 들으면서 진동을 느낄 수 있도록 하는 게 좋은 방법이다.

(2) 전정감각(Vestibular)

- 음악에 맞춰 움직이고 춤을 추도록 한다.
- 아동이 중력에 불안해 한다면 안정된 좌석면을 제공한다.

(3) 촉각(Tactile)

- 음악시간에 촉각방어를 가진 아동을 파악하고 다른 사람과의 위치를 파악한다.
- 악기는 촉감을 제공한다; 불기도구 가까이에 수건을 놓는다.

(4) 시각(Vision)

- 악보의 선과 노트를 이리 저리 볼 수 있다; 컬러 코딩된 노트를 사용한다.

(5) 청각(Auditory)

- 듣는데 예민한 아동에게 해드폰을 제공한다.

- 선호하는 소리를 알고 있다.
- 오르내리는 음량을 알고 있다.
- 예측되지 않거나 큰 소리가 나기 전에 아이를 조심시켜준다.
- 가능하면 아이가 돕는 역할을 가질 수 있도록 한다. 아이가 음악을 켜고 끄도록 한다.

(6) 냄새/맛(Smell/Taste)

- 음악실에서 나는 냄새를 아동이 견딜 수 있게 선호하는 냄새를 제공한다.

(7) 다른 전략(Other Strategies)

- 기억할 수 있고 함께 노래할 수 있는 노래를 일관성 있게 제공한다.
- 집중하고 초점을 증가시키거나 악기연주에 도움이 될 수 있는 만지작거릴 수 있는 장남감을 준다.
- 듣기 프로그램을 검토한다(Tomatis method, Therapeutic Listing, Integrated Listening Systems).
- 청각처리능력 평가를 고려한다.
- 동기부여가 필요하면 음악을 자주 사용한다.
- 학습과 이해를 돕기 위하여 시각전략/비디오로 자기 모델링 하는 법을 이용한다.
- 다음에 할 것을 아동이 미리 예측할 수 있도록 활동목록표를 가지고 있는다.
- 음악은 동기유발할 수 있는 장점이 있다:
  - 주고받기(turn taking) – Old MacDonald와 같은 음악을 사용한다.
- 눈맞춤/눈응시하기 – 아동이 언어적 혹은 눈맞춤을 할 때까지 다음 절을 부르지 않는다.
  - 상호작용
  - 움직임의 포함; 리듬
  - 활동의 순서화 – 노래의 예측가능성으로 인하여

10. 미세운동 활동(Fine Motor Work)

1) 감각전략(Sensory Strategies)

(1) 고유감각(Proprioception)

- 아동의 신체인식발달을 위하여 무거운 쓰기도구를 이용한다.
- 아동이 손닿는 것에 예민하다면 미세운동 활동 전에 마사지를 한다.
- 아동에게 신체인식의 발달과정 중에 있다면 손목에 모래주머니를 채운다.
- 신체의 위치에 대한 정보와 집중력을 증진하려면 무게가 있는 조끼나 압박조끼를 착용한다.
- 자세에 대한 인식과 지지를 위하여 어깨에 모래주머니를 올려준다.
- 손과 팔의 인식을 증진하기 위하여 진동펜을 사용한다.

(2) 전정감각(Vestibular)

- 움직임이 많은 아이에게 집중을 증가하기 위하여 젤 좌석, 호키좌석, 맘보의자, 공의자, T자형 의자를 사용한다.
- 머리위치의 변화를 싫어한다면 탁상용 이젤(easel)을 사용한다.
- 아동의 발이 바닥에 정확하게 닿았는지 확인한다.

(3) 촉각(Tactile)

- 미세운동기술을 발달시키고자 할 때 촉각적 감각놀이를 제공한다.
- 아동이 손으로 만지는 것을 싫어하면 감각놀이시 장갑을 끼고 할 수 있다.
- 촉감을 좋아하지 않는 아동은 끈적끈적하고 덜 마른 풀 보다는 스틱형 풀을 사용한다.
- 진동펜은 촉각의 예민함을 감소할 수 있다.

(4) 시각(Visual)

- 머리위로 비춰지는 빛을 가리기 위하여 모자를 쓴다.
- 시각집중을 증가시키기 위하여 다른 색깔의 플라스틱으로 덮여진 도구를 사용한다.
- 눈부심을 감소시키기 위하여 탁상용 이젤을 사용한다.
- 글씨쓰기를 도와주기 위하여 컬러로 코딩된 줄을 사용한다.

(5) 청각(Auditory)

- 종이에 연필이 긁히는 소리는 아동을 화나게 할 수 있다. 소음방지 헤드셋, 백색의 소음방지 도구 또는 음악이 도움이 된다.

(6) 냄새/맛(Smell/Taste)

- 글씨쓰기에 관심을 높이기 위하여 향기 나는 색연필(smencils), 향기 나는 마커, 크레용을 사용한다.

(7) 다른 전략(Other Strategies)

- 연필쥐기를 도울 수 있게 쓰기도구의 손잡이를 두껍게 하고 더 쥐기 쉽도록 보온재로 감쌀 수도 있다.
- 시작하려고 할 때 바로 신체적인 도움을 준다.
- 순서있는 과제를 수행하기 위해 시각적 전략을 사용한다.
- 쓰기과제의 질과 양을 고려하여 쓰기과제의 양을 줄인다.
- 부가적인 지식의 표현방식을 사용한다; 테이프 녹음기, 입으로 표현하기, 비디오, 다양한 선택지들
- 스스로 점검하도록 배정하고 격려하는 시간을 충분히 제공한다.
- 쓰기표현을 위해 컴퓨터를 이용한다.
- 이미 쓰여진 수학문제를 주고 아동이 답만 쓰도록 한다.
- 계산 시 숫자가 정확한 위치에 놓이도록 그래프 종이를 사용한다.
- 정답을 쓰기보다는 정답에 동그라미를 치거나 줄긋기를 하도록 한다.
- 큰 프로젝트를 작은 단계로 나눈다.
- 아동이 가로면보다는 세로면으로 쓰도록 한다(종이를 칠판에 붙이거나 이젤을 사용한다).
- 여러 번 이름을 쓰게 하기보다는 아동의 이름표 도장을 사용한다.
- 답을 쓰기보다는 준비된 종이 위에 정답을 붙인다.
- 아동들이 스트레스를 받고 있다고 보이는 지속적인 행동을 관찰한다.
- 인지기능이 쓰기기술과 같은 수준이 아니라는 것을 알고 있어야 한다. 쓰기기술이 고르지 않게 발달된 아동은 좌절하게 되고 아동과 아동을 지지해주는 사람 둘 다 마찬가지이다. 창의적 사고를 가지세요!
- 아동이 어려움을 가지고 있을 때 개념이 문제인지 미세운동 활동이 문제인지 결정한다.
- 두발을 바닥에 편안하게 놓고 팔꿈치가 90도로 편안하게 유지될 수 있도록 적절한 책상과 의자 높이인지 확인한다.

11. 사회적(Social)

1) 감각전략(Sensory Strategies)

(1) 고유감각(Proprioception)

- 아동이 압박감이 필요하다면, 그 감각이 제공되도록 적적한 방법을 가르친다(항상 친구에게 매달리기 보다는 벽을 밀기).
- 아동에게 다른 사람의 사적 공간을 어떻게 존중해야 하는지 가르친다.

(2) 전정감각(Vestibular)

- 아동의 균형기술이 발달하고 있다면 친구를 잡고 있는 것보다는 균형을 유지하기 힘들다면 안전감을 주는 잡을 수 있는 어떤 것을 설치한다.
- 상호작용을 증진하기 위하여 활동적인 게임 혹은 감각놀이를 소개한다.
- 사회적 상호작용 시 너무 많은 움직임을 보인다면 아동이 한 장소에서 즐겁게 앉아서 할 수 있는 일을 준다.

(3) 촉각(Tactile)

- 다른 사람과 가까이에서 손으로 만지는 활동을 어려워하는 아동은 다른 사람에 의해 만져지지 않도록 줄의 맨 앞 혹은 맨 뒤에 서도록 한다.
- 접촉에 대한 부정적인 반응을 알고 있어야 한다. 왜냐하면 학생은 무작위로 가벼운 접촉에 공격성을 보일 수 있기 때문이다.
- 다른 학생들이 아동에게 접근하는 것은 아이가 경계태도를 보일 수 있다는 것을 가르친다. 특히 뒤쪽에서 접근할 때 경계한다(특히, 새로운 감각입력에 대한 공포가 될 수 있는 게 동급생이라는 것은 사실이다).
- 촉각방어인 아동이 있다면 거리를 두고 상호작용 게임을 한다(예. 공을 앞뒤로 굴리기).

(4) 시각(Visual)

- 아동이 눈으로 뿐만 아니라 접촉으로도 정보를 취하는 법을 가르친다.

- 눈마주침이 어렵다면 그들에게 어떻게 눈을 응시하는 법을 가르친다.

(5) 청각(Auditory)

- 다른 아동의 말을 듣지 않는 듯하면 다른 학생들에게 상호작용을 시작할 수 있는 시각단서를 이용하는 법을 가르친다.
- 아동이 예민하다면 소리를 줄인다. 속삭이듯 말하고, 한 번에 하나만 말한다.
- 친구를 이해하지 못하거나 들은 것을 조직화하는데 문제가 있다면 중앙 청각처리평가를 고려해야 한다.

(6) 냄새/맛(Smell/Taste)

- 선호하는 냄새를 사용하면 다른 냄새를 지닌 다른 아동의 접근을 허용할 수 있다.
- 후각에 예민한 아동은 먹는 활동이 없는 사교행사를 선호할 수 있다.

(7) 다른 전략(Other Strategies)

- 진정되고 정보를 조직화할 수 있는 자기조절전략을 아동에게 가르친다.
- 당신의 아이가 사회적 상호작용에 성공적이기 위하여 다른 아이들에게 자녀의 특징을 미리 설명해준다.
- 학교에서 아동에게 눈맞춤을 강요하지 말고, 다른 사람들에게 아동이 눈맞춤을 하는 것이 매우 큰 스트레스임을 알려준다.
- '나를 봐'가 아닌 '내 말을 들어봐'라고 듣는 것을 촉진한다.
- 사회적 상황과 법칙을 설명해주는 사회적 스토리나 비디오 스토리를 이용한다.
- 아동과 상호작용하는 방법을 또래친구들에게 가르치는게 필요하다면, 어휘를 늘려서 하는 의사소통(Augmentative communication) 전략을 이용한다.
- 아동에게 구조화한 사회적 상호작용의 기회를 제공한다. 학생이 책을 나누어 주기, 문을 잡고 있기, 여행 돈을 모으기 등
- 자조기술의 독립성을 촉진하고 자녀에게 어떻게 자신을 돌보는지를 가르친다. 그 방법은 자녀의 친구들에게 즐거움을 만들 수 있다.
- 독립성과 상호작용을 촉진할 수 있는 기회를 제공한다.
- 학생들에게 감정 혹은 상호작용을 보여주고 받아드릴 수 있는 전략의 모델링을 제공한다(악수하는 법 같은).
- 미숙한 시각탐색으로 친구를 볼 수 없다면, 어떻게 친구이름을 불러야 하는지 알려준다.
- 언어적 상호작용보다 활동과 놀이의 상호작용을 이끌어낸다.

- 주고받기를 연습한다; 재미를 만드세요!
- 자기가 활동을 한 후에는 치우는 법을 가르친다.
- 가족구성원으로서와 학급에서 기여할 수 있도록 일(job)을 준다.
- 안전한 대본으로 상호작용할 수 있는 역할놀이, 놀이, 촌극, 인형놀이를 연습한다.
- 사회적 상호작용을 위하여 구조화된 환경에서 보드게임하는 법을 가르친다.
- 친구와 성공적으로 지낸 일기와 즐거운 시간을 유지한다.
- 당신의 여행에서 전체 팀이 함께 간다.
- 사회적 상호작용이 구조화된 직업놀이를 한다(예. 종업원: 주문하시겠습니까? 당신은 프렌치 후라이를 좋아하시나요?).

12. 학교 갈 준비(Preparation for the School Years Ahead)

자녀가 더 많이 자조기술에 독립적이고 숙제를 조직화할 수 있는 능력과 친구들과 사이좋게 지낼 수 있다면 교육환경에서 더 많은 기회를 이용할 수 있다. 이 영역에 대한 초기 집중은 미래의 성과를 가져올 것이다. 또한 이러한 영역에서 독립성(independence)은 현재의 환경에서 능숙함과 조절할 수 있게 된다. 이어서 더 큰 자존감과 자기 확신을 가지게 된다. 능숙함은 행동을 더 잘 조직화한다. 왜냐하면 움직임은 더 많이 목적적이고 좌절감이 최소화되기 때문이다.

- 학교에서 아동의 지원의 양을 결정하고, 아동이 가야 하는 세팅의 유형을 결정하기 위하여 자조기술의 독립성을 장려한다.
- 운동계획에 어려움이 있어서 활동을 준비하는게 어려운 아동은 부모님이 세팅한 예측가능한 일과대로 가정생활을 하는 것은 좀 더 쉽기 때문에 자조기술의 독립성을 장려한다.
- 아동이 가장 잘 수용하는 감각채널을 결정하고 이 감각채널로 가르친다.
- 아동이 관심보이는 것을 사용하고, 새로운 기술을 학습하는데 적용한다.
- 활동을 위한 준비로 움직임과 압박접촉(pressure touch)을 이용한다.
- 아동이 줄서기와 의사소통을 할 준비를 위해 주고받기(turn-taking)와 기다리는 기술을 연습한다.
- 어떻게 앉고 활동에 참여하는 법을 가르친다.
- 아동에게 어떤 활동이 진정하게 만들고 불안이 올라간 것을 확인하는 법을 이해하고 돕는다.
- 아동이 올라간 불안과 진정시키는 전략간의 관계를 이해하도록 돕는다(자기조절을 가르칠 수 있는 몇 개의 좋은 프로그램이 있다. Incredible 5point scale, The Alert Program and The Zones of

Regulation).

- 진정전략이 필요한 상황에서 다른 사람들에게 어떻게 말해야 하는지를 아동에게 가르친다.
- 애정과 감사를 공유하고 의사소통할 수 있는 마음을 격려한다(존중과 애정에 대한 모델링과 반응에 대한 행동형성하기(shaping)가 가장 좋은 교수법).

13. 감각처리장애인 학생을 위한 문제 해결지(Problem-Solving Worksheet for Students with Sensory Processing Disorder)

감각처리장애를 보이는 아동은 종종 교실에서 방해를 하고, 다른 학생들의 학습에 간섭한다. 아래와 같은 질문목록을 가지고, 학교팀은 이전에 소개한 자폐스펙트럼장애 아동의 행동에 대하여 문제를 해결할 수 있다. 개별적으로 학생들은 유일하고 행동은 다른 요인에 의해서 동기화될 수 있음을 기억하시기 바란다. 이것은 탐정일(detective work)이다; 답이 정확하지 않을 수 있다. 주의 깊게 관찰하고 조사하는 것이 진정으로 성공하는 길이다. 운동계획, 감각처리, 과제에 대한 지속성을 관찰하기 위하여 학생의 참여를 독려하기 바란다. 교실에서 행동을 바꾸려고 사용한 전략은 학생의 학습과 참여를 증진시킬 수 있다.

아동이름 : ______________________________

날짜 : ______________________________

작업치료사 : ______________________________

1. 행동의 기저는 무엇인가?
   - 당신이 관찰한 행동의 이유를 이해하려고 하세요.
   - 학생이 당신이 이해하려고 하는 것과 존중하려고 노력하는 것을 알게 하세요.
   - 학교에 있는 사람들이 당신의 정보를 많이 확보할 수 있는 질문지를 작성하게 하세요.
   - 아동을 관찰하고 일과 중 다른 시간에 감각자극에 대한 다른 반응을 관찰하세요(피로의 양, 전화시기 등).

비정상적인 행동이 언제 나타나는가? ______________________________

____

____

비정상적인 행동을 멈출수 있는 방법은 무엇인가? ______________________________

____

2. 이 학생의 동기는 무엇인가?

이 학생이 자신을 진정하는데 사용하는 감각유발요인이 있는가? ______________________________

____

학생의 동기를 일으킬 인형, 활동, 주제, 음악이 있는가? ______________________________

____

3. 행동이 변화할 수 있는가?

교실환경에서 수용가능한가? ______________________________

____

학생의 요구(need)는? ______________________________

____

4. 학생의 요구에 적합한 스케줄과 환경을 바꿀 수 있는가?

일과의 끝보다 시작에서 더 큰 조직화와 집중력을 보이는 활동이 있는가? ______________________________

____

교사가 더 많은 개별집중시간으로 이용가능한 조용한 시간이 있는가? ______________________________

____

불쾌한 감각자극을 줄이고, 조직화할 수 있는 감각자극이 증가될 수 있는가? ______________________________

____

아동의 하루동안 진정시킬 수 있는 감각자극(감각식이)이 일정에 포함되었는가? ______________________________

____

5. 다가 올 상황을 예측할 수 있도록 구조물와 일과가 있는가?

의사소통도구는 학생이 일과의 상황을 이해하고 조절감을 줄 수 있는 조직화의 부분이 될 수 있는가?

____

6. 감각자극의 지각이 변화될 수 있는가?

   무거운 조끼, 이어폰, 얼렌 렌즈(Irlen lenses)를 소개시킬수 있는가? ______________________

   ____

   언어 혹은 시각 전략이 포함될 수 있나? 어떻게? ______________________

   ____

7. 일관성 있는 전략을 세우고 환경을 이해할 수 있도록 학교팀, 가정, 지역사회 기관사이에서 어떻게 의사소통할 수 있는가?

   ____

   ____

   ____

8. 다른 전략들 :

   ____

   ____

   ____

   ____

   ____

14. 가정과 학교사이의 의사소통 (Communication Between the Home and School)

자폐스펙트럼장애 아동은 일관성 있고 규칙적인 일과를 좋아한다. 가정과 학교에서 동시에 연습이 된다면 자폐스펙트럼장애 아동은 기술은 빠르게 배우고, 쉽게 일반화할 수 있다. 이러한 중재의 일관성은 의사소통이 좋음에 따라 달라진다. 많은 학교와 주간보호센터들은 이미 가정과 학교사이에 의사소통수첩을 사용하고 있다. 또한 이러한 의사소통은 전자문서로도 이루어질 수 있다. 특히 의사소통기술이 발달하고 있는 자녀를 둔 부모는 자녀의 하루일과에 대한 피드백을 알기 위해 수첩에 매우 의존하는 경향이 있다. 의사소통지는 아동에게 이익이 되는 가정과 학교사이에 공유할 수 있는 중요한 정보만 서술한다.

(1) 활동(Activity) :

아동이 참여하는 활동명을 쓴다.

(2) 활동의 목표(Goal of the Activity) :

이 활동을 하는 목적이 무엇인가? 어떤 제안들은 사회화, 일상생활의 과제의 독립성을 배우는 것, 인지적 기술, 미세운동기술, 대근육 운동기술, 언어, 의사소통, 음악, 주고받기 등이 포함된다.

(3) 아동의 수행(Child's Performance) :

아동이 어떻게 이 활동을 수행하는가?(수행은 교육과정 내에서 현재가 아닌 후에 측정될 수 있는 분명한 행동이다). 아동은 어떻게 독립적이었나요? 그 활동은 좋아했나요? 얼마나 오랫동안 그 활동을 유지했나요?

(4) 전략(Strategies) :

활동이 변경되었나요? 어떻게? 환경이 수정되었나요? 어떻게? 어떤 시각적 전략을 사용했나요? 사람들이 무엇을 어떻게 사용했나요? 청각전략은 사용했나요? 사람들이 무엇을 어떻게 사용했나요? 운동계획의 어려움을 어떤 전략으로 보상하였나요? 사람들이 무엇을 어떻게 사용했나요?

(5) 가정/학교 계획(Home/School Ideas) :

- 가정계획 – 아동에 대한 이해와 독립성을 강화시켜줄 수 있는 활동이 무엇인가? 집에서 어떤 활동을 연습할까?
- 학교계획 – 집에서 익힌 새로운 기술을 지지해줄 수 있도록 학교에서 어떤 활동을 재검토할까?

가정과 학교사이의 의사소통

활동	활동의 목표	아동의 수행	전략들	가정/학교 계획

15. 교실에서 진정유지하기(Keeping Calm in the Classroom)

우리는 감각처리에 어려움이 있는 아동이 진정되고, 준비완료가 될 수 있도록 학습환경을 제공할 필요가 있다. 아동이 불안을 보인다면 중재에 대한 성공적인 연구가 몇 개있다(Groden, 1994). 시도와 실패를 하면서 유의미하게 불안을 낮추는 많은 다른 전략들이 있다(불안 행동이 보이면 학습이 되지 않는다). 불안은 다양한 형태로 보여진다. 응시하는 것 피하기, 손뼉 치기, 물기, 증가된 촉각방어(촉각에 대한 부정적인 반응) 또는 다른 불규칙적인 운동적 행동 등으로 나타난다. 아래와 같은 전략 중 하나는 자주 필요하다: 진정시키는 기술, 감각과부하가 일어나는 상황을 피하는 법.

(1) 만지작 놀이 바구니(Fidget Baskets)

다른 아이들에게 방해가 되지 않는 작고, 조용한 장난감을 구한다. 다음은 흔히 사용되는 것이다:

- 우스꽝스러운 퍼티(9장 참조)
- 스트레스 공(작은 공 또는 달걀모양의 스트레스를 풀기 위해 만들어진 다양한 제품이 있음; 할인점에서 종종 부드럽고 물렁물렁한 공 또는 동물장난감으로 판매)
- 밀가루가 들어간 만지작거릴수 있는 풍선(9장 참조)

• 더 많은 상품들을 9장에서 소개하고 있다.

(2) 심부압박을 주는 입히는 물건(Things to Wear to provide calming deep pressure touch)

• 무거운 조끼(9장 참조)
• 압박조끼, 안거나 쥐어짜는 조끼
• 무게감 있는 휴대용 책상, 뱀모양의 쿠션(lap snake)(9장 참조)
• 얼굴가리개나 야구모자/선글라스

(3) 교실에서의 장비(Equipment in the Classroom)

• 패딩된 의자, 호키 의자, 맘보 의자, 공 의자, 움직이는 좌석 쿠션
• 소음방지 헤드셋
• 의자 다리에 아동의 다리를 감싸는 치료용 밴드(아동이 심부 고유감각입력을 하려고 발로 찰 수도 있다)
• 선택적으로 바닥에 앉기 자세(물 베개, 콩주머니 의자, 세탁물 바구니, 타이어그네 안에 공, 흔들의자, 흔들판)
• 물병 혹은 다른 구강용 장난감을 가질 기회

(4) 프로그램/스케줄 변화

• 주의를 돌아다닐 수 있는 부가적인 기회부여
• 듣기보다는 더 많이 수행하기
• 처벌이 아닌 교실을 떠나 있을 수 있도록 배정(예. 교사는 특정한 시간에 아동이 교무실에 우편물을 배달할 수 있도록 미리 배정해 놓는다). 과제는 아동이 도울 수 있는 존재감을 갖게 해주고, 진정해주는 움직임과 번잡한 교실에서 감각과부하가 생기는 것을 막아줄 수 있다.
• 이완 전략들

제 8 장

활동 제안

이 장에서는 놀이 동안 촉각, 전정감각, 고유감각을 제공하는 다양한 다감각 활동을 포함하고 있다.

이 장에서 제시하는 활동들은 자폐 아동들에게 매우 성공적으로 적용되었다. 어떤 활동들은 모든 아동들이 즐기며 노는 일반적인 게임이다. 다른 활동들은 자폐 아동들을 위해서 개발되었고, 자폐 아동들이 나타낼 수 있는 문제(이해, 감각통합, 운동계획, 동기 및 주의의 문제)를 고려하여 만들어졌다.

저렴한 비용으로 쉽게 할 수 있고, 부모, 교사, 어린이집 선생님이 실질적으로 할 수 있는 활동을 제안하려고 노력하였다. 인터넷에 있는 자료들도 활용할 수 있다. 블로그, Facebook, Pinterest 를 포함한 소셜미디어사이트에 많은 새로운 아이디어가 매일 게시된다. 당신도 잘 진행된 활동을 인터넷에 게시하여 창의적인 아이디어를 다른 사람들과 나누었으면 좋겠다.

활동은 구조와 루틴을 갖춘 환경에서 잘 진행된다. 활동은 다음과 같은 순서로 소개된다.

- 감각식이 활동
- 촉각 활동
  - 일반적 촉각 활동
  - 손가락으로 느끼기를 배우기
  - 촉각 놀이를 위한 레서피
- 전정감각 활동
- 고유감각 활동
- 구강 운동 활동
  - 빨대로 마시는 방법 배우기

- 부는 방법 배우기
- 씹는 방법 배우기
- 입을 바삐 움직이기
- 턱을 마르게 유지하는 방법 배우기

- 미세 운동 활동
  - 일반적 미세 운동 활동
  - 손으로 하는 힘쓰는 활동
  - 식재료로 하는 미세 운동 놀이
  - 먹을 수 있는 도우
  - 수제 퍼티
- 대운동 활동
  - 수영 게임
  - 마당에서 하는 게임과 미니 트램펄린 게임
- 대운동 활동을 위한 시각적 단서
  - 난투놀이/2인 신체 게임
  - 동물 걸음
  - 큰 공 활동
  - 스쿠터보드 활동
  - 요가 활동

식재료나 감각 재료가 알러지를 유발할 가능성을 고려해라.

1. 감각식이 활동 – 일반적 촉각 활동 (Activities for Sensory Diets – General Tactile Activities)

촉각 활동은 감각식이와 미세운동기술 발달 프로그램에서 중요한 부분이다. 촉각 활동을 통해서 손과 손가락 인식, 미세운동계획, 주의집중이 발달할 수 있다.

시도할 수 있는 활동 :

- **예술과 공예**(Arts and Crafts) – 손가락 뜨개질, 코바늘 뜨기, 줄 공예(예, rainbow looms), 스크랩 책 만들기
- 정원 가꾸기
- **몸에 솔질하기**(Body Brushing) – 다양한 솔, 비누 크레용으로 몸에 그림 그리기, 분필로 그리기, 다양한 질감으로 지우기
- **마사지/등 문지르기** – 다양한 로션, 파우더
- **촉각 모험 통** – 옥수수, 오트밀, 물, 모래, 렌틸콩, 팝콘, 놀이 주제가 있는 통
- **보물 찾기** – 플레이도우나 촉각 통에 작은 물체를 숨기고 손가락으로 찾도록 함
- **플레이도우** – 먹을 수 있는 수제 플레이도우에 대한 레서피를 보아라.
- **페인팅** – 야외에서 물로 그리기, 욕조에서 페인트 롤러로 그리기, 비누 크레용으로 그리기
- **목욕 시간** – 거품 목욕, 비누 크레용, 등 닦는 목욕 브러쉬, DIY(Do It Yourself) 목욕 바디 페인트(역자 주: 샴푸와 식용색소를 혼합해서 만든 물감으로 목욕할 때 그리는 활동을 할 수 있음)
- **비누 거품 또는 면도 크림** – 그리기, 불기
- **먹을 수 있는 그림** – 푸딩, 요구르트, 사과 소스로 쟁반에 그림을 그리고, 쟁반 위에 종이를 얹혀서 그림이 찍히도록 함
- **촉각 주머니, 상자 또는 책 활동** – 작은 아이템과 다른 질감들을 모으고, 같은지 맞추고 분류
- **부엌 활동** – 요리, 섞기, 맛보기, 냄새 맡기, 설거지
- **동물 돌보기** – 단장시키기(grooming), 쓰다듬기
- **요새/숨을 공간**(hide-outs) – 베개, 스카프, 담요 및 손전등
- **드레스업** – 장갑, 신발, 모자, 스카프가 담긴 상자
- **메이크업** – 페이스 페인트, 바디 페인트, 타투 또는 스티커
- **눈가리기 게임** – 당나귀 꼬리 붙이기(역자 주: 꼬리가 없는 당나귀 그림이 벽에 붙어 있고, 아동은 눈을 가린 상태에서 꼬리를 맞는 위치에 붙이는 놀이), 누구일까? 게임(blind man's bluff; 술래인 아동이 눈을 가리고 만지고 있는 아동이 누군지를 맞추는 게임) (주의 : 어떤 아동에게는 무서울 수 있다)
- **촉각 징검돌**(Tactile Stepping Stones) – 작은 카페트, 욕실 매트, 고무 매트
- 촉각 질감 판
- 뽁뽁이(에어캡, Bubble wrap)
- **끈적거리는 놀이**(Sticky Play) – 테이프, 시트지(또는 한 면이 끈적거리는 종이)

2. 손가락으로 느끼기를 배우기(Learning to Feel with Fingers)

촉각은 손가락과 손으로 사물을 조작하는데 필수적이다. 3세 아동은 친숙한 사물을 만져서 알 수 있고 어느 손가락이 만져졌는지 또는 어디가 다쳤는지를 가리키는데 있어서 시각을 필요로 하지 않는다. 손가락을 섬세하게 움직일 수 있는 능력은 버튼 채우기와 같은 과제에 필요한데, 이 능력은 단추가 손가락 끝의 어느 부분에 닿았는지에 대한 피드백 정보에 의존한다. 따라서 촉각 구별 능력이 좋지 못한 아동은 미세 운동 과제를 하는데 어려움을 겪는다.

감각통합 기능장애를 갖는 어떤 아동들은 계속해서 사물을 만지고 조작한다. 입으로 사물을 넣지만 자신의 동작에 대한 인식은 없다(Fisher et al., 1991). 이 아동들은 촉각 감각에 저반응(under-responsive)이기 때문에 추가적인 촉각 입력을 추구하는 것일 수 있다.

촉각방어를 갖는 아동들은 가벼운 촉감(Light touch) 활동을 피할 것이다. 어떤 아동들은 가벼운 촉각을 즐기지만, 다른 아동들은 촉각방어가 없더라도 가벼운 촉각에 비조직화되고 압도된다. 아동이 활동을 꺼려하거나 적극적으로 참여하지 않는다면, 아동의 요청에 따라 멈춰야 한다.

촉각 활동을 제공할 때 기억해야 할 일반적인 원칙은 촉각적으로 불쾌할 가능성이 있는 활동을 할 때 안정되게 꾹 누르는 압각(firm pressure) 또는 고유감각 입력을 제공하는 것이다. 이는 촉각 입력조절을 돕는다.

1) 시도할 수 있는 활동:

- 촉각 모험 통:
  다양한 질감의 재료로 커다란 플라스틱 통 또는 물놀이풀을 채워라. 아동이 입에 무엇인가를 넣는 발달 수준이라면, 먹을 수 있는 물, 오트밀, 옥수수, 젤리, 또는 푸딩으로 채워라. 연령이 있는 아동은 모래, 쌀, 아마씨, 렌틸콩으로 채워진 통에서 내용물을 붓고 옮기는 놀이를 즐길 것이다.
- 하이파이브와 "푸시파이브"(High fives and "Push Fives"; StieKids를 출간한 Meryle Lehn OT가 만든 용어):
  푸쉬파이브는 하이파이브의 수정된 활동으로 심부압박감각을 제공한다. 푸쉬파이브를 할 때 아동이 지속적으로 힘을 주어 당신을 밀도록 하지만 넘어뜨리지는 않도록 하라. 하이파이브는 각성 수준을 높이지만, 푸쉬파이브는 진정과 주의집중에 도움이 된다. 아동의 노력을 축하하거나 인사할 때 푸쉬파이브를 자주 사용하라.

- 손 탑 쌓기:

  아동이 한 손을 뻗고 있으면 당신 손을 아동 손 위에 놓고, 아동이 다른 손을 그 위에 놓으면, 당신의 다른 손을 그 위에 올린 다음에 아동에게 맨 아래에 있는 손을 빠르게 빼어서 맨 위로 놓게 하라. 이를 반복하라.

- "감자 하나, 감자 둘":

  아동에게 주먹을 쥐게 하여 두드리는 게임을 해보라.

- 질감 책:

  대부분의 ASD 아동들은 책에 높은 흥미를 나타낸다. 이 흥미를 감각 구별 과제하고 연결해 보자. 촉각 질감 책을 만드는 것은 쉽다. 대비되는 질감을 모아라. 어린 아동들이 좋아하는 책은 Old McDonald (역자 주: 여러 동물들이 나오는 미국 동화책)이다. 각 페이지에 나오는 동물 모양으로 천을 자르는데, 이어지는 페이지에서는 다른 촉감의 천을 선택하라(거친 질감이 나온 페이지 다음에 매끄러운 질감, 딱딱한 질감이 나온 페이지 다음에 부드러운 질감 등). 글루건을 사용해서 단단한 보드에 천을 붙여라. 페이지에 펀치로 구멍을 뚫어서 3공 바인더나 하나의 큰 링으로 페이지들을 묶어라.

  돼지 = 삼베; 병아리 = 깃털; 말 = 스웨이드 가죽; 고양이 = 사포; 소 = 펠트
  오리 = 수건천(테리천)과 실크(물); 거위 = 깃털; 잔디, 태양 등 = 벨벳, 그물, 플라스틱 캔버스

  연령이 있는 아동들은 읽을 수 있는 단어가 적힌 책을 즐길 것이다(예, 사포는 거침 단어로 표시).

- 맞추기 게임:

  성인이 여러 다른 질감으로 아동의 손가락을 문지르면, 아동은 손가락과 질감을 맞춘다.

- 노래:

  학령전기 노래책이나 YouTube를 활용해 노래 및 활동을 찾아라. 노래가 나오는 동안 진동 벌레, 수세미 스폰지, 여러 종류 목욕 솔, 깃털 먼지떨이 등과 같은 촉각 장난감을 제시하라.

- 손가락을 감싸서 당기기:

  성인은 아동의 손가락 하나씩 잡고 손가락 면을 따라서 당긴다. "One Little, Two Little, Three Little Fingers(역자 주: 한 꼬마 두 꼬마 세 꼬마 인디언, 한국 멜로디)"이나 "Where is Thumbkin? (역자 주 : 안녕, 한국 멜로디)"를 함께 부르면 적절하다. 연령이 있는 아동은 스스로 하는 법을 배울 수 있다.

- 끈적거리는 손가락:

  시트지의 끈적한 부분이 위로 오게 하거나 양면테이프를 바닥이나 책상에 붙여라. 아동은 끈적이는 면 위에 손(그리고 발)을 놓는 것을 좋아한다.

- 스티커 놀이:
  당신이 아동의 (쉽게 손이 닿을 수 있는) 피부에 스티커나 마스킹 테이프를 붙이면 어린 아동들은 그 것을 떼는 것을 즐길 것이다.
- 손톱 누르기:
  손톱의 아래 부분을 5초 동안 꾹 눌러라. 연령이 있는 아동은 스스로 할 수 있다.
- 촉각 주머니:
  천과 작은 장난감을 헝겊 가방에 넣어라. 어떤 아동들은 가방에 손을 넣어서 물건을 고를 때 놀라는 요소를 좋아할 수 있다. 촉각에 방어적인 아동들은 보면서 만져야 할 수 있다.

2) 촉각놀이를 위한 레서피(Recipes for Tactile Play)

이 활동들을 소개할 때 아동들은 특정한 촉각 입력에 강한 반응을 보일 수 있다. 아동이 재료 느낌을 즐기지 않는다면, 활동을 하고 싶어하지 않고 의미 있게 경험하지 않는다. 때때로 온도나 수분 정도를 조정하면 아동이 자극 입력을 잘 견디면서 받아들일 수 있다. 아동이 손가락으로 만지려고 하지 않는 것이 분명하면, 장갑, 집게, 숟가락, 삽과 같은 도구를 제공할 수 있다. 새로운 재료는 여러 번 시도하라. 목표는 재료의 수용 범위를 증가시키거나 감각 수용 범위를 확장하는 것이다(Wilberger, 1998). 웹에 있는 다양한 레서피들 중에서 당신과 당신의 아동에게 적용할 수 있는 레서피를 찾을 수 있다.

이어지는 활동은 모든 것을 입에 넣는 아동들에게는 적절하지 않다. 이러한 경우, "먹을 수 있는 도우" & "먹을 수 있는 재료를 활용한 미세 운동 활동"을 보라.

(1) 냄새 나는 플레이도우(Smelly Play Dough)

밀가루 2컵, 소금 1/4컵, Kool-Aid(미국 청량음료 분말) 한 팩, 주석산(cream of tartar) 2티스푼을 혼합하라. 끓는 물 1컵을 점차적으로 넣어라. 뜨겁기 때문에 끈적일 것이다. 식도록 나두고, 반죽하고 필요하면 밀가루를 더 넣어라. 랩으로 싸서 냉장고에 보관하라. 냉장고에서 몇 주, 야외에서 한 주 가량 보관 가능하다.

(2) 글루텐-프리 플레이도우(Gluten-Free Play Dough)

흰 쌀가루 1/2컵, 소금 1/2컵, 옥수수 분말 1/2컵, 주석산(cream of tartar) 2티스푼을 섞어라. 요리기름 1티스푼, 물 1컵을 넣고 낮은 불로 끓여 공모양이 될 때까지 몇 분 동안 섞어라. 원하면 식용색소를 넣을 수 있다. 앞에서 말했듯이 도우는 끈적일 수 있는데, 식으면 공모양으로 반죽하라. 랩으로 싸서 냉장고에 보관해라.

(3) 비누방울(Bubble Mixture)

설거지용 세제 1/4컵, 물 1/2컵, 설탕 1티스푼을 섞어라. 원하면 식용색소 몇 방울을 첨가하라. 많은 부모들이 비누방울 세제로 Dawn Original dish soap(미국 제품)을 추천한다. 아동이 일반적인 비누방울 막대 도구를 사용하기 위해서 입을 동그랗게 하고 부는데 어려움이 있으면, 빨대나 버블파이프로 시작할 수 있다.

(4) 소금 도우(Salt Dough)

밀가루 2컵, 소금 1컵, 찬물 1컵(색을 내기 위한 식용색소는 선택사항)을 섞어라. 부드러운 도우가 될 때까지 반죽하라. 원하는 점도를 만들기 위해서 밀가루나 물을 추가하라. 도우는 공기 중에서 잘 마른다. 스파게티 면이나 몬스터 머리카락을 표현하기 위해서 갈릭프레스를 사용해 보라.

마술 진흙, 끈적이 - 옥수수분말과 물 약간, 식용색소를 섞어라. 섞이지 않는다고 걱정하지 않아도 된다. 아동들이 진흙을 통과해서 자동차를 달리게 하라. 마르면 진동청소기로 치울 수 있다.

(5) 뿌리는 찐득이(Drizzle Goo)

밀가루 1컵, 설탕 1/4컵, 소금 1/4컵, 식용색소를 탄 물 3/4컵을 섞어라. 이 혼합물을 눌러 짜는 용기(예, 케찹통)에 담아라. 뿌리는 찐득이는 이름 카드에 촉각 글자를 쓰는데 좋다. 이름 카드를 평평하게 놓아서 하루 밤 동안 건조시켜라.

(6) 매우 간단한 반짝 분필(Super Simple Sparkle Chalk)

흰 설탕과 물을 걸쭉하게 섞은 용액에 살짝 담근 분필로 종이에 글자를 써라. 마르면 촉각 글자와 숫자가 된다. 아동들은 이 분필을 사용하는데 도움이 필요할 것이다.

(7) 면도크림/거품비누/휘핑크림 그림 페인트(Shaving Cream/FoamSoap/Whipping Cream Paint)

용기의 버튼을 눌러 간단하게 할 수 있다. 이 재료를 사용한 활동은 거울, 창문 또는 욕조에서 잘 진행된다.

(8) 면도크림 거품 도우(Shaving Cream Foam Dough)

시도하고 실패하는 재미가 있다. 면도크림과 옥수수분말을 대략 3:1비율로 섞고 지저분해 지는 상황을 대비하라.

3. 전정감각 활동(Vestibular Activities)

전정자극은 신경계에 중요한 영향을 줄 수 있다. 빠른 머리 움직임은 각성시키고 느린 머리움직임은 진정시키는 경향이 있다. 전정기관은 내이에 있고 머리 움직임에 민감하다. 전정감각은 또한 신경계가 조직화되고 균형잡히도록 돕는다. 전정감각을 제공하는 모든 활동들은 주의 깊게 감독되어야 한다. 과부하를 나타내는 신호를 주의 깊게 관찰하라. 반응이 시간이 흐른 후에 나타날 수 있기 때문에 항상 즉각적으로 반응이 나타나는 것이 아니다. 감각식이는 경험 있는 작업치료사의 감독과 함께 천천히 그리고 안전하게 고안되어야 한다.

부정적인 반응들 - 아래 신호를 주의 깊게 보시오.

- 과도한 하품, 딸꾹질, 또는 한숨
- 불규칙적인 호흡
- 안색 변화, 창백해짐
- 땀흘림
- 초조한 움직임
- 증가된 불안
- 동공 팽창
- 수면/기상 패턴(sleep/wake patterns) 변화
- 전반적 각성 수준의 유의한 변화; 예, 잠들거나 어지럼증

아동이 위에서 열거한 부정적 신호를 나타내면, 활동을 즉각 멈추고 원인을 찾아라. 너무 많은 머리 움직임에 압도된 반응을 줄이는데 있어 심부압박 촉각과 고유감각 활동이 효과적일 수 있다(Kawar et al., 2005).

시도할 수 있는 활동 :

- **바운싱** - 큰 공과 오래된 매트리스에서 위아래로 뛰기
- **스윙** - 담요, 해먹, 유아용 그네, 놀이터, 플라잉 요가 스윙, 로프에서 스윙
- **스피닝** - 회전 의자, n-spin, 스쿠터 보드, 타이어 스윙에서 돌기
- **라킹** - 흔들목마, 흔들의자에서 흔들기
- **클라이밍(오르기)** - 놀이터 클라이밍 기구, 사다리, 가구에서 오르기
- **라이딩토이(타기)** - 세발 자전거, 자전거, 스쿠터 보드, 롤러 브레이드, 페달 없는 자전거

- 산책/달리기/하이킹/수영
- 머리를 아래쪽으로 하는 거꾸로 놀이(Upside-down Play) - 소파에서 거꾸로 있기, 어른 무릎에서 거꾸로 있기, 구름사다리, 삼각 공중그네, 벽에 기대서 물구나무 서기, 옆으로 재주넘기(cart¬wheels), 공중제비(somersaults)
- 난투놀이(Roughhousing)/레슬링 - 누군가가 다리를 미는 동안 흔들리기
- 야외놀이 - 미끄럼틀, 시소, 롤러 코스터, 언덕 아래로 구르기, 스키 타기, 스케이트 타기, 암벽 등반, 축구, 야구
- 쉬는 시간 게임 - 땅따먹기(hopscotch), 캐치볼, 축구, 하키, 잡기 게임
- 진정시키는 전정감각 움직임 - 느리고 리듬감 있게 직선으로 그네를 타거나 흔들기, 부드럽게 위아래로 뛰기, 배를 바닥에 대고 엎드려서 손으로 발목을 잡고 앞 뒤로 흔들기(head to heel rocking)

4. 고유감각 활동(Proprioceptive Activities)

고유감각 자극은 신경계를 진정, 조직화시키는 강력한 효과가 있다. 고유감각이 압도적인 경우는 드물기 때문에 특별하게 주의할 사항은 많지 않다. 감각자극에 과반응인 아동을 위한 감각식이에 고유감각 활동들을 포함시키는 것은 특히 중요하다. 이 활동들은 감각에 대한 불쾌한 반응을 억제하거나 예방하는데 도움이 된다.

시도할 수 있는 활동:

- 계단 오르기/슬라이딩 - 아래로 뛰어 내리거나 뱀처럼 기어서 머리부터 먼저 내려오기
- 네발기기 - 터널이나 박스를 네발기기로 통과하기
- 두껍고 푹신한 매트에 충돌하기
- 줄다리기 놀이 - 로프, 스카프, 늘어나는 밴드
- 난투놀이(Roughhousing) - 레슬링 게임
- 당기기/밀기 - 무거운 웨건(wagon), 손수레, 또는 무거운 카트
- 잡기/던지기 - 무거운 공, 콩주머니, 무거운 동물, 모래 주머니, 쿠션 및 베개

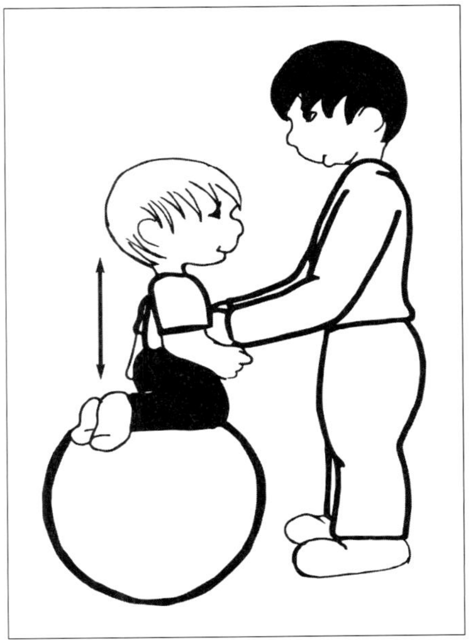

- **차기** – 축구공, 큰 공
- **무거운 물건 옮기기** – 식료품, 상자, 책, 물통, 워터 베이비(젖병에 소다물을 채워라)
- **수영/추가 목욕 시간** – 수영 웨이트가 추가될 수 있다.
- 큰 공 활동(챕터 끝부분에 활동 그림이 있다)
- 스쿠터 보드 활동(활동 그림이 있다)
- 동물 걸음(활동 그림이 있다)
- 손수레 걷기
- **힘 줘서 장난감을 분리하기** – 레고, 팝 & 스냅 구슬(pop& snap beads), 늘어나는 장난감
- **두드리기/굴리기** – 플레이도우, 클레이
- 펀칭백이나 테더볼(tether ball; 역자 주: 기둥에 달린 공을 치는 게임) 치기
- 배게, 매트, 빈백 사이에 끼어 있기
- 몸 스트래칭
- 관절 압박
- 밀기, 당기기, 들기, 옮기기, 끌기 그리고/또는 점핑을 포함하는 활동
- **힘든 운동** – 팔 굽혀 펴기, 윗몸 일으키기, 물구나무 서기, 줄다리기
- 플라스틱 야구방망이를 사용하여 공 치기
- 누군가가 아동의 다리를 잡아서 멈추게 하면서 그네타기
- 성인 팔 또는 구름사다리, 삼각 공중 그네, 철봉에 매달리기
- 케이크 반죽, 푸딩을 섞기
- 벽이나 다른 사람을 밀기, 자신의 손을 밀거나 당기기
- 진동감각(쿠션, 장난감, 전동 마사지기)
- **대운동 활동** – 배낭 매고 하이킹, 자전거로 언덕 오르기, 장애물 코스, 스트래칭, 근력강화 운동
- 마사지
- 딱딱한 음식이나 씹는 튜브(chew tubing)를 물기(biting), 씹기(chewing), 부수기(crunching)
- 복식 호흡
- 무게감 있는 조끼, 압박 조끼 입기, 무게감 있는 벨트, 손목 웨이트, 발목 웨이트 차기

5. 구강 운동 활동(Oral Motor Activities)

1) 빨대로 마시는 법 배우기(Learning to Drink from a Straw)

빨대로 마시는 능력은 우리 문화에 필수적이다. 빨대는 편리하고 깔끔하게 사용할 수 있기 때문에 외출하는 대부분의 가정은 기저귀 가방에 드링킹박스(drinking box; 역자 주: 빨대를 꽂아서 마시는 종이팩 음료)를 넣는다. 빨기는 아동을 진정시키고 조직화시키는 활동으로 입술에 힘이 있고, 입술을 다물 수 있고, 안정된 자세로 턱을 유지해야 가능하다. 또한, 빨기는 볼 근육을 사용하도록 하고 숨쉬기를 도우며 좋은 자세를 증진시킨다. 특별한 도구가 필요한 경우를 위한 물품 카탈로그는 구강 기술을 지원하는 훌륭한 구강 운동 제품을 많은 부분에 할애하여 소개한다. 항상 새로운 제품들이 나오기 때문에 최신의 제품을 알려면 작업치료사와 언어치료사에게 문의를 해봐라.

(1) 시도할 수 있는 활동 :

- 아동이 빨대 사용을 시작하기 어려워 한다면, 좋아하는 드링킹박스 음료로 시도하라.
- 필요하다면 빨대를 변경하라(직경이 넓고 딱딱한 빨대를 찾아라). 빨대를 음료에 담그고 손으로 빨대 끝을 잡은 다음에 빨대를 아동 입에 넣고 아동이 입술을 오므리도록 돕거나 기다린 후에 당신의 손가락에 힘을 빼서 음료가 아동 입으로 흘러가게 하라. 맛있는 음료가 빨대를 통해서 입으로 들어오는 것을 아동이 알면, 빨대를 드링크박스에 넣고 박스를 살짝 눌러서 적은 양의 음료가 빨대를 통해서 올라오게 하여 아동이 삼키게 하라. 살짝 누르는 것을 계속하다가 눌러주는 도움을 점차적으로 줄여라.
- 아동 상태에 맞게 시중에서 판매하는 물병을 고르거나 조정할 수 있다. 빨대가 있는 눌러지는 용기를 골라라(스포츠 물통이나 러버메이드 물통). 빨대를 짧게 해야 할 수도 있다. 물병을 짜면 담긴 액체가 빨대로 잘 올라오는지를 미리 점검해 봐라.
- 많은 아동들이 새로운 아이디어를 달가워하지 않을 수 있고, 변화에 저항할 수 있음을 기억하라. 하지만, 포기하지 마라.
- 적어도 2주 동안 하루에 여러 번 빨대를 보여준 후에도 아동이 거부해야 아동이 아직 준비가 안되었다고 생각할 수 있다.

- 다양한 직경이나 다양한 형태로 구부러진 빨대를 사용하거나, 스무디, 밀크 쉐이크, 요거트 슬러쉬, 사과소스가 섞인 사과주스 같이 걸쭉한 음료를 사용해서 아동의 빨기 능력을 향상시켜라. 과일 조각(역자 주: 껍질이 있는 과일 삼각 조각의 과일즙을 빨아 먹기), 하드 아이스크림을 빠는 것 또는 숟가락에 있는 수프를 후루룩 빨아 마시는 것을 시도하라.

(2) 추가적 활동 :

- 공기를 들이쉬고 내뱉을 수 있는 하모니카나 휘슬 장난감을 사용하면 아동은 빨고 불기를 번갈아 연습하고 음악대장이 될 수 있다.
- **진공청소기 놀이** – 가벼운 공예 폼조각을 빨아서 입술에 붙어 있는 채로 이동시켜서 얕은 그릇에 놓게 하라. 다음에 "바람되기"를 제안하여 폼조각을 불어서 그릇에서 떨어지게 하라.
- 아동에게 "큰 숨 들이쉬기"(이완 훈련에 좋음)를 하는 법을 가르쳐 줘서 기술을 향상시킬 수 있다. 빨대의 끝으로 작은 캔디를 들어 올려 숨을 들이쉬고 유지하는 법을 아동에게 보여줄 수 있다. 아동에게 사탕을 빨대로 들어 올리게 해 보고 20초 내에서 사탕을 가능한 많이 옮기게 하고, 마친 후에 사탕을 먹게 하라! 사탕은 빨대 안으로 들어갈 만큼 작으면 안된다.

6. 부는 방법 배우기(Learning to Blow)

불기는 입술 오므리기, 호흡, 말하는 동안 공기 지원, 턱 안정성을 촉진하고 단계적으로 제공하기에 좋은 활동이다. 불기는 혀, 볼, 턱, 입술 근육을 발달시키고 감각운동 체계를 조직화하는데 도움이 된다. 아동이 크고 긴 숨을 쉬게끔 하라.

시도할 수 있는 활동 :

- 다양한 비누방울용 막대기와 장난감으로 욕조에서 비누방울을 불어라. 입을 대는 부분의 모양에 따라서 아동은 다른 입 모양을 해야 한다. 일반적인 "비누방울 막대기"를 부는 것이 어려운 아동들이 입술의 안정성을 제공하는 비누방울 파이프나 빨대는 잘 불 수 있다.
- 피리, 파티용 나팔, 바람개비 불기
- 탁자 탁구공 하키(스포츠에 관심 많은 아동들이 좋아함). 달러 상점(역자 주: 한국의 다이소 같은 미국의 저렴 상품 판매점)에는 재미를 더하는 다양한 탁구공 또는 새로운 공이 있다; 책으로 탁자의 가쪽에 벽을 쌓아서 공이 밖으로 나가지 않도록 하라. 탁자의 반대편 끝으로 공을 보내는 시합을 하라.

- 빨대를 불어 액체 안에 거품을 만드는 법을 가르쳐라(…다음에 이것이 무례하다는 것을 가르쳐야 한다).
- 하모니카로 다른 소리를 내기 위해서 들이마시기와 내뱉기를 교대로 하는 것을 연습시켜라.
- 아동에게 호루라기를 주어라(야외 놀이로 좋다).
- 깃털(배게, 새, 공예점에서 구할 수 있다)을 사용하라; 아동의 손에 깃털을 놓고 불어라. 이 활동이 어렵다면, 파티 피리에 있는 깃털로 시도할 수 있다. 깃털은 가볍고 적은 바람에도 날리기 때문에 깃털은 공보다 불기 쉽다. 아동이 깃털을 잘 불면 탁구공이나 면으로 된 공처럼 무거운 물건을 불게 할 수 있다.
- 다양한 방법(입 앞쪽에서, 입 옆쪽에서)으로 아동이 촛불을 불게끔 하라. 아동이 입술을 내미는 것을 잘하지 못하면, 당신이 아동의 턱을 받쳐주어 안정성을 제공할 수 있다. 필요하다면, 당신이 손으로 부드럽게 아동의 입을 오므리게 해줄 수 있다. 다음에 아동이 강하게 숨을 내뱉어 하나의 촛불을 불도록 하라. 촛불의 개수와 거리를 점차적으로 늘려라.

7. 씹는 방법 배우기(Learning to Chew)

ASD 아동들은 입의 감각 인식이 좋지 못하고, 근긴장도가 낮아 음식을 씹는 것이 어렵다. 특정한 음식의 느낌을 싫어할 수도 있는데, 이것 역시 잘 씹는 것을 어렵게 만든다. 아동이 편안하고 안정된 자세로 있을 때 모든 구강 활동은 보다 성공적일 수 있다. 아동의 발이 지지되고 식탁 높이가 팔꿈치 혹은 약간 아래가 되도록 해라.

시도할 수 있는 활동:

- 아동의 뺨과 혀의 근긴장이 낮으면 근긴장을 높이기 위해서 식사 전 몇 분 동안 작은 전동 진동기/마사지기(Z-vibe)를 적용할 수 있다.
- 이빨을 닦을 때 혀 양쪽을 솔질하여라. 씹는데 필요한 혀의 양쪽 움직임을 증진시키는데 도움이 된다. 전동칫솔은 혀를 솔질하는 또 따른 도구가 될 수 있다.
- 칫솔로 볼 안을 자극하거나 당신의 손가락으로 볼 안쪽을 바깥으로 밀어서 많은 감각자극을 제공할 수 있다.
- 씹기는 혀와 볼 간의 상호작용이다. 볼 활동이 저하되면 씹기 협응의 어려움이 자주 나타난다.
- "씹기 막대"는 하드 막대 끝에 거즈를 쌓아서 오렌지 주스나 포도 주스 등(아동이 좋아하는 것)에 담

근 막대이다. 아동은 좋아하는 맛을 먹기 위해서 막대 끝 거즈 부분을 씹는다.

- "씹는 보물"은 튼튼한 줄이 달린 작은 거즈 주머니 안에 맛있는 음식이 들어 있는 것이다. 거즈를 물기에 적시고 아동의 어금니에 "보물"을 놓은 다음에 씹게 해서 "보물"을 맛보게 하라. 거즈 안에는 아동이 좋아하는 즙이 나오는 음식(오렌지, 사과, 끈적이는 캬라멜, 스트링 치즈)을 넣어라. 이 활동은 아동이 씹을 수 있도록 음식을 어금니 위치에 유지시키며, 음식이 혀 중앙 뒤쪽이나 입 뒤쪽으로 넘어가는 것을 방지한다. 씹기 막대와 씹기 보물을 적용할 때 아동의 입 안에 막대와 보물을 놓고 당신이 아동의 턱을 움직여주다가 아동이 스스로 움직임을 만들기 시작하면 아동이 도움 없이 씹도록 해라.

말하기 도구(Talk Tool, Rosenfeld-Johnson)는 불기, 씹기, 침흘리기 치료를 위한 도구이다. 말하기를 발달시키기 위한 비언어 구강 운동 활동을 지지하는 연구가 없다는 것을 유의하라(Bowen, 2014).

8. 입을 바삐 움직이기(Keeping Mouths Busy)

왜 구강 활동인가?

"자기 조절을 위한 각성 프로그램(Alert Program for Self Regulation)"에서 Williams과 Shellenberger (1994)는 구강 운동 입력이 신경계를 조직화하는데 필수적임을 제안한다. 게다가 "더: 구강과 감각 및 자세 기능 간 통합(MORE: Integrating the Mouth with Sensory and Postural Functions)"에서 Oetter, Richter 그리고 Frick (1993)는 주의와 기분을 조절하는데 구강 운동 자극은 중요하다고 강조한다. 두 책 모두 훌륭한 자료이다.

시도할 수 있는 활동

- 이전 페이지에 나온 불기, 빨기, 씹기를 증진시키는 활동을 보라.
- 칫솔, 누크브러쉬(NUK brush), 구강세척용 스펀지, 세수수건으로 닦기
- 아이스크림, 하드, 막대사탕, 스티커나 우표를 핥기

- 단맛 찾기. 이 활동은 일반적으로 진정 효과가 있다(설탕이 없는 캔디, 감초).
- 신맛 찾기. 이 활동은 각성 효과가 있다(신맛 캔디/하드아이스크림, 레모네이드).
- 맵거나 쓴 음식은 각성 효과가 가장 크다(타코 소스, 계피 캔디).
- 얼린 음식을 제공하라. 차가움은 각성 효과가 있다(얼린 포도, 아이스 칩, 하드아이스크림).
- 진동은 각성시키고 조직화시키는 입력이다; 전동 칫솔, 진동 치발기나 작은 전동 마사지기

9. 턱을 마르게 유지하는 방법 배우기(Learning to Keep Your Chin Dry)

젖은 턱과 침 흘림은 ASD 아동들에게서 빈번하게 나타나는 문제이다. 침을 과도하게 흘림으로 인해 아동은 부정적 정서를 경험하고 사회적으로 곤란하게 된다. ASD 아동은 감각처리 문제로 침을 흘릴 수 있다. 지속적으로 입으로 숨을 쉬고 만성적으로 입을 벌리고 있다면, 입술을 오므리는 것이 불완전할 것이다. 입술을 잘 오므리지 못하는 것은 적절하게 액체를 빨아 혀 위로 오게 하는데 필요한 음압을 만드는 능력을 감소시킨다. 호흡, 상기도, 알러지, 비강에 문제가 있는 아동은 자주 입을 벌리고 있는데, 이는 다루어야 할 문제이다.

감각 관련한 다른 원인은 다음과 같다:

- 구강의 저하된 감각으로 인한 삼킴의 지연(침이 고인 것이 느껴지지 않으면 삼켜야 하는 상황을 인지하지 못한다).
- 젖었는지 말랐는지를 구별하는 촉각감각의 저하. 침을 흘리는 많은 아동들은 턱과 입술 주위가 계속해서 젖어있기 때문에 젖었는지 말랐는지의 감각을 구별하지 못한다. 우리가 아동의 턱과 입술을 가능한 말라 있도록 해준다면, 아동은 마른 상태하고 비교하여 젖음을 알아차릴 수 있다. 아동은 스스로 젖은 턱을 닦기 시작할 것이다.

시도할 수 있는 활동:

- 가족 구성원, 선생님, 활동보조자가 의향이 있다면, 최소한 2주 동안 아동의 턱을 계속해서 말라있게 하는 것이 좋다. 마른 수건, 테니스 손목밴드, 면 손수건을 항상 휴대하여라. 침을 닦을 때 문지르지 말고 두드려서 닦아라. 처음에는 매우 자주 젖었는지를 확인해야 한다. 아동이 젖은 상태에 대한 인식이 좋아짐에 따라 확인하는 시간 간격을 늘려라.
- 턱을 가리키면서 상태를 알려주는 단어, "젖었다" 그리고 "말랐다"를 말하라. 거울을 보게 하고 턱이 말랐음을 가리켜라.

- 인형으로 가상놀이 하여 젖음과 마름의 개념을 강화하라.
- 다른 접근방법은 젖음의 인식을 증진시켜서 침을 삼키도록 알려주는 언어적 또는 시각적 단서를 사용하는 것이다. 테니스 손목밴드(각 손목에 하나씩 착용)는 턱을 닦는데 사용될 수 있고 삼킴을 생각하게 하는 시각적 단서로 작용할 수 있다. 아동의 입 주변이 젖었을 때 각 손으로 닦고 삼키는 루틴 –"닦고, 닦고, 삼키기" – 을 단어 또는 그림으로 지시하라. 어른 또는 시각적 단서가 알려주는 닦으라는 예정된 신호가 활용될 수 있다.
- 삼키는 순서가 효과적이지 않다면, 소량의 액체를 입 옆쪽에 넣어서 연습하라. 아동 연령에 따라 당신을 아기 코끼리를 먹이는 엄마 코끼리라고 하거나 다른 웃긴 이야기를 들려줘라. 드링킹 박스, 물총 장난감, 주사기를 코끼리 몸통으로 가장하여 사용하라. 짜고, 삼키고, 짜고, 삼키게 하라. 아동에게 짤 수 있는 기회를 주어라.
- 문제가 지속되면, 언어치료사, 이비인후과 의사, 치과 의사에게 의뢰하라.

10. 미세 운동 활동(Fine Motor Activities)

ASD로 진단된 많은 아동들은 확연한 미세 운동 지연을 나타낸다. 미세 운동 지연은 감각통합 손상과 연관될 수 있다. 촉각방어가 있으면 아동은 손가락으로 수행하는 활동들을 피할 것인데, 방어는 지연의 원인이 된다. 이 책에서는 우리가 좋아하는 미세 운동 활동의 목록을 제공한다.

일반적 활동을 위한 도구 :

- 손의 측면(엄지 쪽) 기술을 발달시키는 스프레이 용기, 물총
- 가위질 이전 기술을 위한 집게
- 물놀이 공기놀이를 위한 짜는 장난감
- 스포이드
- 팽이
- 태엽 장난감
- 두 손으로 만드는 장난감 – 듀플로(큰 레고), 레고, 팅거토이(tinker toys; 역자 주: 막대, 원통, 원판 등 다양한 형태의 조각들을 조립해서 형태를 만드는 구성놀이 장난감), 비즈 공예, 딱딱한 판 모양에 바느질(sewing cards)
- 빵 만들기 도구, 반죽 섞기, 반죽 밀대, 뽑는 도구, 붓는 도구

- 패그 보드
- 망치, 못
- 뽁뽁이 비닐
- 카드놀이 - 카드 돌리기, 세기
- 돼지 저금통에 동전넣기
- 퍼즐, 블록
- 인형 옷 입히기, 액션 피규어
- 간식 시간을 위해 열고 닫는 용기
- 빙고 다우버(bingo daubers; 역자 주: 동그라미로 찍히는 물감펜), 핑거 페인트, 물감, 칠판
- 집게 게임
- 고무줄
- 미세 운동 집기 능력을 위한 어플리케이션이 있는 타블렛; 작업치료사가 선호하는 프로그램은 "Dexteria and Dexteria Jr."이다.

11. 손을 위한 힘든 활동(Heavy Work for the Hands)

어지를 필요가 있거나 선호하는 아동의 경우, 구성적이고 조립하는 과제를 시도하기 전에 손으로 하는 힘든 활동을 많이 제시하라. 이 유형의 놀이는 저항을 제공하여 손과 손가락에 촉각과 고유감각 입력을 제공한다.

- 당기기, 집기, 찌르기 - 플레이도우, 플라스티신(plasticene; 공작용 점토), 수제 끈적이를 시도하라(작은 물체를 숨기고, 찾기).
- 계란 포장 상자, 택배 박스 부수기
- 으깨기 - 캔 으깨기를 하자. 얼마나 빨리 하는지 보자.
- 뽁뽁이 터트리기
- 예전 잡지, 신문, 오래된 시트를 찢기
- 작은 마시멜로와 같은 부드러운 물건을 새총으로 표적을 향해 발사
- 하드아이스크림 막대를 부러뜨려서 쓰레기통에 넣기
- 골프티(golf tee)를 스티로폼 또는 점토가 든 용기에 넣기/찍기
- 쿠키 으깨기 - 아동이 좋아하는 쿠키를 단단한 주머니에 넣어서 손이나 도구로 두드리거나/으깨거나

/뿌셔서 아이스크림 위에 놓거나 스무디에 넣기

- "스티커 골라 떼기" - 코팅된 판에 크고 작은 스티커를 붙인 후 아동에게 스티커를 띄게 하기
- 펀치로 종이에 구멍 뚫기
- 종이 파쇄하기
- 얼음조각 던지기/빻기
- 워터 비즈(역자 주: 물을 머금어서 말랑한 구슬) 짜기
- 미니 활을 사용하여 Q-팁 화살을 표적에 쏘기
- 장난감을 당겨서 분리하기; 예. 팝 비즈, 브리슬블록(bristle blocks), 레고, 자석 장난감 또는 서로 꽉 물린 만들기 완구

12. 먹을 수 있는 재료를 활용한 재미있는 미세 운동 활동 (Edible Fine Motor Fun)

ASD 아동은 전형적인 예술이나 공예는 거부하지만 보상에는 매우 잘 동기화된다. 많은 아동이 늦게까지 입으로 감각을 받아들이는데(Morris and Klein 1987), 감각방어가 있을 때 특히 그러하다. 구강행동은 문제 행동이지만, 활동이 맛보기와 핥기를 증진시킨다면 모두가 이 행동을 즐길 것이다. 이어지는 활동들은 주의 깊게 감독되어야 한다. 활동은 쉬운 것에서 더 어려운 것으로 진행되어야 한다. 재미있게 즐기고 행복하게 먹자!

1) 그리기; 시-운동(Creative; visual-motor)

- 파워 가루:
  쿠키 판 또는 조리대에 밀가루, 가루 설탕, 코코아, 젤리 또는 쿨에이드 파우더를 가볍게 뿌려라. 뿌린 부분에 길이나 기찻길을 그리는 것을 아동에게 보여줘라.
- 푸딩 그림:
  인스턴트 푸딩 믹스를 만들거나 푸딩을 살 때 아동이 돕도록 하라. 일회용 접시 위에 손가락으로 그림을 그려라. 종이를 사용하면 마르는데 시간이 걸린다. 당신이 괜찮다면 구강 운동 경험을 위해 아동이 자신의 손가

락을 핥도록 하라.

- 과일주스 페인팅큐브:
  강렬한 색을 가진 주스를 얼음큐브로 얼려라. 얼음큐브를 꺼내서 하얀 종이에 그림을 그리고 나머지는 찬 음료에 넣어라!
- 마법 우유 페인트:
  가당연유 캔을 열어서 연유를 머핀 틀에 넣어라. 식용색소 몇 방울을 넣은 후 우유 페인트를 면봉에 묻혀서 그림을 그려라. 마르면 매우 빛난다.

2) 양손 과제; 양측 협응, 손가락 기민성(Two Handed Tasks; bilateral coordination, finger dexterity)

- 음식 목걸이:
  빨대나 모루 끈 등과 같이 견고한 끈에 둥근 형태의 시리얼(예, 오레오, Fruit Loops)를 꿰기 시작하라. "하나 꿰고, 하나 먹고"는 동기가 될 수 있다. 아동이 잘 하면, 끈을 덜 안정적인 것으로 바꿔주어라; 리코리쉬 끈(licorice string, 역자 주: 신발 끈 모양의 먹을 수 있는 감초 캔디), 다음에는 플라스틱 끈, 마지막으로 끈을 사용하라(트위즐러 리코리쉬(Twizzler licorice)를 구슬 크기로 잘라서 시리얼 대용으로 사용할 수 있다).
- 열기 기술:
  작고, 내부가 보이는 병이나 용기를 모아라. 작은 시리얼과 건포도 보상물을 용기에 담아 가지고 다니지만 항상 아동이 병을 열어서 안에 있는 보상물을 갖게끔 하라! 당겨서 여는 뚜껑이 가장 쉽다; 돌려서 여는 뚜껑은 보다 어려운데 보통 우세손으로 연다; 다른 손은 보조하거나 병을 잡는다. 처음 열 때 필요하다면 당신 손을 아동 손에 얹혀서 도움을 주고 점차적으로 도움을 줄여 나가라.
- 바르기를 배우기:
  플라스틱 소풍 나이프/포크/스푼, 나무 설압자, 아이스크림 막대를 잼 등을 바르는 도구로 사용하라. 아동용 짧은 손잡이 나이프도 좋다. 큰 쌀 크레커나 밀가루 또띠아는 크레커나 빵처럼 쉽게 부서지지 않는다.
- 마시멜로 좋아:
  이쑤시개와 여러 크기의 마시멜로를 모아라. 마쉬멜로를 이쑤시개로 연결해서 모양을 만들어라. 눈사람이나 자동차 등을 만들 수 있다.

13. 재미있는 미세 운동을 위한 먹을 수 있는 도우 (Edible Dough for Fine Motor Fun)

많은 아동은 플레이도우 활동을 시작하고 싶어할 때 발달단계 상 입을 “감각 입구(doorway)”로 사용하고 있다. 여기에서 제시하는 레서피와 인터넷에서 찾을 수 있는 더 많은 레서피들은 먹을 수 있는 도우를 만드는 방법을 알려준다! 활동을 시작할 때 손을 항상 깨끗하게 하고 활동을 흥미롭게 하는 몇몇 도구들을 함께 두어라(명절을 축하하는 쿠키 모양 틀을 사용하라). 즐기고 행복하게 먹자!

1) 땅콩 버터 플레이도우(Peanut Butter Play Dough)

땅콩 버터 1컵
흑설탕 3테이블스푼
오트밀 1테이블스푼
옥수수 시럽 1컵
설탕 파우더 1½컵
분유 1½컵

손으로 섞고 반죽이 될 때까지 설탕이나 분유를 더 추가할 수 있다. 질감을 위해 오트밀이나 튀긴 쌀을 추가할 수 있다. 옥수수 시럽을 빼고 도우를 만들 수 있다. “느낌에 따라” 마른 재료를 조정하라.

2) 계피 사과소스 도우(Cinnamon Applesauce Dough)

계피가루 2컵
사과소스 1컵

원하는 반죽 정도가 나올 때까지 밀가루를 섞어라. 가을 테마에 아주 좋다.

3) 수제 실리퍼티(Homemade Silly Putty)

많은 아동은 빻기, 굴리기, 짜기, 또는 자르기를 배울 때 실리퍼티나 플레이도우를 사용하는 것을 좋아한다. 플레이도우는 바스러지고 연령이 있는 아동에게는 유치할 수 있다. 실리퍼티는 뻑뻑해서 자르기 위해서 다른 손으로 잡아야 한다. 단단해서 가위로 자르기에 힘이 많이 들지만 딱딱함이 촉각과 운동감각 피드백을 증가시킨다. 퍼티는 상상놀이에 사용하기에 아주 좋다. 퍼티는 물건들을 일시적으로 함께 뭉치는데 사용될 수 있다. 퍼티의 단단함은 손가락 힘을 키우는데 도움이 된다. 이 레서피는 비용이 적게 들고 실리퍼티의 대용이 되지만, 손가락을 입에 넣는 아동들에게는 추천하지 않는다! 그룹 상황에서 퍼티로 만들기는 재미있지만, 처음에는 퍼티 느낌을 알도록 하라.

(1) 수제 실리퍼티 레서피(Homemade Silly Putty Recipe):

물 ½컵, 화이트 글루(white glue) ½컵, 식용색소(아동들이 퍼티를 입에 넣는 것을 시각적으로 막기 위해서 가장 덜 먹음직한 파란색을 사용하라)를 섞어라. 물 ½컵, 붕사(Borax) 1티스푼을 섞어라. 이 물질들을 혼합하여 글루가 퍼티같은 반죽이 될 때까지 주무른 다음에 옥수수 전분을 조금씩 섞으면서 계속 반죽하면 단단한 덩어리가 된다.

계란 모양 플라스틱 용기나 지퍼락 주머니 같은 밀폐 용기에 담아라. 이 수제 실리퍼티의 장점은 부드러운 촉감이면서 단단한 질감이 되도록 옥수수 전분을 추가할 수 있다는 것이다. 쉽게 누를 수 있지만 당겨서 떼어 내려면 대부분의 부드러운 퍼티보다 힘이 더 많이 든다. 게다가, 옥수수 전분을 더 넣으면 덜 끈적거린다. 이 레서피로 8-10명의 아동들이 충분히 활동할 수 있다.

(2) 실리퍼티 활동(Silly Putty Activities)

- 퍼티가 든 큰 플라스틱통을 뒤집어 용기 안에 퍼티가 테이블 위로 쏟아지게 하고, 쿠키 모양 틀, 가위, 밀대 등과 함께 놓아라. 손가락 힘을 위해서 작은 장난감이나 동전을 퍼티 안에 숨겨라.
- 손가락 끝을 사용하는 기술을 향상시키기 위해서 한 손의 엄지와 검지를 사용해서 아기 공룡 알이나 외계인 알을 굴려서 만들어라(작고 동그란 모양의 알이면 무엇이든 놀이 주제에 맞는다). 다른 손으로 잡고 있는 인형에게 알을 먹여라.
- 이쑤시개를 사용해서 모양을 만들어라.

14. 대운동 활동(Gross Motor Activities)

팔, 다리, 몸의 큰근육의 적극적 움직임은 모든 아동에게 좋다. 이 근육들을 사용하는 운동은 근력, 지구력, 자세, 균형, 그리고 협응 능력을 증진시킨다. 최근 연구는 뇌 건강을 증진시키는 운동의 역할을 확증하였다(Ratey 2008). 대운동 기술에 따라 체육 수업과 레저 활동에 참여가 달라진다. ASD 아동은 대운동 활동을 연습하는 것을 꺼릴 수 있는데, 특히 감각운동 기본 기술이 약할 때 그러하다. 일상적으로 반복되는 루틴과 쉽게 연습할 수 있는 활동이 ASD 아동들에게 좋다.

시도할 수 있는 일반적 대운동 활동:

- 산책과 하이킹
- 달리기, 줄넘기, 깡총깡총 뛰기
- 춤추기, 음악에 맞춰 행진하기
- 하키, 축구, 야구
- 점핑 - 미니 트램펄린, 트램펄린(트램펄린 활동 시트를 봐라)
- 죽마(또는 줄넘기 줄이 달린 캔) 위에서 또는 큰 신발 신고 걷기
- 난투놀이, 레슬링
- 숨바꼭질
- 놀이터에서 놀기
- 볼링
- 아이스 스케이팅
- 스키타기 - 슬로프에서 내려오거나 크로스컨츄리 또는 스노슈를 신고 걷기(snowshoeing)
- 롤러브레이드 타기
- 자전거 또는 세발 자전거 타기
- 킥보드 타기
- 스케이트보드 타기
- 스카이콩콩(pogo stick) 타기
- 테더볼(tether ball)
- 티볼(tee ball; 역자 주: T자 형 막대기 위에 놓인 공을 방망이로 치는 게임)
- 땅따먹기 놀이(hop scotch)
- 훌라후프 게임
- 라켓으로 하는 스포츠
- 장애물 코스
- 빈백/너프공(nerf ball)/프리스비 잡고 던지기 게임

- 트랙과 필드 활동
- 큰 공으로 하는 게임
- 수영
- 스쿠터 보드 타고 잡기 게임
- 요가, 태권도
- 위핏 또는 엑스박스 키넥트
- 상호 대화식 패널(다감각 방에서 자주 볼 수 있는)

15. 수영 게임(Swimming Games)

ASD 아동 대부분은 수영을 좋아하는데, 아마도 수영이 전체적으로 감각경험을 제공하기 때문일 것이다. 몸에 가해지는 물의 무게와 압력은 이완 효과가 있고 신체인식을 증진시킨다. ASD 아동은 야외 수영장, 호수, 바다를 좋아하는데, 이곳에서는 자연스러운 빛과 소리 수준이 있기 때문이다. 실내 수영장에서는 강한 인공 조명이 비치고 딱딱한 표면에서 반사되는 울림으로 인해 소음수준이 높다. 수영 능력은 우리 문화에서 필수적인 안전 요소이다. 수영은 ASD 아동들이 하고 싶어 하는 활동이기 때문에 많은 치료 목적이 수영에 포함될 수 있다.

시도할 수 있는 활동 :

아동이 좋아하는 수영 노래 그리고/또는 구호에 맞는 동작이 담긴 그림판을 만들어라. 노래를 시각적 단서 및 운동동작과 짝을 이루게 하라. 사진은 비닐이나 투명한 접착 비닐 커버에 넣어라. 아동이 좋아하는 노래/게임을 선택하게 하라.

이어지는 노래나 구호 활동은 언어 발달을 증진시키고 감각입력을 제공한다.

- 수영장에서 수영해요, 수영해요(수영 동작 율동과 함께 부를 수 있는 미국 동요 Swimming, swimming in the swimming pool)
- 모터보트 모터보트 천천히 가요, 모터보트 모터보트 빠르게 가요, 모터보트 모터보트 속력을 내요!(수영 속도에 따라 붙이는 미국 구호 Motor boat, motor boat go so slow, motor boat, motor boat go so fast, motor boat, motor boat step on the gas!; 수영연습 판 주위로 손을 젓거나 물을 가로지르게 판을 잡고 유지함)
- 큰 거품을 불고, 다리를 차고, 얼굴에 물을 튀기고…(Here We Go Round the Mulberry Bush 멜

로디에 개사해서 부름)

- 용감한 요크 장군 노래(위 아래 동작을 하는데 좋은 미국 동요 The Grand Old Duke of York)
- 장미꽃 둘레를 돌자(원을 그리며 돌고 중간 점프하는 동작이 있는 미국 동요 Ring around the Rosy)
- 박스 안 잭, 계속 앉아 있네, 들어오지 않을래? 그래!(아동이 물로 점프하는 동작과 함께 부를 수 있는 미국 동요 Jack in the box, sitting so still, won't you come in - yes I will)
- 험프티 덤프티(튜브에서 물로 점프할 때 부를 수 있는 미국 동요 Humpty Dumpty)
- 노를 저어라(수영연습 판이나 물놀이용 에어 메트리스를 사용할 때 부를 수 있는 미국 동요 Row, Row, Row Your Boat)
- 다섯 마리 초록색 얼룩 개구리(물에 점프할 때 부를 수 있는 미국 동요 Five Green and Speckled Frogs)
- 문질러, 문질러, 문질러 장난기를 밖으로~ (치료솔을 사용할 때 부를 수 있는 미국 동요 Shake our Sillies Out)
- 호키포키(얼굴, 발, 손을 물에 넣는 것을 꺼려하는 아동을 설득시킬 때 부를 수 있는 미국 동요 Hokey Pokey)
- 당신이 즐겁고 아동이 큰 방울을 불 수 있다면 - 빨대로 시작해서 어떻게 방울을 부는지를 보여줘라. 빨대를 점차 짧게 잘라라. 탁구공을 불어 물을 가로지르게 하라. 눈을 뜨고 방울을 불도록 물안경을 씌워라.
- 고유감각 입력을 증가시키기 위해 수영 웨이트, 오리발, 다른 수영 도구를 추가하라.

16. 뒷마당과 미니 트램펄린에서 하는 게임 (Backyard and Mini Trampoline Games)

큰 뒷마당 트램펄린은 모든 가족이 즐기는 훌륭한 치료 도구가 될 수 있다. 실내 미니 트램펄린은 움직임, 신체인식을 포함한 대운동 기술 발달을 도울 수 있는 다목적 도구이다.

안타깝게도, 트램펄린은 위험할 수 있다. 주의를 기울여서 설치하고 감독해야 한다. 보통 한번에 한명씩 트램펄린에 있도록 추천된다. 하지만, 특별한 도움이 필요한 아동의 경우 혼자 하는 것은 비현실적이고 다른 사람이 아동을 보조하는 것이 필요할 수 있다. 아동을 맡은 어른은 아동과 함께 안전하게 점프해야 하고 너무 높게 뛰어서는 안되며 트램펄린 가운데에 머물러야 한다. 몸무게가 많이 나가는 어른과 가벼운 아동은 가장 위험한 조합이다. 어른은 바운스를 즉시 멈추는 법을 연습해야 한다(점핑을 멈추고, 무릎을 구부려서 바운스 충격을 흡수하고, 필요하다면 팔을 뻗어 균형을 잡는다). 이러한 멈춤은 아동이 배워야 할 목표 기술이어야 하는데, 멈춤을 신호하는 시각적 단서나 빨간 신호등을 나타내는 빨간 원과 함께 배울 수 있다. 이는 초기 공동조절(co-regulation) 기술이다. 어른은 아동이 바운스하거나 뛰는 움직임 동작을 억제하도록 도와라. 이후에 아동은 자신의 동작을 스스로 억제할 수 있게 될 것이다; 동작 억제 능력은 안전하게 노는데 요구되는 자기 조절의 주요 부분이다. 아동은 위험을 감수하는 것도 연습해야 한다.

실내 미니 트램펄린은 일반적으로 안전한 도구인데, 날카롭거나 딱딱한 가구에서 멀리 두고, 초반에 필요한 경우 손을 잡아 주고, 한번에 한 사람이 올라가는 것과 같은 기본적인 규칙을 따른다는 전제하에 그러하다.

시도할 수 있는 활동(쉬운 활동에서 어려운 활동 순)

- 앉기, 손 잡기, 노래 부르기 "큰 트램펄린에서 위 아래로 뛰어요(멜로디: Bouncing Up and Down in My Little Red Wagon by Raffi)", 혹은 앞뒤로 흔들거나 부드럽게 바운스하는 동안 "노를 저어라(Row, Row, Row Your Boat)" 노래를 부르기
- 무릎으로 바운싱 – 아동이 당신과 마주보고 손을 잡게 하라
- 일어서기 – 이전 활동처럼 손을 잡거나 아동을 당신과 떨어뜨려서 당신의 발로 아동을 꽉 잡아서 심부압박을 제공하고 노래나 숫자를 세면서 리듬감 있게 바운스하라. 다른 성인에게 아동의 얼굴에서 고통이 나타나는지 봐달라고 하라. 대부분의 아동은 이 자세를 안전하게 느끼고 좋아한다!
- 범퍼카 – 아동이 뛰면서 돌아다니는 것을 편안해 하면 '부딪히기'와 안전하고 조절된 방식으로 넘어지는 법을 알려줘라. 팔장을 낀 채로 어깨와 등으로 부딪힐 수 있으나 미는 것은 안된다.
- Jump around the Rosy – 게임의 부분으로, 당신이 넘어지면 아동에게 당신을 끌어당겨서 일으키게 하라! "도와줘, 도와줘, 일으켜줘"하면서 아동을 우쭐하게 하라. 끌어 당기는 것은 감각입력을 조직화하는 데 좋은 활동일 뿐만 아니라 상호작용 기술을 형성시킨다.
- (앉을 수 있는 큰 공을 가지고 와라) 공에 앉아서 Humpty Dumpty. 트램펄린은 넘어지는 것을 연습하기에 안전하고 재미있는 장소이다.
- 경주 트랙 – 빨간 신호등과 파란 신호등을 나타내는 색지를 사용하거나 직접 만든 멈춤 신호를 사용하라. 신호에 따라 점핑/러닝/멈춤을 연습하라.
- 다양한 동물을 흉내내며 점프하기(이 장의 뒷부분에 나오는 시각적 단서를 사용하라)
- Seat drops(앉은 자세로 트램펄린에 닿은 후 튀어 오르는 것), knee drops(무릎이 닿은 후 튀어 오르는 것), doggy drops(손바닥과 무릎이 닿은 후 튀어 오르는 것)
- 구르기 게임 – 트램펄린 한 쪽에서 다른 쪽으로 구르면서 노래를 부름 "There were ten in the bed

and the little one said, 'I'm tired, roll over…'

민감한 아동의 경우 이 전정감각 입력은 과잉 자극이 될 수 있기 때문에 활동시 유심히 지켜봐야 한다.

- 잡기 게임 - 쫓기, 잡기

17. 대운동 활동을 위한 시각적 단서와 전략 (Visual Cues and Strategies for Gross Motor Activities)

힘든 활동을 포함하는 감각운동 활동 또는 몸전체 활동이 자주 추천된다. 대운동 활동은 신경계에 작용하여 조직화 효과를 갖는 것으로 알려져 있다. 하지만, 많은 대운동 활동들을 ASD 아동들에게 가르치기가 어려운데, 의사소통 문제와 운동계획 어려움 때문이다. Hodgdon (1995)은 청각처리와 의사소통에 문제를 갖는 아동들에게 시각적 보조가 효과적 전략임을 알아냈다. 사용할 수 있는 많은 그림 심볼(예, Mayer Johnson에 의해 만들어진 Boardmaker)이 있지만 감각운동 활동을 전달하는 적절한 그림은 부족하다. 아동이 특정한 대운동 활동에 참여하도록 돕는 단순한 시각적 단서를 이 책에 담았다.

ASD 아동들의 운동 문제를 다루는 자료는 지난 10년 동안 급격하게 증가하였다. 시각적 보조는 YouTube, 스마트폰 및 태블릿 어플, 컴퓨터리소스 등 다양한 형식에서 활용할 수 있다. 추가적인 아이디어를 얻으려면 9장의 리소스섹션를 참조하라.

본 책의 저자인 Shirley Sutton이 시각적 보조를 개발하였고, 경력이 많은 어린이집 선생님 Marion Foubert가 그림을 그렸다. 요가 책자(Paula Aquilla의 그림)를 추가하였는데, 이 활동은 우리가 만난 아동들에게 유용하였다.

그림들이 OT 프로그램 동안 도움이 되는 것을 우리는 경험했다. 그림은 아동의 이해를 돕고 순차적 기술을 향상시키고 과제에 대한 주의를 증가시킨다. 활동 프로그램에서 향후 있을 변화를 시각적으로 제시하여 준비할 때 아동이 보다 협조적임을 발견했다. 시간에 걸쳐서 일관된 그림 순서를 사용할 때, 아동은 게임을 배우고 선호하는 게임을 자주 선택할 것이다. 치료 활동이 상호작용 상황에서 진행되니 아동의 학습과 동기가 향상되었다. 사실, 자기-주도 활동은 Ayres 감각통합의 운동계획에 매우 중요한 것으로 여겨진다(Ayres 1975).

선 그림(line drawing)이 사용된 이유는 사진보다 덜 산만하기 때문이다. 그림을 출력해서 자르고 소형 표준 앨범에 넣어서 당신 아동에게 맞는 그림 세트를 만들어라. 이 시각적 보조를 사용하거나 당신만의 그림을 만드는 것은 노력을 들일 가치가 있다! 많은 아동에게서 이해, 전환, 순응이 좋아지는 즉각적인 효과를 볼 것이다. 그림은 보호자와 선생님이 활동의 시작과 끝을 분명하게 하는데도 도움이 된다. 구체적인 그림 단서는 ASD 아동이 루틴에서 벗어나거나 계획의 마지막 몇 분의 변화를 다루는데 매우 유용한 보조 도구라고 Quill (1995)은 말한다.

Mackenzie (2010)는 행동의 자기 조절을 위해 움직임 조절을 가르칠 때 위계 사용을 제안한다. 처음에는 가까이에 있는 어른의 동작을 모방한다. 다음으로 그림의 동작을 모방한다. 그림 동작은 동작의 한 자세만 제시하고 상징적 사고를 요구하기 때문에 보다 복잡하다. 마지막으로, 동작을 단순한 언어 명명과 짝을 이루게 하라(당신의 아이가 소리와 시각적 입력을 동시에 처리할 수 있는지 살펴라).

4가지 주요 활동 유형을 위해 만들어진 그림

- 난투놀이/2인 신체 게임:

  이 활동들은 마주보는 상호작용을 특징으로 하고 아동의 주의집중 기간과 상호작용 기술을 증진시킨다. 당신과 아동이 활동을 즐길 때 감각 운동 기술뿐만 아니라 의사소통 기술이 증진된다. 움직임과 심부압박 촉각 감각을 아동이 좋아하는 점을 활용하여 상호작용 게임을 촉진시켜라. 같은 게임에서 친숙한 노래를 반복적으로 부르는 것은 언어 기술을 강화하는 훌륭한 방법이다.

- 동물 걸음:

  도전이 되는 이 자세는 아동과 부모가 집에서 놀이시간을 가질 때, 학교에서 둘러 앉아 그룹 활동을 할 때, 다른 장소로 이동하는 쉬는 시간에 할 수 있는 활동이다. 이 자세는 힘든 근육 활동을 제공해서 신체인식을 발달시키고 움직임 계획을 돕는다. 이 시각적 단서는 "Mother May I"(역자 주: 엄마 역할을 하는 아동이 다른 아동에게 걸어오는 방법에 대해서 명령하고, 움직일 아동은 엄마 역할 아동에게 'Mother may I'로 허락을 구하고 움직임)와 같은 상호작용 게임에서 잘 활용될 수 있다. 말을 하지 못하거나 적은 단어만 말하는 아동은 자신이 움직일 차례에 그림으로 명령을 전달받아 활동을 즐길 수 있다.

- 큰 공 활동:

  큰 공 활동은 동기를 부여하고 조직화시키는 압박 입력과 움직임 입력을 제공하기 때문에 성공적으로 자주 적용된다. 큰 공 활동 그림들은 놀이를 일련의 게임으로 변화시키는데, 이 게임들은 차례 지켜 번갈아 하기(turn taking), 선택하기, 도움 요청하기, "멈춰/가" 말하기 등과 같은 상호작용 및 의사소통 기술을 함양시킨다. Mackenzie (2010)는 손에서 시작해서 전체 몸에 대한 신체 부분 인식을 아동에게 가르쳐주는 것을 권한다. 공 활동 그림들은 특정한 신체 부분에 집중하고 움직임 힘을 조절하는데 탁월한 방법이다. 공을 사용한 어떤 기술은 큰 움직임 반응을 요구한다("세게 쳐라, 바위처럼 주먹을 쥐어라. 이제 깃털처럼 가볍게 쳐라").

  치료 공은 요즘 많은 상점과 치료용품 판매 업체에서 쉽게 구할 수 있다. 땅콩모양 공은 균형능력이 많이 부족한 아동에게 보다 적합하기도 하지만, 새로운 요인을 제공하기도 한다. 장난감 가게에서 구할 수 있는 저렴한 공도 사용할 수 있다. 손잡이가 있는 홉볼(hop ball)로도 여기서 소개한 활동들을 할 수 있다 – 손잡이를 다른 쪽으로 위치시키기만 하면 된다.

- 스쿠터보드 활동 :

  그림들은 일반적인 치료 도구를 사용하는 아이디어를 제공한다(도구를 마련하는 방법에 대한 정보는 9장에 나와 있다). 스쿠터보드 활동은 후방 신전(back extension), 앉은 자세, 팔과 목의 힘, 중심부 안정성(core stability)과 같은 기초 운동 기술과 움직임 및 신체인식을 다루는 활동이다.

- 요가 활동 :

  요가 활동은 바닥에서 서고 앉는 동안 수행된다. 아동은 한 자세에서 다른 자세로 바꾸는 것이 어려워서 이 책에서는 선 자세에서 할 수 있는 일련의 자세를 제시하였다. 각 자세에서 호흡을 함께 하는 것을 제안한다. 자세를 취한 상태에서 숨쉬기는 중심부 안정성을 키우는데, 숨쉬는 동안 자세 근육이 신체 자세를 고정시키기 때문이다. 자세 순서와 호흡 수는 자유롭게 변경해도 된다.

  시도할 수 있는 활동 샘플은 다음과 같다.

  – 숨 들이쉬기/내쉬기 - 5–10번
  – 작은 나무 자세 - 오른발을 올리고 숨 들이쉬고 내쉬기
  – 큰 나무 자세 - 오른발을 올리고 숨 들이쉬고 내쉬기
  – 전사 자세 1 - 오른발을 앞으로 놓고 숨 들이쉬고 내쉬기
  – 전사 자세 2 - 오른발을 앞으로 놓고 숨 들이쉬고 내쉬기
  – 삼각 자세 – 오른발을 앞으로 놓고 숨 들이쉬고 내쉬기
  – 방향을 바꾸어서 반대 발을 앞으로 하기

난투놀이/2인 신체 게임(Roughhousing/Two-Person Physical Games)

용감한 요크 장군
(Grand Old Duke of York)

목적

- 위, 아래 언어와 함께 움직임 제공
- 신체 위치 감각과 머리 움직임을 증가
- 성인의 상체 힘 증가

아동이 편안하게 느낄 때까지는 조금만 들어라

양키 두들 마을로 갔네
(Yankee Doodle Went to Town)

목적

- 아동의 배 부분에 접촉 압박 제공
- 진정시키는 직선 움직임 제공
- 아동이 바닥으로 가까워질 때 팔을 사용한 "보호 반응" 발달

위로 아래로
(Up and Over)

목적

- 머리가 아래에 있는 자세에서 강한 머리 움직임을 제공
- 팔과 손 힘 발달

시도하기 전에 아동의 근긴장도가 좋은지를 확인하라
- 다른 성인과 함께 확인하라.

노를 저어라
(Row, Row, Row Your Boat)

목적

- 손에 꾹 누르는 압박 촉각 제공
- 밀고 당기는 활동을 통해 신체인식 증가
- 상체 힘 발달
- 서기 균형 증진

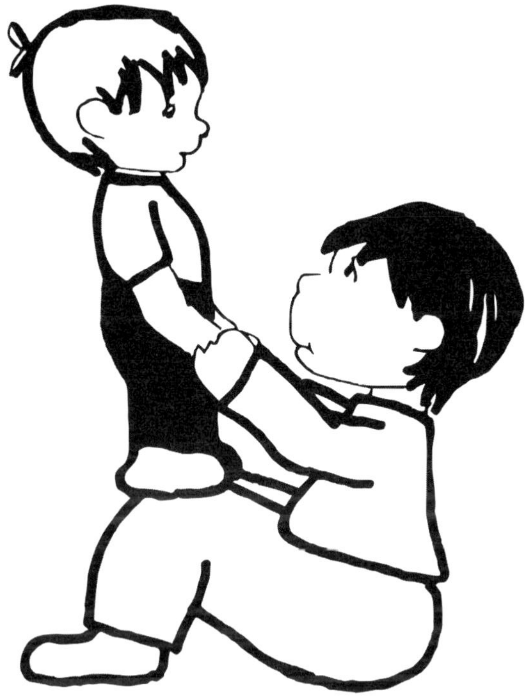

테디베어 – 계단 오르기
(Teddy Bear – Climb the Stairs)

목적

- 손에 심부압박 촉각 제공
- 신체인식과 서기 균형 증가
- 서기 균형 발달

다양한 움직임에 같은 구호를 적용할 수 있다.

비행기 타기(Airplane Ride)

목적

- 손과 배에 심부압박 촉각을 제공
- 위 아래, 흔들면서 신체인식을 증가
- 등과 목 신전 근육을 발달
- 기본 균형능력 증가

마, 마, 마차 (Trot, Trot Trolley Horse)

목적

- 아동의 배에 심부압박 자극 제공
- 흔들어서 아동을 떨어뜨릴 때 팔을 사용한 "보호 반응" 발달

구호 : "마, 마, 마차 위로 아래로; OO아(아동의 이름), 조심해라."

보트 타기(Boat Ride)

목적

- 신체에 심부압박 촉각 제공
- 진정시키는 머리 움직임 제공
- 언어 기술 증진

구호 : 우리가 웃고 소리지를 때까지 배를 흔들어라.
우리가 모두 떨어질 때까지 보트를 흔들어라.

공 활동(Big Ball Exercises)

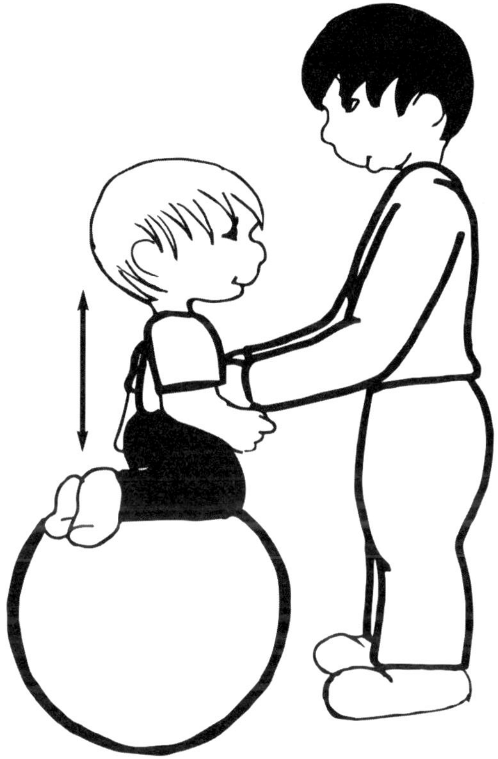

무릎 바운스(Knee Bounce)

목적

- 리듬감 있는 진정시키는 움직임 제공
- 밀고 당기는 활동을 통해 신체인식 증가
- 상체 힘 발달
- 무릎서기 균형 증진

엉덩이 미끄러지기(Bottom Slide)

목적

- 바닥에 닿은 손에 압박 촉각 입력 제공
- 신체인식 증가
- 엉덩이, 배, 팔 근육의 힘든 활동을 필요로 하여 진정 자극 제공

공 차기(Ball Kick)

목적

- 다리 및 발 인식 증가
- 한 발 서기 균형 발달
- 눈-발 협응 증진

험프티 덤프티(Humpty Dumpty)

목적

- 강한 머리 움직임 제공
- 팔을 사용한 보호 균형 반응 증진
- 부딪히고 충돌하는 활동을 통해 신체인식 발달

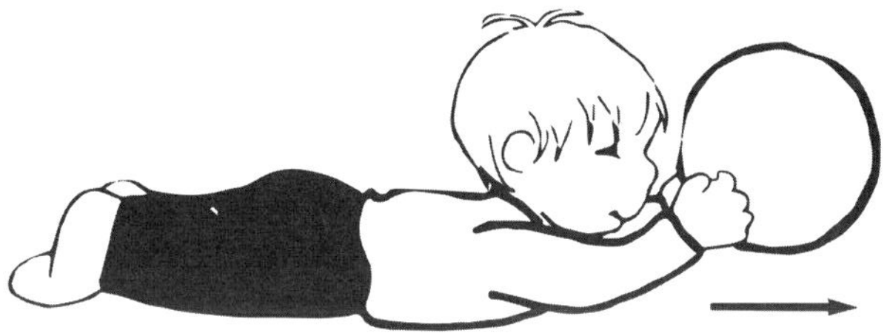

엎드려 던지기(Tummy Throw)

목적

- 바닥에 닿은 신체에 압박 촉각 제공
- 등과 목의 신전 힘 증가
- 팔 힘 발달
- 시선 추적 능력 발달(굴러가는 공을 보면서)

공 치기(Hit Big Ball)

목적

- 손에 압박 촉각 입력 제공
- 치는 활동을 통해 신체인식 증가
- 상체 힘 발달
- 시선 추적 능력 증진

공 위 배(Tummy On Ball)

목적

- 움직임 입력 증가
- 등과 목의 신전 근육 힘 증진
- 팔과 다리로 보호 움직임 반응 증진
- 단순한 균형 기술 발달

이완하기 흔들기(Relax and Rock)

목적

- 진정시키기 위한 리드미컬하고 느린 움직임 제공
- 머리를 아래로 하는 자세를 통해 이완 증진
- 배와 얼굴에 접촉 증가
- 단순한 균형 기술을 증진

앉아서 바운스(Sit and Bounce)

목적

- 위아래로 머리 움직임 제공
- 엉덩이와 발 신체인식 증가
- 앉기 균형 증진
- 리듬과 세기 기술 발달

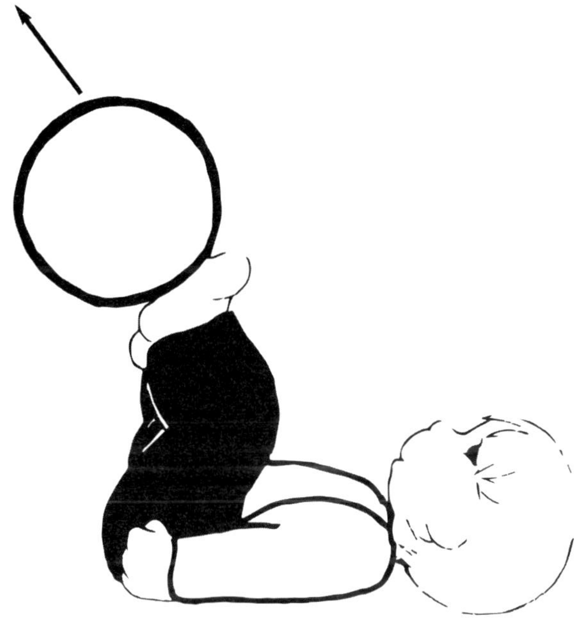

두 발로 차기(Two-Foot Kick)

목적

- 다리와 발의 인식 증가
- 다리와 배 힘 발달
- 신체 양측 협응 증진
- 눈-발 협응과 타이밍 능력 증가

스쿠터보드 활동(Scooter Board Activities)

후프 안에 앉기(Hoop Sit)

목적

- 후프를 잡고 있는 손에 압박 촉각 제공
- 신체인식 증가
- 상체 힘 발달
- 앉기 균형 증진
- 밀고 당기는 활동을 통해 신체인식 증가

큰 공 밀기(Push Big Ball)

목적

- 손에 압박 촉각 제공
- 진정시키는 힘든 근육 활동 제공
- 손목과 팔의 힘 발달

(성인이 기억할 점: 아동의 반대편에 서서 저항을 제공하라)

무릎으로 타기(Knee Ride)

목적

- 후프를 잡고 있는 손에 압박 촉각 제공
- 밀고 당기는 활동을 통해 신체인식 증가
- 상체 힘 발달
- 무릎서기 균형 증진

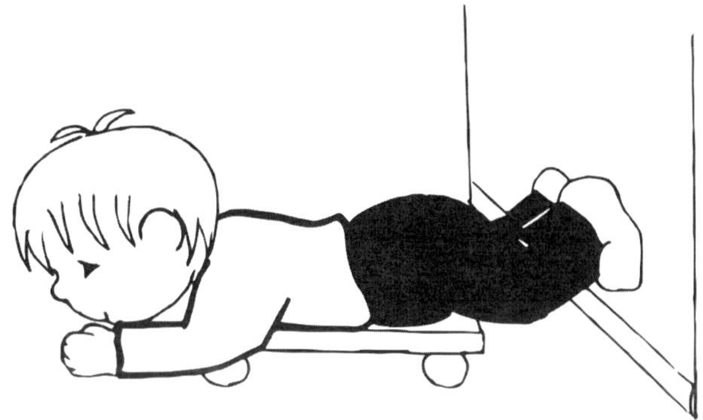

발로 로켓 발사 (Rocket "Blastoff" with Feet)

목적

- 등과 엉덩이의 강한 신전 발달
- 다리와 발에 근육 감각 발달
- 시간 감각 증진(발사 카운트다운)
- 빠른 움직임 제공(가속)

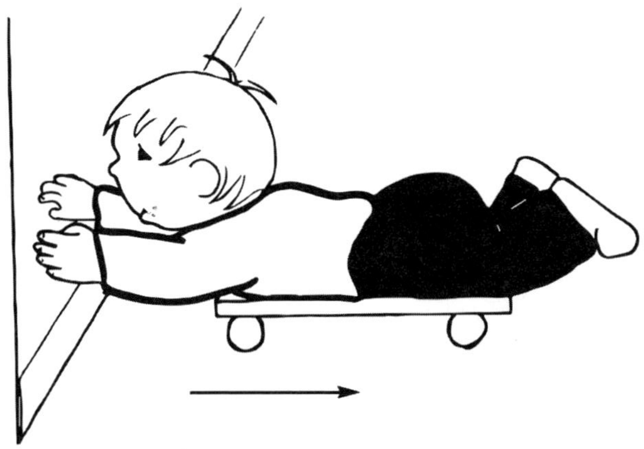

손으로 로켓 발사 (Rocket "Blastoff" with Hands)

목적

- 어깨와 손목에 힘든 근육 활동 제공
- 시간 감각 증진(발사 카운트다운)
- 빠른 머리 움직임 제공(가속)
- 시각이 제외된 움직임 증진(뒤로 가기)

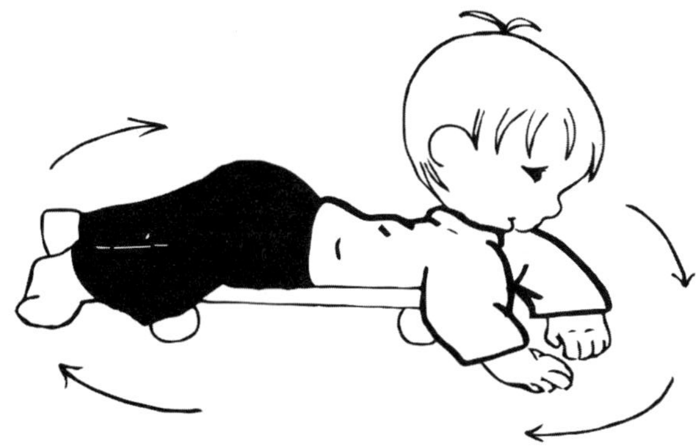

배 대고 돌기(Tummy Spin)

목적

- 등과 목의 강한 신전 근육 발달
- 팔과 어깨 힘 발달
- 운동 계획 증진 - 시작/멈춤/방향 바꿈/도는 움직임
- 팔로 신체 중앙선 교차 증진

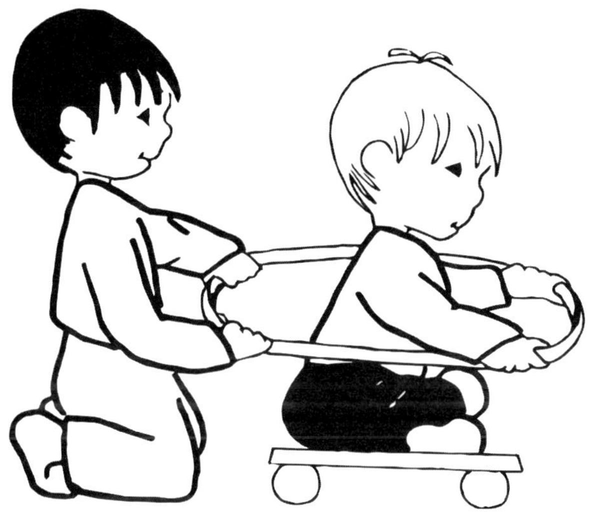

훠 훠(Swish Swash)

목적

- 신체 중앙선 주위에 감각입력 증진
- 강한 팔과 어깨 발달

당신이 뒤로 앞으로 움직이게 할 때 아동은 "훠, 훠 빨래에 누가 있나, "Swish, swash, who's in the wash" 구호를 좋아한다.

요가 활동(Yoga Activities)

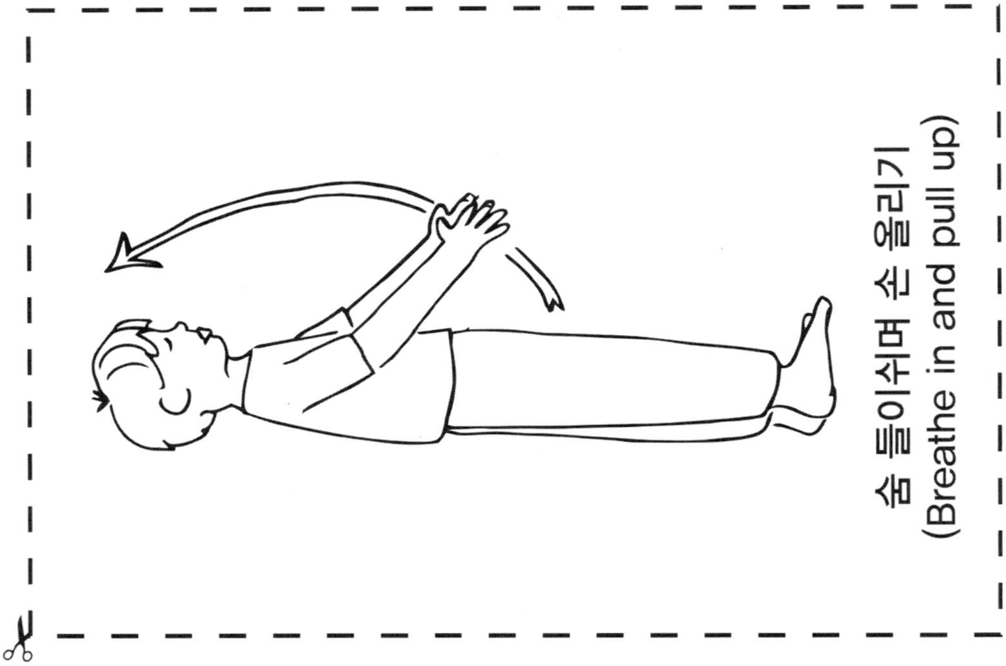

오른쪽 각 크게 하기
(Extended right angle)

손을 가슴 높이에 위치시킨
작은 나무 자세
(Low tree with hands at heart)

전사자세 2(Warrior two)

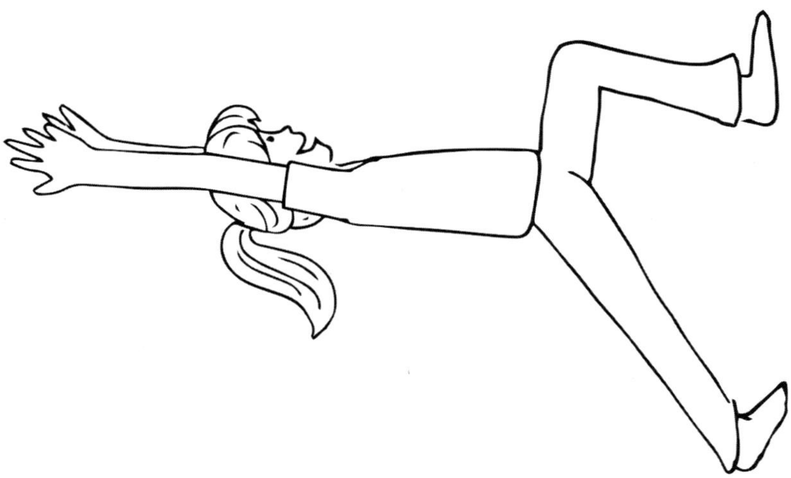

전사자세 1(Warrior one)

숨 내쉬며 손 내리기
(Breathe out and push down)

삼각자세(Triangle)

제 9 장

도구와 자원

이 장에서는 자폐스펙트럼장애 아동에게 도움이 되었던 도구 제작 방법을 설명하였다.

부모와 학교, 아동발달센터에서는 특수교육책자 어디에서 도구를 찾아야 하는지, 구입해야 하는지 잘 알지 못한다. 쉽고 싸게 도구나 물품을 구입할 수 있다면, 아이들에게 감각경험의 기회를 더 제공할 수 있을 것이다. 이러한 도구들은 아동의 키, 체중, 선호도에 따라 달리 적용되어 질 것이다. 특별한 도구를 사용하는 방법과 이유에 대해 간략하게 설명하겠다.

자폐스펙트럼장애 아동에게 새로운 도구와 방법을 제공할 때에는 친숙하지 않은 것에 익숙하게 느낄 때까지 시간이 필요하다는 것을 명심해야 한다. 아이들은 새로운 도구를 처음에 거부할 수 있다 이러한 경우는 사용법을 잘 모르거나 예측 가능한 것을 더 선호하는 특징이 있음을 알아야 한다. 아이가 사용하는 것을 원하지 않을 때에는 잠시 동안 아이 시야 안에 도구를 설치해야 할 수도 있다. 새로운 도구를 제공할 때, 사회 상황 이야기, 시각보조교재, 비디오 모델링, 역할 모델링의 전략을 사용하는 것이 도움이 될 수 있다.

도구를 치료와 분리해서 사용할 수 없지만, 교육 및 행동 프로그램을 향상시키는데 사용되어 질 수 있다.

다음과 같은 방법으로 자원을 조직화하면 된다:

(1) 나만의 도구(아이디어)를 만들어라

- 무게가 있는 도구(조끼, 담요, 샌드백, 무릎 뱀)
- 플랫폼 그네
- 스쿠터 보드
- 신축성 있는 해먹
- 스트레스 풍선 피젯 도구
- 피젯백 장난감
- 저비용의 실내 감각도구 아이디어

(2) 재료 :

- 공구
- 책
- 웹 사이트
- 평가도구
- DVD
- 태블릿 앱

1. 나만의 도구(아이디어)를 만들어라.

1) 무게가 있는 도구

Temple Grandin (1986)은 "스퀴즈 머신"를 이용하는 것이 자신의 증상을 완화시키고, 자기조절을 증진시킨다고 하였다. Donna Williams (1996)는 패드가 부착된 옷을 입으면 자신의 매우 민감한 촉각계를 보호한다는 느낌을 받는다고 하였다. 이러한 사례들은 심부압박을 통한 도구의 이점을 말한다. 다양한 종류의 심부압박 도구들은 자폐스펙트럼증상을 가지고 있는 아동이나 성인의 자기조절에 도움을 주는 방법이다. 이러한 도구의 연구결과는 작은 표본사이즈에 의한 효과를 제시하였다는 제한점을 가지고 있다. 하지만 임상적 경험을 비추어 볼 때, 감각을 추구하는 아동, 감각방어 증상을 가지고 있는 아동, 쉽게 산만하거나 신체인식이 떨어지는 아동은 무게가 있는 도구로부터 도움을 받을 수 있다. 무게가 있는 도구사용은 감각식이와 같이 사용할 수 있다. 아동이 사용하는데 불편해 하거나 저항한다면 사용을 하지 않는 것이 좋다.

2. 무게감 있는 조끼

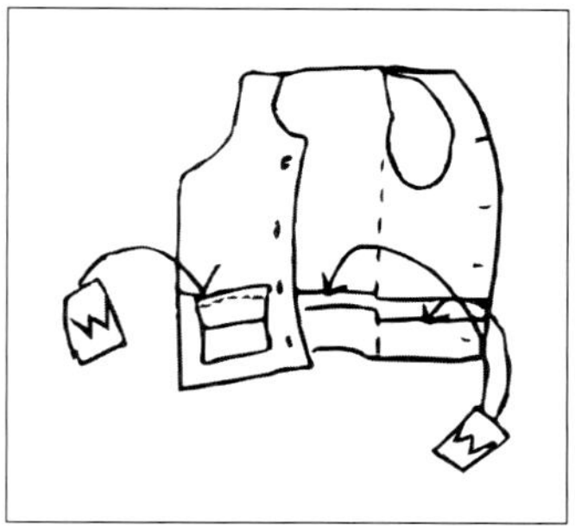

조끼는 아동이 선호하는 직물로 아동에게 맞춤으로 만든다. Olson (2004)의 연구에 따르면 무게감 있는 패드는 아동의 몸무게의 5%를 넘지 않는다. 무게는 아동의 근력, 근 긴장도, 필요한 압박강도에 따라 개인에 맞추어 주어야 한다.

조끼를 입는 시간에 대한 프로토콜은 서로 다르다. 초기 임상가(Van-denBerg, 2001)는 새로운 자극에 적응하고 습관화 하는 것을 피하기 위해 30분 적용을 권고하였다. Fertal-Daly (2001)는 2시간 착용, 2시간 휴식을 번갈아 가며 적용한 결과 긍정적인 결과를 보인다는 또 다른 연구결과를 나타내었다. 일반적으로 조끼 착용은 아동이 스트레스를 받는 환경이거나 책상에 앉아 작업하는 동안 사용한다. 입고 있는 시간은 아동이 조끼를 입고 벗는 것의 촉각의 어려움이 있거나 조끼에서 주는 편안함에 의지를 해서 벗는 것을 불편해 하는 경우 등의 반응을 고려해야 한다. 조끼의 무게와 입고 있는 시간은 유연하게 결정하는 것이 필요하다. 신시내티 어린이 병원에서 제공하는 근거 기반의 가이드 라인과 함께 아동과 가족을 고려한 아이디어가 필요하다.

use. www.cincinnatichildrens.org/WorkArea/DownloadAsset.awpx?id=94933

바느질을 해서 만들거나 구입하기 전에 아동의 가방이나 허리에 차는 가방에 쌀 주머니를 넣는 것도 효과적인 방법이 될 수 있다. 혹은 작업치료사에게 몇 주 동안 빌려줄 수 있는지 부탁해 보는 방법도 있다.

1) 위험 요소는 무엇인가?

조끼가 편안하게 맞는다면, 이 치료의 위험은 없다. 하지만 조끼가 적절하게 사용되지 않았거나, 불편하고, 통증이 있는 증상이 있다면 더 이상 착용하면 안 된다. 조끼는 짧은 기간 동안 착용하면서 시작해야 한다.

다음과 같은 이득을 얻을 수 있다:

- 상동행동 감소

- 불안 감소
- 집중력 향상
- 충동 억제 향상

2) 예방책

- 아동이 지나치게 흥분된 상태에서는 사용을 피하는 것이 좋다
- 낮은 근 긴장도와 자세조절의 어려움을 가지고 있는 아동이 사용할 때는 모니터하는 것이 좋다
- 호흡을 하는 동안 가슴 확장할 수 있고, 뼈에 과도한 압박이 가하지 않도록 적절한 착용감을 가지고 있어야 한다.
- 조끼를 사용하는데 다른 압박이 있는지 살펴 보아야 한다.
- 호흡계의 문제가 있는 아동은 사용을 피하는 것이 좋다

3) 무게감 있는 조끼 말고 다른 대안이 있습니까?

현재 대체 도구의 사용을 지원할 연구는 없지만, 긍정적인 결과를 보여주는 다양한 방법이 있다. 압축된 조끼 혹은 "포근한 조끼(snug vests)"는 점점 사용이 증가되고 있는 방법 중 하나이다. 공식적으로 연구되어 있지는 않지만, 압박 랩, 무릎 패드, 무게감 있는 벨트, 무릎 뱀(적은 압력의 무릎위에 올리는 쿠션), 바디 삭스(body socks), 무게감 있는 담요 등도 긍정적인 효과를 보인다는 치료사의 보고가 있다.

4) 만드는 방법

운이 좋다면, 아동에게 맞는 단추나 똑딱 단추가 달린 새 조끼나 입던 조끼를 찾게 될 것이다. 양털, 데님, 코듀로이 같은 직물은 작업하기 좋고, 기계세탁에도 견뎌낼 수 있다. 직물을 선택해야 할 때는 여름날씨 또한 고려해야 하고, 실내에서 사용하는지, 실외에서 사용하는지 고려해야 한다.

아동이 조끼를 입으려고 시도할 때, 무게를 어디에다 제공할 것인지 고려해야 한다. 일반적으로 견갑골 아래, 흉부 윗 부분과 골반 주변에 무게를 위치한다. 무게를 넣을 수 있는 주머니를 만들어야 한다. 양측에 무게를 동일하게 배분하여 무게를 채운다. 무게는 지퍼락에 쌀이나 모래, 플라스틱 구슬, 수족관 자갈 등으로 채울 수 있다. 아동이 먹지 않도록 안정성에 신경써야 한다.

1. 어떤 종류의 무게를 사용할 것인지 결정하고 이에 적합한 주머니를 만든다. 아동이 움직이는 동안 무게를 느끼지 못하도록 견고하게 주머니와 패드를 간들어야 한다. 일반적으로 전학령기 아동에게는 조끼에 4개에서 6개의 주머니를 만들고, 40파운드 무게로 시작한다.
2. 주머니는 무게에 맞게 제작하며 무게가 고르게 분배되어야 한다. 무게가 움직이지 않도록 각 주머니 위에 작은 조각의 벨크로를 붙여 고정해야 한다. 무게를 추가하거나 줄일 때에는 아동이 무게에 서서히 적응할 수 있도록 무게를 조절하는 것이 필요하다. 조끼를 세탁할 때, 무게를 제거해야 하는 것을 기억해야 한다.

3. 무게감 있는 담요와 펀칭 백

무게가 있는 담요 사용에 논란이 있었는데, 이는 부적절하게 담요가 학생을 누르게 되면서 죽음을 초래한 매우 불행한 사건이 있었다. 그 후, 무게감 있는 담요 사용에 관한 구체적인 지침을 개발하기 위한 조사가 있었다. 개별 교육청, 주에서는 무게감 있는 담요 사용에 있어 가이드라인을 고려해야 한다.

다음의 권고사항은 사건이 이후 개발된 캐나다 자폐 협회(2008) 가이드 라인에 따라 채택되었다.

1. 담요 사용이 아동에게 적합하다는 건강 전문가의 조언을 받아야 한다.
2. 담요의 무게는 아동의 체격과 체중에 균형을 맞추어야 한다(참고 : 작업치료사의 임상적 합의는 체중의 최대 15%까지라고 제시함).
3. 아동의 머리를 담요로 덮어서는 안된다.
4. 아동의 호흡, 피부색 등의 바이탈 사인은 항상 관찰해야 한다.
5. 아동을 담요 안으로 굴려서는 안 된다.
6. 아이가 원할 때 쉽게 담요에서 빠져 나올 수 있어야 한다.
7. 아동은 언어 표현이 아니더라도 담요 사용에 동의해야 한다.
8. "heavy work"은 큰 근육사용과 저항을 통해 아동을 진정시키는데 도움을 준다. 무게감 있는 펀칭백을 발로 차거나 주먹으로 치는 방법은 에너지를 소비할 뿐 아니라 진정시키는 가장 좋은 방법이다. 판매되는 펀칭백은 아동에 맞는 무게가 아니라 안전하지 않을 수 있다. 저 비용의 아동에게 맞춤 도구는 아동 스스로 자기조절할 수 있는 법을 배우는데 유용한 방법이 될 것이다.

어떠한 아이들에게 펀칭백은 "환기구" 같을 것이다. 아이가 안전하게 사용할 수 있도록 도와주면 좋은 방법이 될 것이다. 펀칭백은 운동도구, 진정, 조절하는데 사용할 수 있는 방법이다.

무게감 있는 가방 또한 무게감 있는 담요와 같은 방법으로 사용할 수 있다. 가방은 쉽게 세탁이 가능해 사용하고 구매하는데 어려움이 없을 것이다.

1) 만드는 방법

무게감 있는 가방을 만들 때에는 아동의 체격, 몸무게, 키 등을 고려하여 만들어야 한다. 미국소아과학회(2011)에서는 아동의 부상 예방을 위하여 가방의 무게를 아동 몸무게의 20%가 넘지 않도록 제안하며, 이러한 기준은 다른 무게감 있는 도구에게도 제안된다.

무게감 있는 주머니를 고정시키기 위해서는 천을 구입해야 한다. 주머니를 고정하기 위해서는 양질의 면 시트와 같은 매우 튼튼한 천이 있어야 한다.

2) 재료

- 천
- 헌 옷
- 손잡이 끝에 사용하는 가죽 끈
- 재봉틀
- 바늘, 가위, 실
- 줄자
- 무게가방용 천장 걸이(마트 운동코너에서 찾을 수 있음)
- 카라비너

3) 바느질 방법

1. 무게감 있는 주머니는 천을 접어 만들거나 누비된 포대기 같은 것으로 만들어도 된다.
2. 양쪽 끝 손잡이를 세로로 가죽끈을 재봉하여 만든다.
3. 원단을 자르고 가장자리를 3개의 핀으로 고정하고 바느질한 후 홈을 약 5인치로 균등하게 만든다.
4. 부드러운 소재의 천 조각을 모은다(오래된 티 셔츠, 수건 등). 홈에 고정한 부분을 없애고 조각을 넣는다. 긴 스틱을 사용하여 홈에 천을 아래로 밀어 넣는다. 각 홈을 똑같이 채운다(너무 꽉 채우지 않고 너비 방향으로 바느질하여 충전물이 이동하지 못하게 한다).

5. 상단 모서리를 통과하여 재봉한다. 재봉이나 바느질로 네 번째 측면 단을 만든다. 카라비너를 손잡이에 넣고 사용할 때 천장에 매단다. 평평하게 보관하고 반대편 주머니가 아래쪽으로 내려가지 않도록 걸어놓는다.

4. 무게감 있는 무릎 덮는 뱀 혹은 무릎 덮는 동물

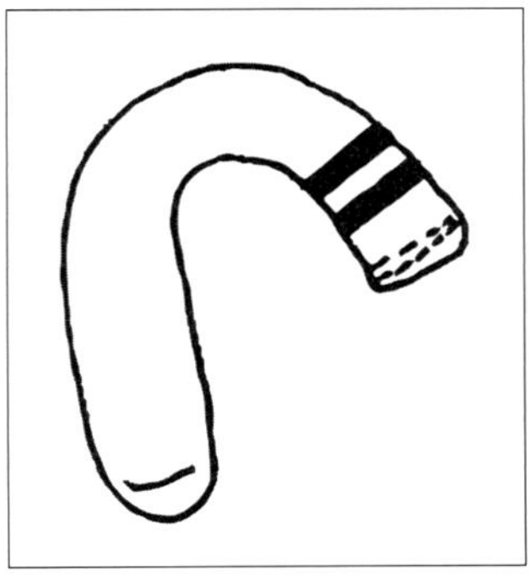

자폐스펙트럼장애 증상을 가지고 있는 대부분의 아이들은 감각정보가 채워지지 않아 지속적으로 앉아 있는 것을 어려워 한다. 추가되는 무게는 깊은 심부압박과, 진정, 고유감각을 제공한다. 무게감 있는 조끼를 견디지 못하는 아이들에게는 "무릎덮는 뱀"이나 무게감 있는 좋아하는 봉제인형은 쉽게 받아들일 수 있다. 이 방법은 사용하기 쉽고, 아동이 어떻게 반응하는지 볼 수 있다.

무릎뱀을 하나 혹은 여러 개 만들어 아동이 앉아 있을 때 사용해 보면 아동은 진정되고 좋아할 것이다. 하나 혹은 여러개를 아동의 무릎 위에 올려두거나 어깨에 걸쳐 놓아도 된다. 만약 아동이 사용할 때 불안해하지 않는지 관찰해야 한다. 일부교사들은 항상 아이 옆에 있을 수 없어 아동이 진정해야 할 때 이러한 도구를 사용하기도 한다.

1) 바느질 방법

1. 각각의 "뱀"을 위해 긴 양말을 준비한다. 다른 방법으로 두꺼운 타이즈나 스타킹을 사용한다면 발가락 위 18인치 윗 부분을 잘라낸다. 절단된 부분은 풀어지지 않도록 감치기를 한다.
2. 쌀이나 콩, 플라스틱 구슬 같은 작은 물품을 각 양말에 4컵 채운다.
3. 바느질이나 재봉으로 양말의 끝 부분을 막고, 작고 견고한 바느질로 홈을 바느질한다.
4. 만약 원한다면, 간단한 얼굴을 그리고, 꿰멘 자국은 입으로 만든다.
5. 만약 봉제인형에 무게감을 더하고 싶다면, 천이 촘촘하고 강한지, 쉽게 열리는 이음새는 없는지 확인해야 한다. 조심스럽게 이음새를 열고 무게를 채운 다음 조심스럽게 바느질이나 재봉질해야 한다.

5. 플랫폼 스윙(Platform swing)

1) 재료

- 좋은 재질의 합판 - 길이 4' × 넓이 2.5'
- 좋은 재질의 로프(천장 높이에 해당되는 만큼)
- 파이프 단열재(대략 그네 가장자리 14' 둘러쌈)
- 비닐(파이프단열재를 14' 정도 감쌈)
- 클램프(Clamps : 공작물을 고정하는 장치) 8개
- u자못
- D형 고리(그네를 매달기 위한 것) *천장빔에 매달려 있도록 그네를 설치함

천장 빔 사용이 튼튼하게 사용가능한지 건축업자가 면밀히 검토해야 한다. 천장 빔에 내에 삽입된 고리 볼트는 볼트가 늘어지지 않도록 용접해야 한다. 회전 장치는 각자의 로프가 꼬이는 것을 방지한다.

사우스포(South-paw) 회사에서 제공하는 그네와 도구사용에 대한 지침을 따르는 것이 좋다.

2) 제작방법

1. 합판의 끝을 둥글게 하고, 로프를 달기 위해 끝 모서리에 두개의 구멍을 뚫는다.
2. 로프를 같은 크기 4개를 잘라 준비하고, 각 모서리 끝에 통과한다.
3. 그림 1과 같이 로프를 클램프로 고정한다.
4. 로프의 다른 끝은 고리를 만들고 클램프로 고정한다. 각각의 로프 길이는 같아야 한다(그림 2).
5. 파이프 단열재를 그네주변에 u자못으로 고정한다(그림 3).
6. 파이프 단열재 바깥 부분을 비닐로 둘러싼다(그림 3).

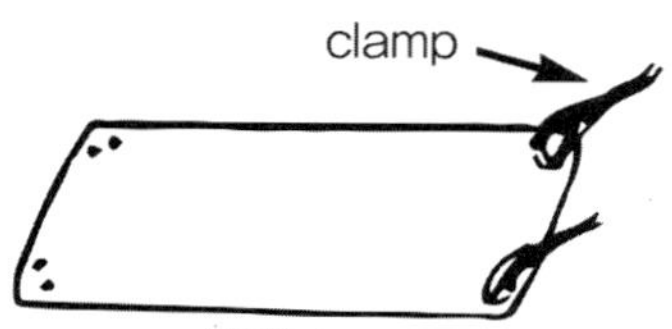

그림 1

그림 2

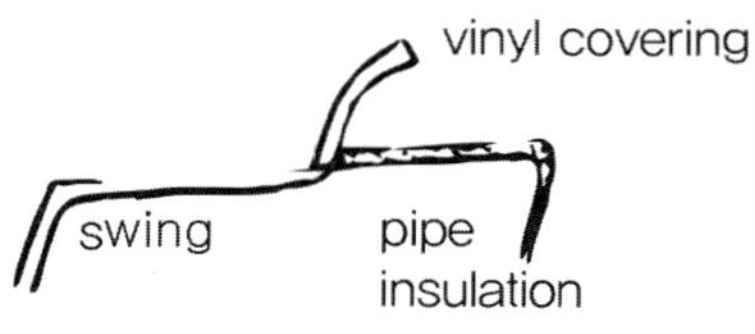

그림 3

6. 스쿠터 보드

1) 재료

- 질 좋은 합판(2'×1' 혹은 아동의 겨드랑이부터 대퇴부중앙까지의 길이)
- 깔개(카펫을 덮는 것이 좋음)
- 커버 비닐
- u자못
- 바퀴 4개(좋은 품질의 다양한 방향을 가진 바퀴)

2) 제작방법

1. 합판을 자르고 앞 모서리를 둘글게 만든다(그림 4).
2. 깔개를 보드 위에 고정시킨다.
3. 보드 위를 커버 비닐로 고정시킨다.
4. 아래 부분에 4개 바퀴를 고정한다(나사못으로 합판의 넓이보다 더 길지 않게 고정한다)(그림 5).

그림 4

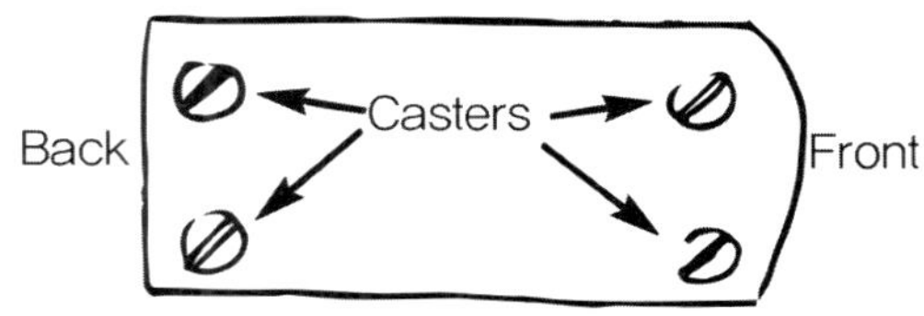

그림 5

아동에게 스쿠터 보드를 안전하게 사용할 수 있는 방법을 가르쳐야 한다. 스쿠터 보드는 앉은 자세, 무릎자세, 바로 누운자세, 엎드려 누운 자세로 탈 수 있다. 절대 서서 타지 않도록 한다.

빠른 움직임을 한다면 헬멧을 쓰고 하는 것을 권장한다. 스쿠터 보드 활동을 할 때 항상 감독해야 한다. 스쿠터 보드 활동에 대한 아이디어는 8장을 참고하면 된다.

7. 신축성 있는 해먹

해먹은 전체 몸을 압박해 줄 수 있는 도구로, 자폐스펙트럼장애 아동에게 쉽게 사용되어 질 수 있다. 부드럽고 신축성 있는 천은 저항감과 heavy work을 근육과 관절에 제공하여 신체인식, 근력, 협응에 도움을 준다. 또한 은신처로서 재미도 있다.

1) 재료(4부분 매다는 장치)

- 강하고 얇은 로프 4개 - 각 코너당 2피트 길이
- 골프공 4개
- 강한 무게를 견딜 수 있는 라이크라, 스판댁스 재질
- 천장 매다는 시스템

2) 제작방법

1. 아동의 키와 천장 시스템을 고려하여 신축성 있는 천을 자른다.
2. 골프공방법(golf ball method)을 사용하여 천의 네 개의 코너를 로프에 고정시킨다.
3. 모든 천 아래 골프공을 놓고 공 주위로 직물을 모으고 접은 로프로 묶음을 고정한다. 이렇게 하면 직물에 체중이 가해질 때 펴지고 조여진다.
4. 천장에 매달린 시스템에 네 개의 로프를 걸고 무게 테스트를 수행한다.
5. 로프는 해먹에서 아이가 바닥에 닿거나 떨어지지 않을 만큼 짧아야 한다. 아이가 편안한 각도에 있을 때까지 다양한 방법을 시도해야 한다.
6. 세탁기에서 세탁을 할 때 천의 안쪽 로프와 골프공이 밖으로 나올 수 있다.

3) 스트레스 풍선과 피젯 도구

감각식이(Sensory diet), 감각 활동 프로그램의 일부분에서 대부분의 아동들은 추가적인 촉각입력을 필요로 한다. 손으로 쥐어 짜는 공, 이러한 도구는 장난감을 가지고 노는 동안 심부압박이 제공되어 아동을 안정시킬 수 있는 기회를 제공한다. 공 장난감은 소음이 발생하지 않으며, 이것은 학교, 교회 또는 소음이 있는 다른 환경에서 사용할 수 있다는 의미이다. 공의 저항감을 이완훈련프로그램에서와 마찬가지로 손 사용을 통한 쥐어 짜기, 이완을 배우는데 도움을 준다.

스트레스 장난감은 주머니 속, 허리에 차는 가방, 피젯 바구니에 두고, 아동이 일 이분 기다리는 시간이나 쉬는 시간에 사용한다. 또한 그리기와 같은 소근육 활동 전에 손가락 인식을 증진시켜 줄 수 있는 감각 준비활동으로 사용되기도 한다.

주의 : 어린 아동이 풍선을 입에 가져 가지 않도록 해야 한다. 학급에 라텍스 알러지가 있는지 통보해야 한다. 만약 아동이 스트레스 도구를 입으로 가져 간다면, 보다 안전하고 적절한 도구를 찾아 제공해야 한다. 어린이가 라텍스 알러지가 있으면 풍선을 사용하지 않는다.

(1) 재료

- 2(또는 3) 9인치 헬륨 풍선
- 충전물 - 밀가루, 렌즈콩, 새 모이 혹은 커피(후각 경험 추가하기 위해), 쌀, 콩, 강낭콩, 다른 독성이 없는 물질들로 채운다.
- 플라스틱 병
- 작은 고무줄, 실

(2) 제작방법

1. 플라스틱 병 안에 충전물을 1/3컵 정도 채운다.
2. 9"정도 크기로 풍선을 부풀리고, 풍선의 목을 잡아 병의 목 부분에 단단히 묶는다.
3. 병을 뒤집어 놓는다. 병의 내용물이 풍선 안으로 이동되도록 한다. 이동되지 않으면, 병을 가볍게 움직인다.
4. 병에서 풍선을 제거하고, 남은 공기는 압력을 주어 빼내고 작은 고무줄이나 실로 목 부분을 안전하게 묶는다. 괜찮다면, 풍선의 "입술" 부분을 제거한다.
5. 두 번째 풍선의 목 부분을 잘라내고 첫 번째 풍선 위에 덮어서 첫 번째 풍선을 잘 끼워 놓는다. 이것은 마치 목욕 캡을 쓰는 것과 같다.

만약 세 개층 풍선을 원하면, 세 번째 풍선을 가지고 반복하면 된다.

8. 저비용의 실내 감각도구 아이디어

대부분 자폐스펙트럼장애 아동들은 움직임을 강하게 필요로 한다. 움직임은 집중력, 적응력 및 숙련도를 유지하는데 도움이 된다. 움직임 기회는 감각식이의 필수 구성요소이다. 불행히도, 많은 학교가 비용과 안전위험을 줄이기 위해 실내 및 실외 놀이터 장비를 크게 줄였다. 하지만 자폐스펙트럼장애 아동들이 적은 비용으로 감각입력을 제공받을 수 있는 여러 방법이 있다.

1) 실내도구를 어떻게 사용해야 하는가?

많은 아이디어들은 이미 챕터 5장-도전행동을 위한 전략에서 행동과 강한 감각 욕구[특히 전정감각(움직임)과 고유감각(몸의 위치 감각)]사이 관계를 분석하며 논의되었다. 이러한 결과는 아직 논의되지 않은 도구에 대한 더 많은 제안을 제공한다.

2) 도구 아이디어

- 종이상자 – 구르기, 터널, 오르기, 안/밖 뛰기, 숨기
- 양동이 운반, 붓기
- 이불과 해먹으로 그네타기, 숨기, 구르기
- 라이크라 천/신축성 있는 고무 끈으로 밀고/당기기 게임
- 회전의자(아동에게 방향을 물어봐야 함)
- 낡은 매트리스/에어 매트리스, 배게, 물침대 - 점프하기, 부딪히기
- 볼기놀이/콩이나 쌀, 감각경험을 할 수 있는 도구로 채운 플라스틱 수영장
- 8에서 10인치 넓이의 부드럽고 얇은 보드를 사용하여 실내에서 미끄럼틀 사용하기, 책을 쌓아놓고 책 사이에 놓아 징검다리 건너가기, 시소 모양 만들기
- 대가 긴 빗자루를 사용하여 턱걸이나 팔굽혀 펴기를 한다.
- 비치볼 – "익살스러운 공(wacky ball)"을 만들기 위해 물을 조금만 채운다. 이 공을 가지고 달리기를 하면 안된다. 왜냐하면 물의 무게 때문에 넘어지게 된다.
- 낡은 자전거의 안쪽 튜브를 가지고 잡아 당기기 놀이를 한다.
- 플라스틱병에 물을 채워 볼링 게임처럼 할 수 있다.
- 세탁 바구니에 들어가 앉거나 나오는 놀이(상상놀이 - 기차, 버스 타기)
- zoomball - 신체 협응과 시각추적, 시각수렴를 위해 두 사람이 하는 좋은 게임이다. 자폐스펙트럼 아동들은 이런 종류의 장난감을 좋아한다. 왜냐하면 매우 시각적이기 때문이다. 한 세트의 핸들을 높이 있게 잡고 부표를 누운자세, 무릎자세, 배에 가까이 올려 볼 수 있다. 미취학 아동의 경우 dollar store(소판매점)에서 길이가 짧은 끝이 있는 도구를 살 수 있다.

9. 피젯백 장난감

챕터 5장에서, 감각식이 활동에서 자폐스펙트럼장애 아동들이 감각경험을 통해 조직화되고 안정화되는 것에 대해 논의하였다. 성인도 마찬가지로 펜, 동전, 장신구 등으로 손안에서 조물거리는 경험을 한다. 아동은 각성시키고, 각성을 유지하며, 경청할 때 감각 이익을 위하여 종종 더 많은 감각을 필요로 한다. 피젯 장난감은 자기조절에 도움을 주며 집중과 조직화에 즉각적으로 변화를 준다. 이 도구는 또한 쉽게 전이할 수 있으며, 앞으로 발생할 수 있는 스트레스가 많은 상황에 대비하며, 자기조절을 유지하여 아동의 독립성을 도움을 줄 수 있다. 아이들의 멘탈붕괴(meltdown)가 줄어들 때, 그들은 자신에 대해 잘 느끼게 되고, 조절하는 능력을 가지게 된다. 부모와 교사는 교회, 쇼핑몰, 레스토랑에 가서 짜증내거나 방해가 되는 행동에 대해 걱정할 필요가 없으며, 자동차나 버스에서 긴 시간 동안 피젯도구를 즐겁게 만질 수 있다면 쉽게 적응할 수 있다.

바구니나 큰 상자는 학교나 외부에서 쉽게 사용할 수 있다. 도구들은 새로운 풍부한 감각경험을 느끼고 감각식이 활동에 감각시스템을 적응시킬 수 있도록, 자주 변화를 주어야 한다.

교실에서 사용할 때 고려되어야 할 부분

- 피젯도구의 청결
- 손으로 도구를 만지거나, 무릎위에 올려놓고 사용할 때 중앙에서 한다.
- 하나씩 도구를 사용한다.
- 아동의 요구와 흥미를 고려한다.
- 무음 도구를 포함한다.
- 반복적이고 리듬감 있는 행동을 포함한다.
- 시각이 꼭 필요한 도구는 아니어도 된다.
- 목표나 최종결과물이 있지 않아도 된다.
- 저항을 제공한다(고유감각 제공)
- 감정적 마음을 끄는 도구는 고려한다.
- 끝난 후에는 백이나 바구니에 되돌려 놓아야 한다. 구강이나 촉각활동을 포함한 아이디어는 작업치료사와 상의해야 한다. 아동이 물건을 자신의 입안에 계속 넣는다면, 안정성을 위한 보호항목이 필요하다.

피젯백 가방을 가지고 무엇을 해야 하는가? 아동이 좋아하는 감각과 싫어하는 감각뿐 아니라 감각목표와 특별한 감각식이를 고려해야 한다. 구강, 촉각, 손으로 즐겨하는 작은 장난감들을 결합해서 사용한다. 피젯활동을 그룹활동에 적용할 때 시각적인 장난감은 추천하지 않는다. 그것들은 아동들을 지나치게 산만하게 한다. 다음에는 흥미로운 것들을 소개한다:

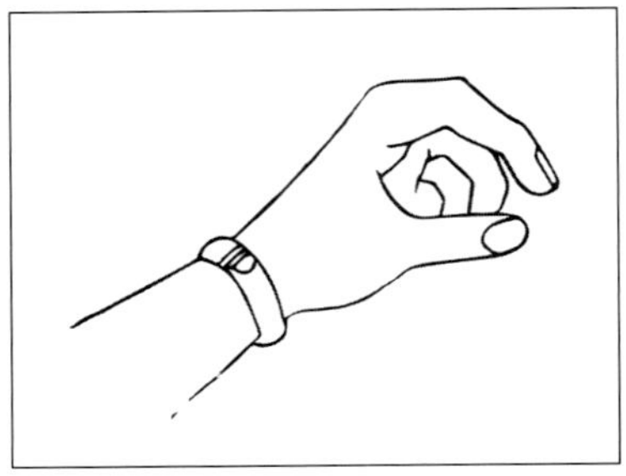

- 스크럽 브러쉬
- 마사지기(뾰족한 롤러)
- 스트레스 볼 혹은 가루가 들어있는 풍선
- 치료용 퓨티, 다른 질감의 퓨티
- 머리 고무줄 또는 고무밴드
- 열쇠고리
- 고무끈(bungee cord), 고무줄 팔찌(rainbow loom), 팔찌
- 장신구(벨크로 시계 밴드, 반지, 피젯 목걸이 등)
- 변형되거나 장난감 일부가 움직이는 작은 장난감
- 늘어나는 장난감
- 뭉치 볼(쿠쉬볼)
- 다양한 천
- 구부릴 수 있는 장난감(고무로 된 작은 장난감, 구부릴 수 있는 파이프)
- 퍼즐(루빅큐브)
- 스피닝처럼 손가락을 움직일 수 있는 도구

10. 도구 구입처

1) 캐나다

Autism Awareness Centre

Book supplier and workshop organizer in Canada and the UK Calgary Alberta Canada www.autismawarenesscentre.com

FDMT

Therapy and educational supplier, manufacturer of therapeutic equipment Quebec Canada
www.fdmt.ca

Flaghouse

Special needs equipment 235 Yorkland Blvd, Suite 300 North York,
Ontario, Canada M2S 4Y8 www.flaghouse.ca

School Specialty Canada

Therapy and school supplies
www.schoolspecialty.ca

Spectrum Educational

Special education and therapy supplier
www.education.spectrum-nasco.ca

SticKids™

Software and activity kit that supplies user-friendly therapeutic strategies to support sensory processing, sensory integration and motor disorders, 2005
Cochrane Alberta
www.stickids.ca

2) 국제 도구 공급 업체

Flaghouse USA

www.flaghouse.com
1-800-743-7900

Mealtimes

A resource for oral-motor, feeding and mealtime programs

www.new-vis.com

ENASCO

Special education and therapy supplier

www.enasco.com/specialeducation

Fun and Function

Sensory equipment, toys

http://funandfunction.com

1-800-231-6329 or 1-215-876-8500

Lace and Fabric

Sensory swings, lycra sheets, lycra tunnels

www.laceandfabric.com

Limikids

Home gym equipment for kids. Indoor home playground for complex sports exercises.

www.limikids.com

PDP Products and Professional Development Programs

Courses and material on topics related to sensory integration, visual processing and integrated listening systems

www.pdppro.com

Sportime Abiliations

Also carries the School Specialty Line and manufactures sensory equipment

www.abilitations.com

Pocketful of Therapy, Inc.

Therapeutic toys, books and therapy supplies for children. Newsletter, Twitter, Facebook

and blog.
www.pfot.com
732-462-4474

ShoeboxTasks

Educational Tools for Autistic Students, distributes and manufactures TEACCH work tasks
www.shoeboxtasks.com

Southpaw Enterprises

Professional equipment used in sensory integration treatment including many types of suspended equipment, sensory rooms, weighted and other fine and gross motor equipment, books and videos, toys and therapy supplies.
www.southpawenterprises.com
1-800-228-1698

Therapro Inc.

Toys and equipment used in sensory integration treatment and home and school programming; fine and gross motor activities.
www.therapro.com
1-508-872-9494

TFH Special Needs Toys UK, USA and Canada

Equipment company for use in sensory programs and environments
www.tfhuk.com or www.tfhusa.com

11. 웹사이트

American Occupational Therapy Assocation, Inc. (AOTA)

www.aota.org resources
Resources, journals, continuing education for OTs

Autism Speaks
www.autismspeaks.org
Resources for visuals

Cincinnati Children's Hospital Medical Center—Evidence Based Care
www.cincinnatichildrens.org/service/j/anderson-center/evidence-based-care/recommendations/ specialty-discipline/

CSRI Canadian Self-Regulation Initiative
www.self-regulation.ca/#

Developmental Delay Directory Resources
www.devdelay.org
Resources on holistic and conventional treatment

Diana Henry Occupational Therapy Service
www.ateachabout.com
Handbooks, workshops, videos

Future Horizons
www.fhautim.com
Books, conferences, relating to special needs

Linda Hodgdon
www.usevisualstrategies.com/about-linda-hodgdon/
Speech-Language Pathologist, Visual Strategy Communication videos, books, workshops

OT Plan

www.otplan.com

Occupational Therapy Plan—an activity idea search engine for pediatric occupational therapy activities. Match skills you want to work on with materials you have.

OTA Waterton

www.otawatertown.com

Resources for OTs

Parentbooks

www.parentbooks.ca

Toronto bookstore that carries all special needs topics PDP

Paula Kluth

www.paulakluth.com

Inclusive classrooms and communities, books, blog, articles

Sensory Comfort

www.sensorycomfort.com

Wide-ranging links to many resources

Sensory Integration Global Network

www.siglobalnetwork.org

An organization committed to supporting research and disseminating information about the work of Dr. J. Ayres in sensory integration theory

Sensory Integration UK

www.sensoryintegration.co.uk

Sensory Processing Disorder Foundation

www.spdfoundation.net

The SPD Foundation is a world leader in research, education, and advocacy for Sensory Processing Disorder, a neurological condition that disrupts the daily lives of many children and adults.

Sensory World
www.sensoryworld.com
Books, DVDs, conferences, and Sensory Focus Magazine

Tasks Galore Publishing Inc.
www.tasksgalore.com
Book on structured teaching, independent work tasks, activities

TEACCH (Treatment and Education of Autistic and Related Communication Handicapped Children)
www.TEACCH.com
State-funded program in North Carolina, USA, with unique teaching strategies

Vital Links
www.vitallinks.net
Therapeutic Listening and Astronaut Training

Your Therapy Source
www.yourtherapysource.com
ebooks for pediatric therapy, social media (Blogs, Facebook and Pinterest)

Zero to Three
www.zerotothreee.org

12. 감각에 기반한 옷 사이트

www.kozieclothes.com

www.nonetz.com

www.smartknitkids.com

www.softclothing.net

http://worldssoftest.com/thinSoftclothing.net

13. 추천 DVDs

Getting Kids in Sync DVD: Sensory-Motor Activities to Help Children Develop Body Awareness and Integrate Their Senses. DVD, Carol Kranowitz

Self-Regulation in Children: Keeping the Body, Mind & Emotions on Task. DVD, Theresa Garland

Sensory Processing Disorder: Practical Solutions that Work. DVD, Rodalyn Varney Whitney

OT for Children with Autism, DVD, Britt Collins

Sensory Issues in Learning & Behavior. DVD. Carol Kranowitz, (Updated and re-titled version of the DVD, "The Out-of-Sync Child.")

Sensory Strategies to Improve Communication, Social Skills and Behavior, DVD, Paula Aquilla

14. 테블릿 웹

새로운 앱이 매일 게시 되므로 현재 앱의 최신 목록을 올리는 것은 불가능하다. 이 목록들은 작업치료, 자폐, 감각처리에 대한 내용이다 자폐와 관련된 앱의 최신 목록을 보려면 Autism Apps라는 앱을 사용하여 매주 새로운 앱을 검토할 수 있다.

자폐(Autism)

1. ASD Tools
2. First Then
3. Time Timer
4. First Then Board
5. Emotions
6. iFollowRoutine
7. ABA FlashCards
8. Daily Tasks
9. Autism Apps
10. Memory (PCS)
11. Autism iHelp (language concepts)
12. Bitsboard

청각기술(Auditory Skills)

1. Sounds of the House
2. Nature Scene
3. Nature Scapes
4. Podcasts
5. Alarm Clock HD Free

음악/청각 기술(Music/Auditory Skills)

1. Music Sparkle
2. Piano Free
3. Sounds of the House

의사소통 기술(Communication Skills)

1. Bitsboard (can choose games based on themes to develop literacy etc.)

실행기능(Executive Function)

1. Flower Garden
2. What's Next
3. Your Fantastic Elastic Brain
4. Mirta the Super Fly Lite – Brainy Fables i

감각식이/자기조절(Sensory Diet/Self Regulatioj)

1. Brain Works
2. Zones of Regulation

호흡/이완(Breathing/Relax)

1. Relax M.P. HD
2. Breathe, Think, Do with Sesame gallery
3. Breathing Zone $4
4. Duckie Deck Huff n' Puff (blow into microphone, bit hard)
5. Breathe2Relax - free (i/a)
6. Sleep Time– Alarm Clock (i/a)
7. Relax Melodies (i/a),
8. Breathe, Think, Do with Sesame
9. Mindshift

인쇄/쓰기/유형(Print/Write/Type)

1. Typing JR
2. PaperPort Notes
3. Audio Note
4. Letter School
5. Writing Wizard

참고문헌

책

Aud Sonders, S. (2003). Giggle Time, Establishing the Social Connection: A Program to Develop Communication Skills of Children with Autism, Asperger Syndrome and PDD. London: Jessica Kingsley Publishers.

Ayres, A.J. (1972). Sensory Integration and Learning Disabilities. Los Angeles: Western Psychological Services.

Ayres, A.J. (1979). Sensory Integration and Learning Disabilities. Los Angeles: Western Psychological Services.

Ayres, A.J. (1995). Sensory Integration and Learning Disabilities. Los Angeles: Western Psychological Services.

Bialer, D.S. & Miller, L.J. (2011). No Longer a Secret: Unique Common Sense Strategies for Children with Sensory or Motor Challenges. Arlington: Sensory World.

Biel, L. & Peske, N. (2005). Raising a Sensory Smart Child. New York: Penguin.

Blanche, E., Botticelli, T., & Hallaway, M. (1995). Combining Neurodevelopmental Treatment and Sensory Integration Principles. Tuscon: Therapy Skill Builders.

Bogdashina, O. (2003). Sensory Perceptual Issues in Autism and Asperger Syndrome. London: Jessica Kingsley Publishers.

Boon, M. (2001). Helping Children with Dyspraxia. London: Jessica Kingsley Publishers.

DeGangi, G. (2000). Pediatric Disorders of Regulation in Affect and Behavior. San Diego: Academic Press.

Dunn-Buron, K. & Curtis, M (2003). The Incredible 5-Point Scale. Shawnee Mission, KS:AAPC.

Grandin, T. & Scariano. (1986). Emergence: Labeled Autistic. Novato: Arena Press.

Grandin, T. (1996) Thinking in Pictures: and Other Reports from My Life with Autism. New York: Vintage Books.

Goddard-Blythe, S. (2011). The Genius of Natural Childhood. Gloucestershire: Hawthorn Press.

Hannaford, C. (2005). Smart Moves: Why Learning Is Not All In Your Head. Second Edition. Salt Lake City: Great River Books.

Heller, S. (2002). Too Loud Too Bright Too Fast Too Tight: What to Do if You are Sensory

Defensive in an Over-Stimulating World. New York: Harper Collins Publishers.

Higashida, N., & Mitchel, D. (2013). The Reason I Jump: The Inner Voice of a Thirteen-Year-Old Boy with Autism. United States of America: Alfred A. Knopf Canada.

Kawar, M., Frick, S. & Frick, R. (2000). Astronaut Training: A Sound Activated Vestibular-Visual Protocol. PDP Products.

Kranowitz, C. (1998) The Out-of-Sync Child. New York: Perigee.

Kranowitz, C. (2000). Answers to Questions Teachers Ask about Sensory Integration. Las Vegas: Sensory Resources.

Kranowitz, C. (2004). The Out of Sync Child has Fun: Activities for Kids with Sensory Integration Dysfunction. Las Vegas: Sensory Resources.

Kuypers, L. (2011) The Zones of Regulation: A Curriculum Designed to Foster Self-Regulation and Emotional Control. San Jose, California: Social Thinking Publishing.

Kurtz, L. (2008). Understanding Motor Skills in Children with Dyspraxia, ADHD, Autism, and Other Learning Disabilities. London: Jessica Kingsley Publishers.

Lane, K.A. (2005). Developing Ocular Motor and Visual Perceptual Skills: An Activity Workbook. Thorofare: SLACK Incorporated.

Lashno, M. (2010). Mixed Signals. Understanding and Treating Your Child's Sensory Processing Issues. Maryland: Woodbine House.

Leary, M.R. & Donnellan, A.M., (2012). Autism: Sensory-Movement Differences and Diversity. Cambridge: Cambridge Book Review Press.

Moyes, R. (2010). Building Sensory Friendly Classrooms: To Support Children with Challenging Behaviors. Arlington: Sensory World.

Mukhopadhyay, T.J. (2008). How Can I Talk if My Lips Don't Move?: Inside My Autistic Mind. New York: Arcade Publishing.

Oetter, P., Richter, E. & Frick, S. (1988). M.O.R.E.: Integrating the Mouth with Sensory and Postural Functions. Hugo: PDP Press.

Ostovar, R. (2009). The Ultimate Guide to Sensory Processing Disorder. Easy, Everyday Solutions to Sensory Challenges. Arlington: Sensory World.

Platt, G. (2011). Beating Dyspraxia: with a Hop, Skip and a Jump. London: Jessica Kingsley Publishers

Ratey, J. (2008). Spark: The Revolutionary New Science of Exercise. New York: Little Brown.

Reaven, J., et al. (2011). Facing Your Fears. Baltimore, Maryland: Paul H. Brookes Pub. Co.

Rotz, R. & Wright, S., D. (2005). Fidget to Focus: Outwit Your Boredom: Sensory Strategies for Living with ADD. Bloomington: iUniverse.

Sangirardi Ganz, J. (2005). Including SI for Parents Sensory Integration Strategies at Home and School. Prospect: Biographical Publishing Company.

Shanker, S. (2013). Calm, Alert, and Learning: Classroom Strategies for Self-Regulation. Don Mills: Pearson Canada Inc.

Smith, K. and Gouze, K. (2004). The Sensory Sensitive Child: Practical Solutions for Out-of-Bounds Behavior. New York: Harper Collins Publishers.

Smith Myles, B., Tapscott Cook, K., Miller, N., Rinner, L. & Robbins, L. (2000). Asperger Syndrome and Sensory Issues: Practical Solutions for Making Sense of the World. Shawnee Mission: Autism Asperger Publishing Co.

Smith Roley, S., Imperatore Blanche, E. & Schaaf. R. (2001). Understanding the Nature of Sensory Integration with Diverse Populations. Tucson: Therapy Skill Builders.

Wieder, S. & Wachs, H. (2012). Visual/Spatial Portals of Thinking, Feeling and Movement: Advancing Competencies and Emotional Development in Children with Learning and Autism Spectrum Disorders. Mendham: Profectum Foundation.

Williams, D. (1992). Nobody Nowhere: The Extraordinary Biography of an Autistic. Toronto: Doubleday Canada.

Wilbarger, P. & Wilbarger, J. (1991) Sensory Defensiveness in Children Aged 2-12: An Intervention Guide for Parents and Other Caretakers. Stillwater: PDP Press.

Williams, M. & Shellenberger, S. (1994) "How Does Your Engine Run?": A Leader's Guide to the Alert Program for Self-Regulation. Stillwater: PDP Press.

Williams, M. & Shellenberger, S. (2001). Staying Alert at Home and School. Albuquerque: Therapy Works Inc.

Williamson, G. & Anzalone, M. (2001). Sensory Integration and Self-Regulation in Infants and Toddlers: Helping Very Young Children Interact with Their Environment. Arlington: Zero to Three.

Yack, E., Sutton, S. & Aquilla, P. (1998) Building Bridges Through Sensory Integration: Occupational Therapy for Children with Autism/PDD. Toronto: Print Three.

참고문헌

Books

Alderson, J. (2011). *Challenging the Myths of Autism*. Toronto, Ontario: Collins.

American Psychiatric Association. (2013). *Diagnositic and Statistical Manual* (5th Edition). Washington, DC: APA.

Aron, E. (2002). The Highly Sensitive Child. New York: Broadway Books.

Aspy, R. & Grossman, B. (2007). *The Ziggurat Model: A Framwork for Designing Comprehensive Interventions for Individuals with High-Functioning Autism and Asperger Syndrome*. Shawnee Mission, Kansas: Autism Asperger Publishing Company.

Auer, C (2006). *Parenting a Child with Sensory Processing Disorder*. Oakland, CA: New Harbinger Pub.

Aud Sonders, S. (2003). Giggle Time, Establishing the Social Connection: *A Program to Develop Communication Skills of Children with Autism, Asperger Syndrome and PDD*. London: Jessica Kingsley Publishers.

Ayres, A.J. (1972). *Sensory Integration and Learning Disabilities*. Los Angeles: Western Psychological Services.

Ayres, A.J. (1979). *Sensory Integration and Learning Disabilities*. Los Angeles: Western Psychological Services.

Ayres, A.J. (1995). *Sensory Integration and Learning Disabilities*. Los Angeles: Western Psychological Services.

Bialer, D.S. & Miller, L.J. (2011). *No Longer a Secret: Unique Common Sense Strategies for Children with Sensory or Motor Challenges*. Arlington: Sensory World.

Biel, L. & Peske, N. (2005). *Raising a Sensory Smart Child*. New York: Penguin.

Blackman, L. (1999). *Lucy's Story: Autism and Other Adventures*. London: Jessica Kingsley Publishers.

Blanche, E., Botticelli, T., & Hallaway, M. (1995). *Combining Neurodevelopmental Treatment and Sensory Integration Principles*. Tuscon: Therapy Skill Builders.

Bogdashina, O. (2003). *Sensory Perceptual Issues in Autism and Asperger Syndrome*. London: Jessica Kingsley Publishers.

Boon, M. (2001). *Helping Children with Dyspraxia*. London: Jessica Kingsley Publishers.

Bundy, A., Lane, S. & Murray, E. (2002). *Sensory Integration Theory and Practice*. Philadelphia: F. A. Davis Co.

Caldwell, P. (2008). *Using Intensive Interaction and Sensory Integration: A Handbook for Those Who Support People with Severe Autistic Disorder*. London: Jessica Kingsley Publishers.

Connell, G. & McCarthy, C. (2014). *A Moving Child is Learning Child: How the Body Teaches the Brain to Think*. Minneapolis, MN: Free Spirit Publishing.

Culp, S. (2011). *A Buffer of Sensory Interventions: Solutions for Middle and High School Students with Autism Spectrum Disorders*. Shawnee Mission, Kansas: AAPC Publshing.

DeGangi, G. (2000). *Pediatric Disorders of Regulation in Affect and Behavior*. San Diego: Academic Press.

Dunn–Buron, K. & Curtis, M (2003). *The Incredible 5–Point Scale*. Shawnee Mission, KS:AAPC.

Elder Robinson, J. (2011). *My Adventures with Asperger's and My Advice for Fellow Aspergians, Misfits, Families, and Teachers*. Toronto, Ontario: Anchor Canada.

Fleishmann, C. (2012). *Carly's Voice: Breaking Through Autism*. New York: Touchstone Books.

Frick, S. & Kawar, M. (2005). *Core Concepts in Action*. Madison, WI: Vital Links.

Frick, S., Kawar, M. & Young, S. (2006). *Listening with the Whole Body*. Madison, WI: Vital Links.

Frick, S. & Young, S. (2009). *Listening with the Whole Body: Clinical Concepts and Treatment Guidelines for Therapeutic Listening*. Madison, Wisconsin: Vital Links.

Gans, J.S., (2005). *Including SI for Parents: Sensory Integration Strategies at Home and School*. Prospect, Connecticut: Biographical Publshing Company.

Garland, T. (2014). *Self–Regulation Intervention and Strategies: Keeping the Body, Mind & Emotions on Task in Children with Autism, ADHD or Sensory Disorders*. Wisconsin: PESI Publishing and Media.

Grandin, T. & Scariano, M. (1986). *Emergence: Labeled Autistic*. Novato: Arena Press.

Grandin, T. (1996) *Thinking in Pictures: and Other Reports from My Life with Autism*. New York: Vintage Books.

Goddard–Blythe, S. (2011). *The Genius of Natural Childhood*. Gloucestershire: Hawthorn Press.

Greenspan, S. & Wieder, S. (1998) *The Child with Special Needs: Encouraging Intellectual and Emotional Growth*. Reading, Mass:Addison–Wesley

Greenspan, S. & Wieder, S. (2006). *Engaging Autism*. Cambridge, MA: Da Capo Lifelong Books.

Greenspan, S. & Tippy, G. (2011). *Respecting Autsim: The Rebecca School DIR Casebook for Parents and Professionals*. New York, NY: Vantage Press.

Hannaford, C. (2005). *Smart Moves: Why Learning Is Not All in Your Head*. Second Edition. Salt Lake City: Great River Books.

Heller, S. (2002). *Too Loud Too Bright Too Fast Too Tight: What to Do if You Are Sensory Defensive in an Over–Stimulating World*. New York: Harper Collins Publishers.

Higashida, N., & Mitchel, D. (2013). *The Reason I Jump: The Inner Voice of a Thirteen–Year–Old Boy with Autism*. United States of America: Alfred A. Knopf Canada.

Huebner, R. (2001). *Autism: A Sensorimotor Approach to Management*. Gaithersburg, Maryland: Aspen Publishers Inc.

Hyche, K. & Maertz, V. (2014). *Classroom Strategies for Children with ADHD, Autism & Sensory Processing Disorders: Solutions for Behavior, Attention and Emotional Regulation*. Eau Claire, WI: PESI Publishing and Media.

Kashman, N. & Mora, J. (2005). *The Sensory Connection: An OT and SLP Team Approach*. Las Vegas, Nevada: Sensory Resources.

Kawar, M., Frick, S. & Frick, R. (2000). *Astronaut Training: A Sound Activated Vestibular-Visual Protocol*. PDP Products.

Kluth, P. (2009). *The Autism Checklist: A Practical Reference for Parents and Teachers*. San Francisco, CA: Jossey-Bass.

Kranowitz, C. (1998) *The Out-of-Sync Child*. New York: Perigee.

Kranwowitz, C. (2000). *Answers to Questions Teachers Ask about Sensory Integration*. Las Vegas: Sensory Resources.

Kranowitz, C. (2004). *The Out of Sync Child has Fun: Activities for Kids with Sensory Integration Dysfunction*. Las Vegas: Sensory Resources.

Kuypers, L. (2011) *The Zones of Regulation: A Curriculum Designed to Foster Self-Regulation and Emotional Control*. San Jose, California: Social Thinking Publishing.

Kurtz, L. (2008). *Understanding Motor Skills in Children with Dyspraxia, ADHD, Autism, and Other Learning Disabilities*. London: Jessica Kingsley Publishers.

Lane, K.A. (2005). *Developing Ocular Motor and Visual Perceptual Skills: An Activity Workbook*. Thorofare: SLACK Incorporated.

Lashno, M. (2010). *Mixed Signals: Understanding and Treating Your Child's Sensory Processing Issues*. Maryland: Woodbine House.

Lears, L. (1998). *Ian's Walk: A Story about Autism*. Chicago, IL: Albert Whitman & Co.

Leary, M., R. & Donnellan, A. M., (2012). *Autism: Sensory-Movement Differences and Diversity*. Cambridge: Cambridge Book Review Press.

Mauro, T. (2006). *The Everything Parent's Guide to Sensory Integration Disorder*. Avon: F+W Inc.

Miller-Kuhaneck, H. (2004). *Autism: A Comprehensive Occupational Therapy Approach*. Bethesda, Maryland: AOTA Inc.

Miller, L.J. (2006). *Sensational Kids: Hope and Help for Children with Sensory Processing Disorder*. New York: G.P. Putnam's Sons.

Moor, J. (2008). *Playing, Laughing and Learning with Children on the Autism Spectrum: A Practical Resouce of Play Ideas for Parents and Carers*. London, England: Jessica Kingsley Publishers.

Moyes, R. (2010). *Building Sensory Friendly Classrooms to Support Children with Challenging Behaviors*. Arlington, Texas: Sensory World.

Mucklow, N. (2008). *The Sensory Team Handbook*. Kingston, Ontario: Michael Grass House.

Mukhopadhyay, T. (2003). *The Mind Tree*. New York, NY: Arcade.

Mukhopadhyay, T. J. (2008). *How Can I Talk if My Lips Don't Move?: Inside My Autistic Mind*. New York: Arcade Publishing.

Murray-Slutsky, C. & Paris, B. (2005). *Is It Sensory or Behavior*. San Antonio, TX: PsychCorp.

Oetter, P., Richter, E. & Frick, S. (1988). *M.O.R.E.: Integrating the Mouth with Sensory and Postural Functions*. Hugo: PDP Press.

Ostovar, R. (2009). *The Ultimate Guide to Sensory Processing Disorder*. Arlington: Sensory World.

Peete Robinson, H. (2010). *My Brother Charlie*. Danbury, CT: Scholastic Books.

Platt, G. (2011). *Beating Dyspraxia: With a Hop, Skip and a Jump*. London: Jessica Kingsley Publishers.

Prizant, B., Wetherby, A., Rubin, E., Rydell, P., & Laurent, C. (2006). *The SCERTS Model: A Comprehensive Educational Approach for Children with ASD*. Baltimore: Brookes.

Ratey, J. (2008). *Spark: The Revolutionary New Science of Exercise*. New York: Little Brown.

Reaven, J. et al. (2011). *Facing Your Fears*. Baltimore, Maryland: Paul H. Brookes Pub. Co.

Rogers, S. & Dawson, G. (2010) *Early Start Denver Model for Young Children with Autism: Promoting Language, Learning and Engagement*. New York, New York: The Guilford Press.

Rotz, R. & Wright, S.D. (2005). *Fidget to Focus: Outwit Your Boredom: Sensory Strategies for Living with ADD*. Bloomington: Universe.

Sangirardi Ganz, J. (2005). *Including SI for Parents Sensory Integration Strategies at Home and School*. Prospect: Biographical Publishing Company.

Shanker, S. (2013). *Calm, Alert, and Learning: Classroom Strategies for Self-Regulation*. Don Mills: Pearson Canada Inc.

Shapiro, O. (2009). *Autism and Me: Sibling Stories*. Chicago, IL: Albert Whitman & Co.

Sicile-Kira, C. & Sicile-Kira J. (2012). *A Full Life with Autism: From Learning to Forming Relationships to Achieving Independence*. New York, NY: Palgrave Macmillan

Smith, K. & Gouze, K. (2004). *The Sensory Sensitive Child: Practical Solutions for Out-of-Bounds Behaviour*. New York: Harper Collins Publishers.

Smith Myles, B., Tapscott Cook, K., Miller, N., Rinner, L. & Robbins, L. (2000). *Asperger Syndrome and Sensory Issues: Practical Solutions for Making Sense of the World*. Shawnee Mission: Autism Asperger Publishing Co.

Smith Roley, S., Imperatore Blanche, E. & Schaaf, R. (2001). *Understanding the Nature of Sensory Integration with Diverse Populations*. Tuscon: Therapy Skill Builders.

Tourville, A. (2010). *My Friend Has Autism*. Mankato, MN: Capstone Press.

Wieder, S., & Wachs, H. (2012). *Visual/Spatial Portals of Thinking, Feeling and Movement: Advancing Competencies and Emotional Development in Children with Learning and Autism Spectrum Disorders*. Mendham: Profectum Foundation.

Willey, L.H. (1999). *Pretending to be Normal*. London: Jessica Kingsley Publishers

Williams, D. (1992). *Nobody Nowhere: The Extraordinary Biography of an Autistic*. Toronto: Doubleday Canada.

Williams, D. (1999). *Somebody Somewhere: Breaking Free from the World of Autism*. London, England: Jessica Kingsley Publishers.

Williams, D. (1999). *Autism and Sensing: The Unlost Instinct*. London, England: Jessica Kingsley Publishers.

Wilbarger, P. & Wilbarger, J. (1991) *Sensory Defensiveness in Children Aged 2-12: An Intervention Guide for Parents and Other Caretakers*. Stillwater: PDP Press.

Williams, M. & Shellenberger, S. (1994) *"How Does Your Engine Run?": A Leader's Guide to The Alert Program for Self-Regulation*. Stillwater: PDP Press.

Williams, M. & Shellenberger, S. (2001). *Staying Alert at Home and School.* Albuquerque: Therapy Works Inc.

Williamson, G. & Anzalone, M. (2001). *Sensory Integration and Self-Regulation in Infants and Toddlers: Helping Very Young Children Interact with Their Environment.* Arlington: Zero to Three.

Books for Children

Griffin, M. (2010). *Picky, Picky Pete. Arlington,* TX: Sensory World.

Harding, J. (2011). *Ellie Bean the Drama Queen. Arlington,* TX: Sensory World.

Kranowitz, C. (2004). *The Goodenoughs Get in Sync.* Las Vegas, NV: Sensory Resources.

Laird, C. (2009) *I'm Not Weird, I Have SPD.* Denver, CO: Outskirts.

Lynch, C. (2012). *Totally Chill: My Complete Guide to Staying Cool.* Shawnee Mission, KS: AAPC.

Roth-Fisch, M. (2009). *Sensitive Sam. Arlington,* TX: Sensory World.

Steiner, H. (2012). *This is Gabriel Making Sense of School.* Arlington, TX: Sensory World.

Veenendall, J. (2008). *Arnie and His School Tools: Simple Sensory Solutions That Build Success.* Shawnee Mission, KS: AAPC.

Veenendall, J. (2009). *Why Does Izzy Cover Her Ears? Dealing with Sensory Overload.* Shawnee Mission, KS: AAPC.

Wilson, L. F. (2009). *Squirmy Wormy.* Arlington, TX: Sensory World

Reference Articles

Baltazar, A. (2004). Writing social stories for the child with sensory integration dysfunction: An introductory resource and guide for therapists, teachers and parents. *SISIS,* 27, 1, 1-4.

Bhat, A., Landa, R. & Galloway, C. (2011). Current perspectives on motor functioning in infants, children and adults with Autism Spectrum Disorders, *Physical Therapy,* 91, 1-14.

Bloomer, M. & Rose, C. (1989). Frames of reference: guiding treatment for children with autism. *Developmental Disabilities: A Handbook for Occupational Therapists,* 12-26.

Case-Smith, J. & Arbesman, B. (2008). Evidence-based review of interventions for autism used in or of relevance to occupational therapy. *American Journal of Occupational Therapy,* 62(4), 416-429.

Cohn, E. (2001). Parent perspectives of occupational therapy using a sensory integration approach. *AJOT,* 55, 285-293.

Cool, S. (1990, Dec.). Use of a surgical brush in treatment of sensory defensiveness: Commentary and exploration. *Sensory Integration Special Interest Newsletter,* 4-6.

Dunn, W., Smith Myles, B. & Orr, W. (2002). Sensory processing issues associated with Asperger Syndrome: A preliminary investigation. *American Journal of Occupational Therapy,* 56(1), 97-102.

Dunn, W., Saiter, J. & Rinner, L. (2002). Asperger Syndrome and sensory processing: a conceptual model and guidance for intervention planning. *Focus on Autism and Other Developmental Disabilities.*

Duzik, M. et al. (2007). Dyspraxia in autism: association with motor, social, and communicative deficits.

Developmental Medicine & Child Neurology. 49, 734–739.

Freret Schoener, R. et al. (2008). You can know me now if you listen: sensory, motor and communication issues in a non–verbal person with autism. *AJOT*, 62, 5, 547–553.

Gal, E., Ben Meir, A. & Katz, N. (2013). Development and reliability of the autism work skills questionnaire (AWSQ). *AJOT*, 67, 61–65.

Gowan, E. & Hamilton, A. (2012). Motor abilities in autism: A review using a computational context. *Journal of Autism and Developmental Disorders*, eScholarID:164739 | PMID:22723127 | DOI:10.1007/s10803–012–1574–0

Law, M. (2006). Autism Spectrum Disorders and Occupational Therapy, CAOT Briefing to the Senate Standing Committee on Social Affairs, Science and Technology. Canadian Association of Occupational Therapists.

Miller, L.J. & Lane, S. (2000). Toward a consensus in terminology in sensory integration theory and practice. Part 1 and 2, *Sensory Integration Special Interest Section Quarterly*.

Parham et al. (2007). Fidelity in sensory integration intervention research. *AJOT*, 61, 216–227.

Talay–Ongan, A. & Wood, K. (2000). Unusual sensory sensitivities in autism: a possible crossroads. *International Journal of Disability, Development and Education*, 47, 2, 201–211.

Research Articles

Ashburner, J. et al (2008). Sensory Processing and classroom emotional, behavioral, and educational outcomes in children with autism spectrum disorders., *AJOT*, 62,5, 564–573.

Ahn, R., Miller, L.J. & McIntosh, D (2004). Prevalence of parent's perceptions of sensory processing disorders among kindergarten children. *AJOT*, 56, 287–302.

Ayres, A. J. & Tickle, L. (1980). Hyper–responsivity to touch and vestibular stimuli as a predictor of positive response to sensory integration procedures by autistic children. *AJOT*, 34, 375–381.

Ayres, A.J. & Mailloux, Z. (1983). Possible pubertal effect on therapeutic gains in an autistic girl. *American Journal of Occupational Therapy*, 34, 375–381.

Bagatell et al. (2010). Effectiveness of therapy ball chairs on classroom participation in children with autism spectrum disorders. *AJOT*, 64, 895–903.

Baranek, G. & Berkson, G. (1994). Tactile defensiveness in children with developmental disabilities: responsiveness and habituation. *Journal of Autism and Developmental Disorders*. Vol. 24, No. 4, 457–472.

Baranek, et al. (2002). Sensory processing correlates of occupational performance in children with Fragile X syndrome: Preliminary findings. *AJOT*, 63, 538–546.

Baranek, G., Boyd, B., Pe, M., David, F. & Watson, L. (2007). Hyperresponsive sensory patterns in young children with autism, developmental delay, and typical development. *American Jounal of Mental Retardation*, 112, 233–245.

Ben–Sasson et al. (2007). Extreme sensory modulation behaviors in toddlers with Autism Spectrum Disorders, *AJOT*, 61–5, 584–592.

Bundy, A. (2007). How does sensory processing affect play? *AJOT*, 61, 2, 2001–207.

Case–Smith, J. & Bryan, T. (1999). The effects of occupational therapy with sensory integration emphasis on preschool–age children with autism. *American Journal of Occupational Therapy*. 33, 489–497.

Cohn, E, Miller, L.J., & Tickle-Degnen, L. (2000). Parental hopes for therapy outcomes: Children with sensory modulation disorder. *AJOT*, 54, 36-43.

Collins, A. & Dworkin, R. (2011). Pilot study of the effect of weighted vests. *AJOT*, 65, 688-694.

Dickie, V. et al. (2009). Parent reports of sensory experiences of preschool children with and without autism: A qualitative study. *AJOT*, 63, 2, 172-181.

Dunn, W. & Bennet D. (2002). Patterns of sensory processing in children with attention deficit hyperactivity disorder. *Occupational Therapy Journal of Research*, 22, 4-15.

Dunn, W., Smith Myles, B. & Orr, W. (2002). Sensory processing issues associated with Asperger Syndrome: A preliminary investigation. *American Journal of Occupational Therapy*, 56(1), 97-102.

Dunn, W., Saiter, J. & Rinner, L. (2002). Asperger Syndrome and sensory processing: A conceptual model and guidance for intervention planning. *Focus on Autism and Other Developmental Disabilities*, 17(3), 172-185.

Fertel-Daly, D., Bedell, G., Hinjosa, J. (2001). The effects of a weighted vest on attention to task and self-stimulatory behaviors in preschoolers with pervasive developmental disorders. *AJOT*, November/December, 629-640.

Goin-Kochel, R., MacIntosh, V & Myers, B. (2009). Parental reports of the efficacy of treatments and therapies for their children with autism spectrum disorders. *Research in Autism Spectrum Disorders*, 3(2), 528-537.

Green, V., Pituch, K., Itchon, J., Choi, A. O'Reilly, M. & Sigafoos, J. (2006). Internet survey of treatments used by parents of children with autism. *Research in Developmental Disabilities*, 27(1), 70-84.

Hilton, C., Graver, K., & LaVesser, P. (2007). Relationship between social competence and sensory processing in children with high functioning autism spectrum disorders. *Research in Autism Spectrum Disorders*, 1, 164-173.

Hilton, C., et al. (2010). Sensory responsiveness as a predictor of social severity in children with high functioning autism spectrum disorders (HFASD). *Research in Autism Spectrum Disorders*, 4(4), 746-754.

Koizel, L., Budding, D., & Chidekel, D. (2011). Sensory integration: Sensory processing, and sensory modulation disorder: Putative functional neuroanatomic underpinnings. *Cerebellum*, DOI, 10.1007.

Inamura, K. N., Wiss, T. & Parham, D. (1990). The effects of hug machine usage on the behavioral organization of children with autism and autistic-like characteristics. Part I. *Sensory Integration Quarterly*, XVII.

Inamura, K.N., Wiss, T. & Parham, D. (1990). The effects of hug machine usage on the behavioral organization of children with autism and autistic-like characteristics. Part 2. *Sensory Integration Quarterly*, XVIII.

Iwasaki, K. & Holm, M. (1989). Sensory treatment for the reduction of stereotypic behaviors in person with severe multiple disabilities. *Occupational Therapy Journal Of Research*, 9, 170-183.

Kientz, M. & Dunn, W. (1997). A comparison of children with autism and typical children using the Sensory Profile. *American Journal of Occupational Therapy*, 51, 530-537.

Lane, A.E. et al. (2010). Sensory processing subtypes in autism: Association with adaptive behavior. *Journal of Autism and Developmental Disorders*, 40(1), 112-122.

Mailloux, et al. (2011). Verification and clarification of patterns of sensory integrative dysfunction. *AJOT*, 65,

143–151.

McIntosh, D., Miller, L.J., Shyu, V. & Hagerman, R. (1999). Sensory modulation disruption, electrodermal responses, and functional behaviors. *Developmental Medicine & Child Neurology*, 41, 608–615.

Miller, L.J., Coll, J.R. & Schoen, S. (2007). A randomized controlled pilot study of the effectiveness of occupational therapy for children with sensory modulation disorder. *AJOT*, 61(2), 228–238.

Miller, L.J., Schoen, S., James, K. & Scaaf, R. (2007). Lessons learned: A pilot study on occupational therapy effectiveness for children with sensory modulation disorder. *AJOT*, 61,161–169.

Miller–Kuhanek, Henry, D., Glennon, T. & Mu, K. (2007). Development of the sensory processing measure–school: initial studies of reliability and validity. *AJOT*, 61,170–175.ckc./

Owen, J., Marco, E., Desai, S., Fourie, E., Harris, J., Hill, S., Arnett, A. & Mukherjee, P. (2013). Abnormal white matter microstructure in children with sensory processing disorders. *NeuroImage: Clinical* 2, 844–853.

Parham et al. (2011). Development of a fidelity measure for research on the effectiveness of the Ayres Sensory Integration® intervention. *AJOT*, 65, 133–142.

Pfeiffer, B. et al. (2008). Effectiveness of disc'o'sit cushions on attention to task in second–grade students with attention difficulties. *AJOT*, 62,3,274–281.

Pfeiffer, B. et al. (2005). Sensory modulation and affective disorders in children and adolescents with Asperger's Disorder, *AJOT*, 59,3. 335–345.

Parham, L., Cohn, E., Spitzer, S., Koomar, J., Miller, L.J., Burke, J., et al. (2007). Fidelity in sensory integration intervention research. *AJOT*, 61, 216–227.

Pfeiffer, B., Koeneg, K., Kinnealey, M., Sheppard, M. & Henderson, L. (2011). Effectiveness of sensory integration interventions in children with autism spectrum disorders: A pilot study. *AJOT*, 65–1, 76–85.

Polatajko, H. & Cantin, N. (2010). Exploring the effectiveness of occupational therapy interventions, other than the sensory integration approach, with children and adolescents experiencing difficulty processing and integrating sensory information, *AJOT*, 64:415–429.

Schaaf, R., Miller, L.J., Seawell, D. & O'Keefe, S. (2003). Children with disturbances in sensory processing: A pilot study examining the role of the parasympathetic nervous system. *AJOT*, 57, 442.

Schaaf, R. and McKeon Nightlinger, K. (2007). Occupational therapy using a sensory integrative approach: A case study of effectiveness. American Journal of Occupational Therapy, 6.

Schaff, R. C., et al. (2011). The everyday routines of families of children with autism examining the impact of sensory processing difficulties on the family. *Autism*, 15(3), 373–389.

Schaaf, R. (2011). Interventions that address sensory dysfunction for individuals with autism spectrum disorders: Preliminary evidence for the superiority of sensory integration compared to other sensory approaches. In E. P. Reichow, D. V.Cicchetti, & F.R. Volkmar (Eds). *Evidence–Based Practices and Treatments for Children with Autism*. New York: Springer Sciences + Business Media.

Schaff, R., C. et al. (2012a). Occupational therapy and sensory integration for children with autism: a feasibility, safety, acceptability and fidelity study. *Autism: The International Journal of Research and Practice*, Doi: 10.1177/1362361311435157.

Schaaf, R. & Imperatore Blanche, E. (2012). Emerging as leaders in autism research and practice: using the data–driven intervention process. *American Journal of Occupational Therapy*, 66,503–505.

Schaaf, R., Hunt, J. & Benevides, T. (2012). Occupational therapy using sensory integration to improve participation of a child with autism: A case report. *American Journal of Occupational Therapy*, 66, 5, 547-555.

Schaaf, R., Benevides, T., Maillouz, Z., Faller, P., Hunt, J., van Hooydonk, E., Freeman, R., Leiby, B., Sendecki, J. & Kelly, D. (2013). An intervention for sensory difficulties in children with autism: A randomized trial. *Journal of Autism and Developmental Disorders*, DOI.1007/s10803-013-1983-8.

Schilling, D., Washington, K., Billingsley, F., & Deitz, J. (2003) Classroom seating for children with attention deficit hyperactivity disorder: Therapy balls versus chairs. *AJOT*, 57, 534-541.

Schilling, D. & Schwartz, I. (2004). Alternative seating for young children with autism spectrum disorder: Effects of classroom behavior. *Journal of Autism and Developmental Disorders*, 34, 423-432.

Schoen, S., Miller, L.J. & Green, K. (2008). Pilot study of the sensory over-responsivity scales: assessment and inventory. *AJOT*, 62, 393-406.

Schoen, S., Miller, L., Brett-Green, B. & Nielsen, D. (2009). Physiological and behavioiural differences in sensory processing: a comparison of children with ASD and AMD. *Frontiers in Integrative Neuroscience*, 3, 1-11.

Shields Bagby, M., Dickie, V. & Baranek, G. (2012). How sensory ecperiences of children with and without autism affect family occupations. *AJOT*, 66, 1, 78-86.

Silva, L. & Schalock, M. (2012). Sense and self-regulation checklist, a measure of comorbid autism symptoms: Initial psychometric evidence. *AJOT*, 66, 2, 177-186.

Sinclair, S., Press, B., Koenig, K. & Kinnealey, M. (2005). Effects of sensory integration intervention on self-stimulating and self-injurious behaviors. *AJOT*, 59(4), 418-425.

Smith Roley, S., Mailloux, A., Parham, D., Schaaf, R. Lane, C. & Cermak, S. (2104). Sensory integration and praxis patterns in children. *AJOT*, 69 (1).

Umeda, C. & Dietz, J. (2011). Effects of therapy cushions on classroom behaviours on children with autism spectrum disorder. *AJOT*, 65, 2-159.

VandenBerg, N. (2001) The use of a weighted vest to increase on-task behavior in children with attention difficulties, *AJOT*, November/December 621-628

Watling, R. & Deitz, J. (2007). Immediate effect of Ayres's sensory integration based occupational therapy intervention on children with autism spectrum disorders. *AJOT*, 67, 574-583.

찾아보기

(ㅇ)

(ㅈ)

(ㅊ)

공역자 소개

유 은 영 (연세대학교 보건과학대학 작업치료학과)
김 경 미 (인제대학교 보건의료융합대학 작업치료학과)
김 은 영 (순천향대학교 의료과학대학 작업치료학과)
김 진 경 (한서대학교 보건학부 작업치료학과)
박 경 영 (중원대학교 의료보건대학 작업치료학과)
박 윤 이 (동남보건대학교 작업치료과)
이 지 연 (동남보건대학교 작업치료과)
최 정 실 (충북보건과학대학교 작업치료과)

감각통합 이론과 적용 값 23,000원

2018년 1월 15일 제1판1쇄 발행
2025년 2월 20일 제1판8쇄 발행

공저자 : Yack, Aquilla & Sutton
공역자 : 유은영 · 김경미 · 김은영 · 김진경
박경영 · 박윤이 · 이지연 · 최정실
발행인 : 주 영 일
발행처 : **계 축 문 화 사**

판권소유

서울특별시 종로구 통일로12길 16-17
우편번호 : 03029
TEL : 735-2257 · 738-9746
FAX : 723-9025
E-mail : gyechuk@hanmail.net
홈페이지 : http://gyechuk.co.kr
1973. 10. 31 등록번호 제300-1973-8호
ISBN 978-89-5629-490-2 93510